Ihre Arbeitshilfen zum Download:

Die folgenden Arbeitshilfen stehen für Sie zum Download bereit:

- Vertragsmuster GmbH-Gesellschaftsvertrag
- Vertragsmuster GmbH-Geschäftsführer-Abstellungsvertrag
- Tool Businessplan
- Tool Liquiditätsplan
- Tool Konkurrenzanalyse
- Tool Personalbedarfsplanung
- Gesprächsleitfäden

Den Link sowie Ihren Zugangscode finden Sie am Buchende.

Praxishandbuch GmbH

Dr. Rocco Jula / Barbara Sillmann

Praxishandbuch GmbH

Gründung — Führung — Sicherung

6. Auflage

Haufe Gruppe
Freiburg · München · Stuttgart

Bibliografische Information der Deutschen Nationalbibliothek

Die Deutsche Nationalbibliothek verzeichnet diese Publikation in der Deutschen Nationalbibliografie; detaillierte bibliografische Daten sind im Internet über http://dnb.dnb.de abrufbar.

Print: ISBN 978-3-648-08492-2 Bestell-Nr. 06159-0006
ePub: ISBN 978-3-648-08493-9 Bestell-Nr. 06159-0101
ePDF: ISBN 978-3-648-08495-3 Bestell-Nr. 06159-0152

Dr. Rocco Jula / Barbara Sillmann
Praxishandbuch GmbH
6. Auflage 2016

www.haufe.de
info@haufe.de
Produktmanagement: Anne Rathgeber

Lektorat: Ulrich Leinz, Berlin
Satz: kühn & weyh Software GmbH, Satz und Medien, Freiburg
Umschlag: RED GmbH, Krailling
Druck: BELTZ Bad Langensalza GmbH, Bad Langensalza

Inhaltsverzeichnis

Vorwort

Die vor über 120 Jahren geschaffene GmbH (Gesellschaft mit beschränkter Haftung) ist die beliebteste Rechtsform in Deutschland. Eine GmbH bietet dem Unternehmer viele Vorteile. Er muss sie jedoch zu nutzen wissen. Ebenso gibt es aber auch Risiken. Die beschränkte Haftung ist nicht in allen Fällen eine undurchdringliche Rüstung. Nur wer sich rechtlich auskennt und wirtschaftlich die richtigen Mittel einsetzt, führt seine GmbH auf einen erfolgreichen Weg und schützt sich vor persönlicher Haftung.

Dieses Praxishandbuch unterstützt Sie in allen Fragen zur Gründung und Führung einer GmbH. Er wendet sich an Selbstständige, die eine GmbH gründen wollen, wie an GmbH-Geschäftsführer und Gesellschafter.

Im ersten Teil beantworten wir Ihnen die wichtigsten Fragen zur GmbH-Gründung und schildern, wie sich die Gründung im Einzelnen vollzieht. Kommentierte Vertragsmuster unterstützen Sie bei der rechtssicheren Ausgestaltung des Gesellschaftsvertrags.

Der zweite Teil richtet sich an den Geschäftsführer einer GmbH. Hier finden Sie Hinweise zu den wichtigsten Aufgaben des GmbH-Geschäftsführers. Behandelt werden auch die Haftungsrisiken des GmbH-Geschäftsführers auch im Insolvenzfall.

Der dritte Teil schließlich führt Sie direkt in die Praxis einer erfolgreichen Unternehmensführung. Hier finden Sie alle Informationen und viele praktische Tipps zu den entscheidenden Erfolgsfaktoren Ihrer GmbH: Kapitalbeschaffung, Standortwahl, Einsatz von Marketing-Instrumenten bis hin zu konkreten Fragen der Mitarbeiterführung und vieles mehr. Zu allen Themen finden Sie zahlreiche Checklisten, praktische Übersichten und Gesprächsleitfäden.

Wir wünschen Ihnen und Ihrer GmbH viel Erfolg!

Barbara Sillmann und *Dr. Rocco Jula*

Einleitung: Die wichtigsten Fragen vor der GmbH-Gründung

Wann ist die GmbH die richtige Rechtsform?

Versprechen die wirtschaftlichen Voraussetzungen für ein Unternehmen oder eine Geschäftsidee Erfolg, muss das Geschäft in die richtige Rechtsform gebracht werden: In Betracht kommen ein Einzelunternehmen oder – ggf. zusammen mit anderen Gesellschaftern – eine Personengesellschaft oder Kapitalgesellschaft.

Die GmbH ist eine Kapitalgesellschaft mit eigener Rechtspersönlichkeit, an der sich eine oder mehrere Personen, die sog. Gesellschafter beteiligen und die deren Geschicke ggf. neben oder mit dem Geschäftsführer bestimmen. Aber: Das private Vermögen bleibt außen vor, der Gesellschafter beteiligt sich lediglich mit einem festgelegten Betrag, der als Haftungskapital der GmbH überlassen wird.

Wann ist es sinnvoll, die Gründung einer GmbH und den damit verbundenen rechtlichen, betriebswirtschaftlichen und steuerlichen Folgen zu planen?

Checkliste: Gründe für die GmbH als Rechtsform !

Haftung	▪ Die Haftung für den geplanten Geschäftszweck soll auf ein bestimmtes Volumen begrenzt bleiben. ▪ Das Privatvermögen soll vor dem Zugriff der Gläubiger geschützt werden.
Zielsetzung, Flexibilität	▪ Mehrere Gesellschafter wollen sich aus unterschiedlichen Motiven an der Unternehmung beteiligen. ▪ Einige Gesellschafter wollen mitarbeiten, andere ggf. nur Geld anlegen.
Finanzen	▪ Die Gesellschaft soll mit einem festen, aber der Höhe nach begrenztem Kapital ausgestattet werden.
Marketing	▪ Die Gesellschafter wollen im Geschäftsverkehr mit einer Firmierung auftreten, die sofort eine Assoziation zu Ihren Produkten herstellt und wie eine »Marke« wirkt.
Mitarbeit	▪ Sie wollen die Möglichkeit, aber nicht die Verpflichtung zur Mitarbeit haben.
Besteuerung	▪ Sie wollen von den niedrigen Steuersätzen für Kapitalgesellschaften profitieren. ▪ Sie wollen von der Möglichkeit Gebrauch machen, Anteile von Kapitalgesellschaften, die selbst von einer Kapitalgesellschaft gehalten werden, ggf. steuerfrei zu veräußern.

Was sind die Vorteile der GmbH?

In der Bundesrepublik Deutschland haben sich insgesamt rund 1 Mio. Unternehmen für die Rechtsform »GmbH« entschieden. Und das mit gutem Grund: Die GmbH bietet viele Vorteile. Neben der Haftungsbegrenzung auf das Betriebsvermögen gibt es steuerliche, aber auch betriebswirtschaftliche Vorteile und Klarheit bei Finanzierungsfragen.

Organisationsklarheit
Bei der Rechtsform GmbH handelt sich um eine rechtlich weitgehend transparente und ausgereifte Gesellschaftsform, die gekennzeichnet ist durch klare Kompetenz-Zuweisungen, übersichtliche Gremien, klare Rechnungslegungsgrundsätze und weitgehende Gestaltungsfreiheit. Die GmbH ermöglicht eine optimale Umsetzung des geplanten Unternehmens.

Haftungsbeschränkung
Grundsätzlich beschränkt das GmbH-Gesetz die Haftung der Gesellschafter auf das von ihnen gestellte Gesellschaftsvermögen (§ 13 Abs. 2 GmbHG). Damit ist sichergestellt, dass der Gesellschafter sein unternehmerisches Risiko beschränken kann. Er hat mit der GmbH die Möglichkeit, seine geschäftlichen Aktivitäten von seinem privaten Lebensbereich genau zu trennen.

Diese Haftungsbeschränkung ist allerdings immer nur dann uneingeschränkt wirksam, wenn sich die Gesellschafter und Geschäftsführer im Rahmen ihrer Rechte und Pflichten verhalten. Für den GmbH-Gründer ist es deswegen besonders wichtig, sich über die Rechte und Pflichten des GmbH-Gesellschafters, der zugleich auch als Geschäftsführer tätig ist, zu informieren.

Insolvenzantragspflicht
Laufen die Geschäfte nicht wie geplant, darf der Geschäftsführer nicht untätig bleiben und zu lange warten. Der GmbH-Geschäftsführer ist gemäß § 15a der Insolvenzordnung verpflichtet, das Insolvenzverfahren zu beantragen, wenn Überschuldung oder Zahlungsunfähigkeit vorliegen. Danach gilt die Maximalfrist von drei Wochen. Spätestens nach drei Wochen muss der Geschäftsführer handeln, sonst macht er sich strafbar. Darüber hinaus kann er unter Umständen persönlich, z.B. für Steuerschulden und sonstige Verbindlichkeiten, insbesondere gegenüber Sozialversicherungsträgern zur Haftung herangezogen werden. Dieser Fall ist besonders deswegen problematisch, weil es selbst für Fachleute u.U. nicht einfach festzustellen ist, wann tatsächlich eine Überschuldung oder Zahlungsunfähigkeit eingetreten ist (siehe Teil 2, Kapitel 5.1).

Bürgschaften – Anforderungen an den Geschäftsführer

Mit der Wahl der Rechtsform GmbH muss der Gesellschafter/Geschäftsführer nicht selten persönlich Verbindlichkeiten für die GmbH eingehen. Der häufigste Fall: Banken verlangen eine persönliche Bürgschaft des Gesellschafters, insbesondere des Gesellschafter-Geschäftsführers, wenn der GmbH Kredite gewährt werden.

Zu beachten ist auch die Entwicklung der Rechtsprechung. Die Gerichte verlangen vom Geschäftsführer eines Unternehmens in einer komplexen Wirtschaft fundierte Kenntnisse. Das betrifft z. B. die verschärfte Produkthaftpflicht und Umweltschutzauflagen, aber auch allgemeine wirtschaftliche Kenntnisse wie Wettbewerbsrecht, Urheberrecht, Steuergesetze, Buchführungs- und Bilanzierungsvorschriften, Veröffentlichungspflichten, arbeitsrechtliche Vorschriften u. v. m.

Festzuhalten ist aber, dass keine andere Rechtsform eine bessere Haftungsbeschränkung bietet. Unter diesem Gesichtspunkt stellt die GmbH nach wie vor eine optimale Unternehmensform dar.

Die persönliche Stellung des Geschäftsführers

Der Status des GmbH-Geschäftsführers ist sehr vielschichtig. Der Geschäftsführer ist Organ der GmbH und damit den Rechten und Pflichten aus dem Gesellschaftsrecht unterworfen. Hierzu zählen zu allererst die Leitungsaufgabe, aber auch Pflichten gegenüber der Gesellschafterversammlung, wie die Einberufung derselben, die Insolvenzantragspflicht und Pflichten gegenüber dem Handelsregister sowie Aufgaben aus dem Bereich der Rechnungslegung, z. B. die Aufstellung des Jahresabschlusses.

Davon abzugrenzen ist der persönliche Status des Geschäftsführers, dessen Einzelheiten im Wesentlichen von dem Geschäftsführer-Dienstvertrag bestimmt werden. Dieser Dienstvertrag des Geschäftsführers ist grundsätzlich ein freier Dienstvertrag und kein Arbeitsverhältnis. Nur im Ausnahmefall werden Vorschriften des **Arbeitsrechts** auf den Geschäftsführer entsprechend angewandt, so z. B. der Pfändungsschutz für Einkommen wie bei Arbeitnehmern.

Die meisten arbeitsrechtlichen Vorschriften kommen aber grundsätzlich nicht für den Geschäftsführer zur Anwendung, wie etwa die Regelungen des Kündigungsschutzgesetzes oder des Arbeitszeitgesetzes. Dies hat beispielsweise zur Folge, dass Sonntagsarbeit für den Geschäftsführer nicht verboten ist und er keinen Kündigungsschutz nach dem Kündigungsschutzgesetz genießt. Auch haftungsrechtlich wirkt sich der Umstand nachteilig aus, dass der Geschäftsführer einem Arbeitnehmer nicht gleichgestellt ist. So gelten die Grundsätze der

Arbeitnehmerhaftung, die den Arbeitnehmer bevorzugen, in dem sie ihn z.B. für einfache Fahrlässigkeit gegenüber dem Arbeitgeber nicht einstehen lassen, nicht für den Geschäftsführer.

Der Umstand, dass der Geschäftsführer nicht als Arbeitnehmer einzustufen ist, bedeutet nicht, dass diese Einordnung auch für das **Steuerrecht** und das Sozialversicherungsrecht verbindlich wäre. Vielmehr wird im Steuerrecht der Geschäftsführer wie ein Arbeitnehmer behandelt: Er erzielt wie ein Arbeitnehmer Einkünfte aus nicht selbstständiger Arbeit. Auch hinsichtlich der Besteuerung seines Dienstwagens bzw. seiner Dienstreisen wird er einem Arbeitnehmer gleichgestellt.

Im **Sozialversicherungsrecht** kommt es für die Frage, ob der Geschäftsführer sozialversicherungspflichtig ist, darauf an, ob er abhängig beschäftigt ist. Dies wird bei einem beherrschenden Gesellschafter-Geschäftsführer, der mindestens 50 % der Anteile hält, verneint. Aber auch ein nur mit Minderheit beteiligter Geschäftsführer oder ein Fremdgeschäftsführer kann im Einzelfall sozialversicherungsfrei beschäftigt sein. Dies ist bei einem Gesellschafter-Geschäftsführer z.B. dann der Fall, wenn er über eine so genannte Sperrminorität verfügt, d.h. wenn gegen seinen Willen keine Gesellschafterbeschlüsse gefasst werden können. Ist beispielsweise im Gesellschaftsvertrag geregelt, dass Beschlüsse einer Mehrheit von mehr als 75 % der anwesenden Stimmen bedürfen, und hat ein Gesellschafter 25 % der Stimmen, könnte er sämtliche Beschlüsse blockieren. Daher ist dieser Geschäftsführer nicht abhängig bei der GmbH beschäftigt, so dass er aus der Sozialversicherungspflicht herausfällt.

Fremdgeschäftsführer sind im Regelfall sozialversicherungspflichtig und nur im Ausnahmefall sozialversicherungsfrei tätig sein, etwa wenn es sich bei dem Geschäftsführer um den mitarbeitenden Ehemann der Gesellschafterin handelt, bei dem unter Würdigung der konkreten Umstände nicht von einer »Beherrschung« durch die Ehefrau auszugehen ist. Ist der Geschäftsführer nicht sozialversicherungspflichtig tätig, so erhält er beispielsweise von der Bundesagentur für Arbeit weder Insolvenzgeld noch Arbeitslosengeld. In der gesetzlichen Kranken- und Rentenversicherung kann er sich ggf. freiwillig versichern. Allerdings ist zu beachten, dass der sozialversicherungsfrei beschäftigte Geschäftsführer nicht in den Genuss der steuerfreien Arbeitgeberanteile zur Sozialversicherung kommt.

Lassen Sie unbedingt von Anfang an durch eine Anfrage bei der Deutschen Rentenversicherung (DRV) prüfen, ob ein sozialversicherungspflichtiges Beschäftigungsverhältnis besteht. Den Antrag auf Feststellung des sozialversicherungsrechtlichen Status finden Sie auf http://mybook.haufe.de. Sie können ihn auch im Internet herunterladen (www.deutsche-rentenversicherung.de). Eine Prüfung wird ferner automatisch vorgenommen, wenn bei der Anmeldung der Krankenkasse Ihrer Wahl bei dem so genannten Statuskennzeichen vermerkt wird, dass es sich um einen Gesellschafter-Geschäftsführer handelt. Wird dieses Statuskennzeichen angegeben, erfolgt automatisch eine Statusprüfung (so genanntes Antrageverfahren) durch die DRV. Bejaht die DRV ein sozialversicherungspflichtiges Rechtsverhältnis, ist die Bundesagentur für Arbeit hieran leistungsrechtlich auf Antrag des Geschäftsführers gebunden (§ 336 SGB III).

Durch die Abführung von Sozialversicherungsbeiträgen wird kein sozialversicherungspflichtiges Beschäftigungsverhältnis und damit kein Versicherungsschutz begründet. Für die Arbeitslosenversicherung bedeutet dies, dass Sie kein Arbeitslosen- und Insolvenzgeld bekommen. Als sozialversicherungsfrei beschäftigter Geschäftsführer können Sie sich unter bestimmten Voraussetzungen freiwillig gegen Krankheit versichern und in jedem Fall auch Beiträge zur gesetzlichen Rentenversicherung zahlen. In der Arbeitslosenversicherung gibt es ebenfalls unter bestimmten Voraussetzungen bei einem Wechsel in die Selbstständigkeit die Möglichkeit, sich freiwillig gegen Arbeitslosigkeit zu versichern (§ 28a SGB III).

Sie können bei irrtümlich abgeführten Sozialversicherungsbeiträgen lediglich beantragen, dass Ihnen die eingezahlten Arbeitnehmerbeiträge zur Sozialversicherung erstattet werden. Die GmbH kann ihrerseits die Erstattung der Arbeitgeberbeiträge verlangen. In der Praxis ist es häufig so, dass die Bundesagentur für Arbeit erst dann die Sozialversicherungspflicht prüft, wenn ein Leistungsantrag gestellt wird. Durch das Anfrageverfahren tritt allerdings eine Bindungswirkung ein. Wird jedoch kein Anfrageverfahren durchgeführt, ist die Bundesagentur für Arbeit nach wie vor berechtigt, eigenständig die Frage der Versicherungspflicht zu prüfen.

Flexible Gestaltung der Anteilsübertragung

Oft ist schon bei Gründung eines Unternehmens absehbar, dass die Gesellschafter unterschiedliche Erwartungen an den Erfolg des Unternehmens knüpfen. So geschieht es in der Praxis häufig, dass sich die Beteiligten zeitlich verschätzen und tatsächliche Gewinne später als erwartet, niedriger oder gar nicht anfallen.

Liegen ernsthafte Meinungsverschiedenheiten zwischen den Gesellschaftern vor oder wird dringend neues Kapital benötigt, kann es schon nach einer kurzen Anlaufzeit zu Veränderungen in der personellen Zusammensetzung der Gesellschaft kommen, indem Gesellschafter ausscheiden, eintreten oder ihren Anteil aufstocken.

Anteile an einer GmbH sind grundsätzlich frei übertragbar. Ein **Gesellschafterwechsel** ist damit für den Bestand der GmbH kein Problem. Es ist zu empfehlen, bestimmte Kündigungsfristen (etwa ein halbes Jahr) festzuschreiben, damit ein Gesellschafterwechsel vorhersehbar und planbar bleibt. Das muss bereits im Gesellschaftsvertrag so vereinbart werden. Außerdem ist es möglich festzulegen, dass die Anteile nur an bestimmte Personen übertragen werden dürfen. In der Praxis wird die Übertragung von Anteilen häufig an die Zustimmung der Mitgesellschafter bzw. der Gesellschafterversammlung geknüpft.

In der Satzung, das heißt im Gesellschaftsvertrag, sollten Sie im Vorfeld die Modalitäten des Ausscheidens, insbesondere die Abfindungshöhe klären. Scheidet ein Gesellschafter gegen Abfindung aus, kann das Unternehmen in seinem Bestand gefährdet sein. Die Abfindungszahlung kann die Liquidität stark belasten (siehe Teil 1, Kapitel 1.2 zu den §§ 6 und 10 der Mustersatzung).

Organisationsklarheit
Einen besonderen Hinweis verdient die übersichtliche Struktur der Rechtsform GmbH. Der Geschäftsführer allein ist zuständig für die laufenden Geschäfte. Die Gesellschafter haben lediglich auf der Gesellschafterversammlung die Möglichkeit, auf die Geschäftspolitik Einfluss zu nehmen. Ein einzelner Gesellschafter kann keine Weisungen erteilen oder in die laufenden Geschäfte eingreifen. Dem Gesellschafter steht aber jederzeit ein Informations- und Einsichtsrecht zu (§ 51a GmbHG).

Wollen sich die Gesellschafter über ihre Kapitalgeberrolle hinaus an der Geschäftspolitik beteiligen, ohne aber gleich die Geschäftsführung zu übernehmen, haben sie dazu die Möglichkeit. Eine GmbH kann z.B. einen beratenden Beirat einsetzen, der mit festen Befugnissen ausgestattet der Geschäftsführung laufend mit Rat und Tat zur Seite steht.

Gesellschafter-Darlehen
Bei der Rechtsform GmbH haben die Gesellschafter/Geschäftsführer die Möglichkeit, neben dem Stammkapital bzw. der Einlage weitere Gelder einzubringen. Das so genannte Gesellschafter-Darlehen ermöglicht eine flexible Finanzierung. Es kann anders als Eigenkapital leichter wieder aus der GmbH abgezogen werden. Die zu zahlenden Zinsen sind bei der GmbH Betriebsausgaben und mindern die Steuerlast, wobei bei der Gewerbesteuer unter Berücksichtigung eines hohen Freibetrags ein Teil in Höhe von 25 % wieder hinzugerechnet wird (§ 8 Nr. 1 a GewStG).

Beabsichtigen Sie, Gesellschafter-Darlehen zu geben, sollten Sie sich jedoch bestens informieren. Hierbei prüfen die Finanzämter besonders gründlich, ob übliche Konditionen vorliegen.

Im Insolvenzfall kann es leicht dazu kommen, dass Ihr bereits zurückgezahltes Darlehen wieder der Insolvenzmasse zur Verfügung zu stellen ist. Es gilt also ganz besonders: Keine Gestaltung ohne fachlichen Rat (siehe Teil 2, Kapitel 2.5)!

Welche Rahmenbedingungen müssen Sie berücksichtigen?

Lässt sich eine GmbH für jeden Zweck gründen?

Eine GmbH kann grundsätzlich für jeden erlaubten Zweck gegründet werden. Eine Fluggesellschaft kann sich ebenso als GmbH organisieren wie ein Architekt, ein Rechtsanwalt oder ein Zeitungskiosk-Betreiber. Selbst zu karitativen Zwecken darf eine GmbH gegründet werden. Nur im Einzelfall verbietet der Gesetzgeber die GmbH, wie etwa in bestimmten Bundesländern die Ärzte-GmbH oder etwa eine Versicherungs-GmbH. Eine Lebensversicherungsgesellschaft beispielsweise dürfte dieses Geschäft nicht in der Rechtsform der GmbH betreiben. Von diesen Fällen abgesehen darf die GmbH jedoch grundsätzlich für jeden erlaubten Zweck verwendet werden. So sind etwa eine Krankenhaus-GmbH oder eine Physiotherapie-GmbH genauso möglich wie eine Lebensgestaltungs-GmbH oder Handwerks-GmbH.

Gründung durch eine oder mehrere Personen

Des Weiteren kann eine GmbH durch eine oder mehrere Personen gegründet werden. Auch eine Einzelperson kann somit wirksam eine GmbH ins Leben rufen. Diese Gesellschaft wird als Einpersonen-Gesellschaft bezeichnet.

Welche Vorteile hat eine haftungsbeschränkte Unternehmergesellschaft (»Mini-GmbH«)?

Der Gesetzgeber hat die so genannte haftungsbeschränkte Unternehmergesellschaft (UG), auch »Mini-GmbH« genannt, geschaffen. Diese Rechtsform, bei der es sich um eine Spezialform der GmbH handelt, gibt es seit dem 1.11.2008. Seit der Einführung wurden bereits mehr als 100.000 Unternehmergesellschaften gegründet. Nach der GmbH ist die UG auf Platz 2 der Neugründungen. Die Unternehmergesellschaft (haftungsbeschränkt) – so die offizielle Bezeichnung laut Gesetz – bietet die Möglichkeit, das gesetzliche Mindeststammkapital von 25.000,00 EUR zu unterschreiten. Es kann jedes beliebige Stammkapital darunter angesetzt werden, mindestens jedoch 1,00 EUR. Künftig entstehende Gewinne dürfen allerdings nicht beliebig ausgeschüttet werden, vielmehr sind ¼ der Gewinne einer Rücklage zuzuführen, die für die Schaffung von Stammkapital gedacht ist. Aus dieser Rücklage kann dann »echtes« Stammkapital werden. Die Rücklage darf im Übrigen nur zur Abdeckung von Verlusten verwendet werden.

Nachteil der UG ist allerdings, dass keine Sacheinlagen erbracht werden dürfen und Bareinlagen in voller Höhe einzuzahlen sind. Auch ist damit zu rechnen, dass Vertragspartner einer UG recht misstrauisch gegenübertreten, da man eine UG im Prinzip nur dann gründet, wenn man nicht einmal das Mindeststammkapital aufbringen kann. Vertragspartner tun daher gut daran, mit der Unternehmergesellschaft (haftungsbeschränkt) nur dann zusammenzuarbeiten, wenn diese ihnen Sicherheiten stellt oder ihrerseits vorleistet. Der Gesetzgeber ordnet die UG zwar als GmbH ein, dennoch darf der Rechtsformzusatz GmbH nicht geführt werden, vielmehr muss die Gesellschaft ausdrücklich als Unternehmergesellschaft (haftungsbeschränkt) oder abgekürzt UG (haftungsbeschränkt) im Rechtsverkehr auftreten.

Wann bietet sich die Verwendung eines Musterprotokolls an?

Der Gesetzgeber hat zur Beschleunigung der Errichtung der GmbH so genannte Musterprotokolle zur Verfügung gestellt. Ein Musterprotokoll betrifft die Einpersonen-GmbH, das andere Musterprotokoll kann verwendet werden, wenn es maximal drei Gesellschafter gibt. Beide Musterprotokolle lassen jeweils nur einen Geschäftsführer zu. Vorteil dieser Musterprotokolle ist die Zusammenfassung von drei Gründungsdokumenten in einem Protokoll: Das Protokoll stellt zugleich Gründungsprotokoll, Gesellschaftsvertrag und Gesellschafterliste dar. Die Gesellschaft kann damit in 15 Minuten kostengünstig vor dem Notar errichtet werden. Auch die so genannte Unternehmergesellschaft (haftungsbeschränkt) lässt sich mit der Verwendung eines Musterprotokolls ins Leben rufen. Von einer Verwendung des Musterprotokolls ist allerdings dann abzuraten, wenn die Gesellschafter individuelle Regelungen wünschen, diese lässt das Musterprotokoll nicht zu.

Das Gesetz sieht Musterprotokolle für eine Mehrpersonengesellschaft mit bis zu drei Gesellschaftern sowie für eine Einpersonen-Gesellschaft vor. Sie finden diese Protokolle auf http://mybook.haufe.de.

Musterprotokoll: Gründung einer Mehrpersonen-Gesellschaft mit bis zu 3 Gesellschaftern

!

UR. Nr. ...

Heute, den ... erschienen vor mir, ..., Notar/in mit Amtssitz in ...,

Herr/Frau ...[1]

Herr/Frau ...

Herr/Frau ...

1. Die Erschienenen errichten hiermit nach § 2 Abs. 1a GmbHG eine Gesellschaft mit beschränkter Haftung unter der Firma ... mit dem Sitz in ...
2. Gegenstand des Unternehmens ist ...
3. Das Stammkapital der Gesellschaft beträgt ... (EUR) (i. W. ... EUR) und wird wie folgt übernommen:
   Herr/Frau ... übernimmt einen Geschäftsanteil mit einem Nennbetrag von ... EUR (i. W. ... EURO) (Geschäftsanteil Nr. 1),
   Herr/Frau ... übernimmt einen Geschäftsanteil mit einem Nennbetrag von ... EUR (i. W. ... EURO (Geschäftsanteil Nr. 2),
   Herr/Frau ... übernimmt einen Geschäftsanteil mit einem Nennbetrag von ... EUR (i. W. ... EURO (Geschäftsanteil Nr. 3).
   Die Einlagen sind in Geld zu erbringen, und zwar sofort in voller Höhe/zu 50 % sofort, im Übrigen sobald die Gesellschafterversammlung ihre Einforderung beschließt.[2]
4. Zum Geschäftsführer der Gesellschaft wird Herr/Frau ..., geboren am ..., wohnhaft in ... bestellt. Der Geschäftsführer ist von den Beschränkungen des § 181 des Bürgerlichen Gesetzbuches befreit.
5. Die Gesellschaft trägt die mit der Gründung verbundenen Kosten bis zu einem Gesamtbetrag von 300 EUR, höchstens jedoch bis zum Betrag ihres Stammkapitals. Darüber hinausgehende Kosten tragen die Gesellschafter im Verhältnis der Nennbeträge ihrer Geschäftsanteile.
6. Von dieser Urkunde erhält eine Ausfertigung der Gesellschafter, beglaubigte Ablichtungen die Gesellschaft und das Registergericht (in elektronischer Form) sowie eine einfache Abschrift das Finanzamt – Körperschaftsteuerstelle.
7. Der Erschienene wurde vom Notar/von der Notarin insbesondere auf Folgendes hingewiesen: ...

1 Nicht Zutreffendes streichen. Bei juristischen Personen ist die Anrede Herr/Frau wegzulassen. Hier sind neben der Bezeichnung des Gesellschafters und den Angaben zur notariellen Identitätsfeststellung ggf. der Güterstand und die Zustimmung des Ehegatten sowie Angaben zu einer etwaigen Vertretung zu vermerken.

2 Nicht Zutreffendes streichen. Bei der Unternehmergesellschaft muss die zweite Alternative gestrichen werden.

!

Musterprotokoll: Gründung einer Einpersonen-Gesellschaft

UR. Nr. ...

Heute, den ... erschien vor mir, ..., Notar/in mit Amtssitz in ..., Herr/Frau[3] ...

1. Der Erschienene errichtet hiermit nach § 2 Abs. 1a GmbHG eine Gesellschaft mit beschränkter Haftung unter der Firma ... mit dem Sitz in ...
2. Gegenstand des Unternehmens ist ...
3. Das Stammkapital der Gesellschaft beträgt ... (EUR) (i. W. ... EURO) und wird vollständig von Herrn/Frau ... übernommen. Die Einlage ist in Geld zu erbringen, und zwar sofort in voller Höhe / zu 50 % sofort, im Übrigen sobald die Gesellschafterversammlung ihre Einforderung beschließt.[4]
4. Zum Geschäftsführer der Gesellschaft wird Herr/Frau ..., geboren am ..., wohnhaft in ... bestellt. Der Geschäftsführer ist von den Beschränkungen des § 181 des Bürgerlichen Gesetzbuches befreit.
5. Die Gesellschaft trägt die mit der Gründung verbundenen Kosten bis zu einem Gesamtbetrag von 300 EUR, höchstens jedoch bis zum Betrag ihres Stammkapitals. Darüber hinausgehende Kosten trägt der Gesellschafter.
6. Von dieser Urkunde erhält eine Ausfertigung der Gesellschafter, beglaubigte Ablichtungen die Gesellschaft und das Registergericht (in elektronischer Form) sowie eine einfache Abschrift das Finanzamt – Körperschaftsteuerstelle.
7. Der Erschienene wurde vom Notar/von der Notarin insbesondere auf Folgendes hingewiesen: ...

Wann ist der Kauf einer Vorrats-GmbH sinnvoll?

In einer Situation, in der man schnell eine GmbH benötigt, z.B. weil der lukrative Auftrag sofort perfekt gemacht werden könnte, bietet sich der Kauf einer Vorrats-GmbH an. Hierbei handelt es sich um eine GmbH, die bereits gegründet und im Handelsregister eingetragen ist, jedoch ihre Geschäfte noch nicht aufgenommen hat.

3 Nicht Zutreffendes streichen. Bei juristischen Personen ist die Anrede Herr/Frau wegzulassen.

4 Nicht Zutreffendes streichen. Bei der Unternehmergesellschaft muss die zweite Alternative gestrichen werden. Hier sind neben der Bezeichnung des Gesellschafters und den Angaben zur notariellen Identitätsfeststellung ggf. der Güterstand und die Zustimmung des Ehegatten sowie Angaben zu einer etwaigen Vertretung zu vermerken.

!

Beispiel

Roland Strada möchte Straßenfeste veranstalten. In der nächsten Woche endet das Vergabeverfahren für ein Straßenfest auf dem Berliner Kurfürstendamm. Strada möchte sich um dieses Straßenfest bemühen. Da die Veranstaltung eines Straßenfests mit erheblichen Haftungsrisiken verbunden ist – insbesondere dann, wenn es ihm nicht gelingt, die Marktstände in großer Zahl zu vermieten –, möchte Strada eine GmbH dazwischenschalten. Da die Zeit drängt, prüft er, ob er sich für den Kauf einer so genannten Vorrats-GmbH entscheiden sollte.

Risiken der Vorratsgründung

Eine solche Vorrats-GmbH sollte jedoch nur dann erworben werden, wenn das Stammkapital mit Ausnahme der Gründungskosten (Register- und Notarkosten) unversehrt zur Verfügung steht. Der Bundesgerichtshof hat nämlich entschieden, dass bei der Übernahme einer Vorrats-GmbH ansonsten die Gründungsvorschriften gelten. Strada müsste also auch bei der Aufnahme der Tätigkeit mit einer Vorrats-GmbH haftungsrechtliche Konsequenzen befürchten, wenn er eine Vorrats-GmbH kauft, bei der das Stammkapital bereits aufgezehrt ist. Ist dies jedoch nicht der Fall, steht ihm sofort eine GmbH ohne weitere Haftungsrisiken zur Verfügung.

Mit dem Erwerb einer Vorrats-GmbH sind jedoch zusätzliche Kosten verbunden, da der Verkäufer der Vorrats-GmbH sich diese Leistung bezahlen lässt. Außerdem ist auch hier der Gang zum Notar unerlässlich. Einerseits müssen die Anteile an der Vorrats-GmbH übertragen werden, was der notariellen Form bedarf, andererseits sind die Firma der GmbH und die Satzung im Übrigen, z.B. hinsichtlich des Unternehmensgegenstands, entsprechend anzupassen. Überdies ist der bisherige Geschäftsführer abzuberufen und der neue Geschäftsführer, hier Strada, zu bestellen.

Brauchen Sie einen Aufsichtsrat oder Beirat?

Eine GmbH ist auch deshalb so beliebt, weil bei ihrer Organisation bzw. Struktur die Wünsche der Gesellschafter weitgehend berücksichtigt werden können.

Man redet hier von der Satzungssouveränität der Gesellschafter, d.h. der Kompetenz der Gesellschafter, die Satzung nach ihren Vorstellungen zu gestalten. Dies betrifft auch die Frage, ob die Gesellschaft einen Aufsichtsrat, einen Beirat, einen Verwaltungsrat oder ein sonstiges beratendes oder kontrollierendes Organ aufweist. Die Gesellschaft kann ein solches Organ haben, sie ist jedoch zur Bildung grundsätzlich nicht verpflichtet. Beiräte und Verwaltungsräte werden stets auf freiwilliger Grundlage ohne rechtliche Verpflichtung gebildet. Die ihnen zustehenden Funktionen sind meist beratender oder kontrollierender Natur und können flexibel in der Satzung vorgesehen werden.

Ein Aufsichtsrat muss allerdings dann bei einer GmbH gebildet werden, wenn dies gesetzlich angeordnet ist. Dies ist etwa in der Praxis bei kommunalen Gesellschaften oder bei Gesellschaften, die der Arbeitnehmermitbestimmung im Aufsichtsrat unterfallen, vorgesehen.

Gehört eine GmbH einer Gemeinde, wie dies z.B. häufig bei Stadtwerken der Fall ist, so muss die Gemeinde ihren Einfluss auf die Geschäftsführung sicherstellen. Dies kann durch von ihr entsandte Aufsichtsratsmitglieder geschehen. Hier ist die Einrichtung eines Aufsichtsrats notwendig. Bei Gesellschaften mit beschränkter Haftung, die in der Regel mehr als 500 Arbeitnehmer haben, ist ein Aufsichtsrat zu bilden, er besteht zu einem Drittel aus Vertretern der Arbeitnehmer. Beschäftigt die GmbH in der Regel mehr als 2.000 Arbeitnehmer, ist sogar die Hälfte der Aufsichtsratsmandate mit Arbeitnehmervertretern zu besetzen. Bei Unternehmen der Montanmitbestimmung gilt die unternehmerische Mitbestimmung im Aufsichtsrat bereits ab 1.000 Arbeitnehmern.

Interessenlage im Einzelfall

Von diesen Ausnahmefällen abgesehen, können sich die Gesellschafter entscheiden, ob sie einen Aufsichtsrat installieren oder sämtliche Aufgaben der Gesellschafterversammlung überlassen. In bestimmten Situationen kann die Bildung eines Aufsichtsrats sinnvoll sein: etwa bei einem großen Gesellschafterkreis, bei dem es sehr schwerfällig wäre, sämtliche Gesellschafter auf Versammlungen zusammenzurufen oder wenn einzelne Gesellschafter ein besonderes Kontrollinteresse aufgrund zusätzlicher Darlehen oder stiller Beteiligungen haben. Finanziert sich etwa eine GmbH mit einer stillen Beteiligung eines Gesellschafters in erheblicher Höhe, so liegt es nahe, dass der stille Gesellschafter, der gleichzeitig GmbH-Gesellschafter ist, auf die Einrichtung eines Aufsichtsrats drängt, in dem etwa er selbst oder ein von ihm bestimmter Dritter ein Mandat wahrnimmt. So ist insbesondere die zweckentsprechende Verwendung seiner finanziellen Mittel gesichert. Auch werden durch ein Kontrollorgan Krisen früher erkannt. Die Geschäftsführer stehen unter Kontrolle, müssen dem Aufsichtsrat berichten und werden gegebenenfalls weniger risikofreudig als ohne zeitnahe Kontrolle agieren.

Aufgaben des zusätzlichen Organs

Die Aufgaben eines Aufsichtsrates bzw. Beirats können flexibel in der Satzung festgelegt werden. Der Aufsichtsrat kann sich auf die bloße Beratung der Geschäftsführer beschränken. In dieser Konstellation heißt er in der Regel Beirat.

Er kann aber auch die Geschäftsführung kontrollieren, sie anweisen oder sogar die Geschäftsführer bestellen und abberufen.

Für die Gesellschafter gilt: Je mehr Befugnisse sie auf den Aufsichtsrat übertragen, desto weniger eigene Machtbefugnisse verbleiben ihnen.

Die Gesellschafter müssen sich klarmachen, dass ihnen bei der Delegation von Funktion auf einen Beirat selbst weniger eigene Machtbefugnisse verbleiben. Die Befugnis, die Satzung zu ändern, ist die Kernkompetenz der Gesellschafter. Diese können sie nicht auf den Aufsichtsrat übertragen. Das bedeutet: Notfalls können die Gesellschafter den Aufsichtsrat durch eine Änderung der Satzung auch wieder abschaffen.

Wie viel Kapital benötigen Sie für die Gründung einer GmbH?

Das Mindeststammkapital einer GmbH beträgt 25.000 EUR. Hiervon müssen Sie sofort 12.500 EUR aufbringen. Die restlichen Einlagen müssen erst auf Anforderung der Gesellschafterversammlung eingezahlt werden.

Auch bei höheren Stammkapitalziffern müssen wenigstens insgesamt 12.500 EUR, mindestens aber von jeder Stammeinlage, die in bar übernommen wird, ein Viertel einbezahlt werden. Gründen also beispielsweise zwei Personen eine GmbH mit einem Stammkapital von 100.000 EUR und übernimmt jeder jeweils 50.000 EUR als Stammeinlage, so muss jeder Gesellschafter ein Viertel hiervon, also 12.500 EUR, in das Gesellschaftsvermögen leisten. Werden Sacheinlagen versprochen, so müssen diese vollständig in das Gesellschaftsvermögen einfließen. Bringt ein Gesellschafter also etwa seinen PKW oder ein Betriebsgrundstück ein, so muss diese Sacheinlage vollständig in das Eigentum der GmbH übergehen. Die Anmeldung der Gesellschaft beim Handelsregister darf erst erfolgen, wenn die Mindeststammeinlagen bzw. die Sacheinlagen zur freien Verfügung des bzw. der Geschäftsführer in das Gesellschaftsvermögen geleistet wurden.

Besonderheiten der Unternehmergesellschaft

Bei der Unternehmergesellschaft (haftungsbeschränkt) (siehe oben) sind nur Bareinlagen gestattet. Diese müssen in voller Höhe sofort aufgebracht werden. Allerdings gibt es bei der Unternehmergesellschaft (haftungsbeschränkt) kein Mindeststammkapital, sodass 1,00 EUR Stammkapital ausreichen würde.

Welche Nebenkosten entstehen bei der Gründung?

Die Gründung einer GmbH ist mit Kosten verbunden. Unvermeidlich ist die Entrichtung der Notar- sowie der Handelsregisterkosten, wobei diese am 1. August 2013 erhöht worden sind. Die Notarkosten bestimmen sich nach der Kostenordnung nach dem so genannten Gegenstandswert. Bei der GmbH bzw. Unternehmergesellschaft setzt man das Stammkapital, jedoch mindestens 25.000 EUR für die Berechnung der Kosten an. Die Gründung einer Unternehmergesellschaft spart also per se keine Kosten ein. Für die Gründung einer GmbH mit dem Mindeststammkapital von 25.000 EUR fallen für die Beurkundung der Gründung inklusive der Einreichung der Gesellschafterliste, der Überwachung der Einzahlung des Stammkapitals und der Anmeldung zur Eintragung beim Handelsregister ca. 650 EUR Notarkosten zuzüglich gesetzlicher Mehrwertsteuer (derzeit 19 %) an. Bei einer Einpersonen-GmbH oder bei Verwendung des Musterprotokolls lassen sich Kosten einsparen (siehe oben).

Das Handelsregister erhebt für die Prüfung und die Eintragung der Gesellschaft einen Betrag in Höhe von 150 EUR, bei Leistung einer Sacheinlage in Höhe von 240 EUR. Ferner kommen die Kosten der Bekanntmachung hinzu.

Weitere Kosten können durch eine markenrechtliche Prüfung der beabsichtigten Firmierung sowie durch Rechtsberatung entstehen. Gerade wenn mehrere Gesellschafter beteiligt sind, kann es sinnvoll sein, dass sich diese vor dem Abschluss anwaltlich, gegebenenfalls auch getrennt – d.h. jeder durch einen Anwalt seines Vertrauens – beraten lassen. Diese Beratung kann nicht nur die Klauseln des Gesellschaftsvertrags, sondern auch die Regelung der sonstigen Verhältnisse, etwa den Abschluss des Geschäftsführervertrages oder die Änderung bestehender Testamente oder Eheverträge umfassen. Dies gilt insbesondere dann, wenn mit der beabsichtigten Gründung der GmbH, etwa durch Übernahme von Bankbürgschaften, gegenüber dem finanzierenden Kreditinstitut persönliche Haftungsrisiken eingegangen werden.

Teil 1:
Die Gründung einer GmbH

1 Der Gesellschaftsvertrag als Kernstück der GmbH

Der Gesellschaftsvertrag (Satzung) ist das rechtliche Kernstück der GmbH. Die Gründer sollten daher in die Satzung all das aufnehmen, was zwischen ihnen im Hinblick auf die künftige Zusammenarbeit ausgehandelt worden ist.

Mindestinhalt der Satzung

Zu den Mindestangaben gehören in die Satzung:

- die Nennung des Firmennamens
- der Sitz der Gesellschaft
- der Gegenstand des Unternehmens
- der Betrag des Stammkapitals
- die auf jeden einzelnen Gesellschafter entfallenden Geschäftsanteile

Der Mindestinhalt der Satzung ergibt sich aus § 3 GmbHG. Danach muss der Gesellschaftsvertrag die Firma und den Sitz der Gesellschaft enthalten. In der Satzung sind ferner der Unternehmensgegenstand sowie der Betrag des Stammkapitals aufzunehmen. Schließlich sind die von jedem Gesellschafter übernommenen Geschäftsanteile und die zu leistenden Einlagen anzugeben. Die Praxis begnügt sich indessen nicht mit diesem Mindestinhalt, sondern nimmt typische weitere Klauseln in den Vertrag auf (siehe Teil 1, Kapitel 1.3). Grundsätzlich sollten jedoch keine Bestimmungen in die Satzung integriert werden, die lediglich das Gesetz wiederholen, da hier immer wieder Unsicherheiten und Auslegungsprobleme auftreten, wenn das Gesetz nicht wörtlich wiedergegeben wird. Im Übrigen wird die Satzung durch solche überflüssigen Bestimmungen unnötig aufgebläht.

Achtung: Beachten Sie die Formvorschriften !

Der Gesellschaftsvertrag einer GmbH muss notariell beurkundet werden; ein Gesellschaftsvertrag, der dieses Formerfordernis nicht wahrt, ist nichtig. Lassen sich Gründer vertreten, so bedarf es hierfür notariell beglaubigter Vollmachten.

1.1 Muster für einen Gesellschaftsvertrag

Der hier vorgeschlagene Gesellschaftsvertrag (= Satzung) enthält die typischen Klauseln, die im Rahmen einer Gründung vereinbart werden. Die Bestimmungen sind je nach den Bedürfnissen des Einzelfalles anzupassen, zu streichen oder zu ergänzen. Allerdings sieht die Mustersatzung selbst schon an verschiedenen Stellen Alternativen vor, die den Bedürfnissen des Einzelfalls Rechnung tragen.

Die vorliegende Satzung betrifft eine personalistisch strukturierte GmbH, bei der mehrere Gesellschafter gleichberechtigt beteiligt sind. Sie ist aber auch für Fälle geeignet, in denen ein Gesellschafter aufgrund seines Kapitalanteils die Stimmenmehrheit und damit die Herrschaft hat.

Die nachfolgende Mustersatzung ist nicht zu verwechseln mit den vom Gesetzgeber angebotenen Musterprotokollen. Die Musterprotokolle dienen der Beschleunigung des Gründungsvorgangs und bieten gerade wenig Gestaltungsspielraum (siehe Einleitung). Soll eine Unternehmergesellschaft (haftungsbeschränkt) gegründet werden, kann ebenfalls auf den nachfolgenden Formulierungsvorschlag zurückgegriffen werden. Beachten Sie jedoch, dass bei § 1, der Firma, unbedingt abweichend vom GmbH-Zusatz entweder die Firmierung lauten müsste *Unternehmergesellschaft (haftungsbeschränkt)* oder *UG (haftungsbeschränkt)*. Bei § 3, den Stammeinlagen, sollten Sie beachten, dass Sacheinlagen nicht festgesetzt werden dürfen und Bareinlagen in voller Höhe sofort zu erbringen sind. Ferner kann das Stammkapital 25.000 EUR unterschreiten.

Im Bereich Arbeitshilfen online auf http://mybook.haufe.de halten wir für Sie Musterprotokolle für eine Einpersonen-Gesellschaft sowie für die Mehrpersonen-Gesellschaft zum Download bereit.

Gesellschaftsvertrag der Monica Musterfrau GmbH

§ 1 Firma und Sitz der Gesellschaft

Firma/Sitz

(1) Die Gesellschaft ist eine Gesellschaft mit beschränkter Haftung unter der Firma Monica Musterfrau GmbH.

(2) Die Gesellschaft hat ihren Sitz in (Ort).

§ 2 Unternehmensgegenstand

Unternehmensgegenstand

(1) Gegenstand des Unternehmens ist [bitte einsetzen].

(2) Die Gesellschaft darf alle damit zusammenhängenden und den Gesellschaftszweck fördernden Geschäfte tätigen.

(3) Die Gesellschaft ist berechtigt, sich an anderen Unternehmen zu beteiligen, auch die Geschäftsführung und die persönliche Haftung in Kommanditgesellschaften zu übernehmen und Zweigniederlassungen im In- und Ausland zu errichten.

§ 3 Stammkapital/Stammeinlagen

Stammkapital, Stammeinlagen

(1) Das Stammkapital der Gesellschaft beträgt 25.000 EUR (fünfundzwanzigtausend EUR). Es ist eingeteilt in 25.000 Geschäftsanteile mit den laufenden Nummern 1 bis 25.000 im Nennbetrag von jeweils 1,00 EUR.

(2) Auf das Stammkapital übernehmen:

Frau Monica Musterfrau eine Stammeinlage von 12.500 EUR durch Übernahme der Geschäftsanteile mit den Nr. 1 bis 12.500.

Herr Paul Mustermann eine Stammeinlage von 12.500 EUR durch Übernahme der Geschäftsanteile mit den Nr. 12.501 bis 25.000

(3) Die Stammeinlage ist in Geld zu erbringen und zwar zur Hälfte sofort sodass je Geschäftsanteil ein Betrag in Höhe von 0,50 Euro einzuzahlen ist.

§ 4 Vertretung/Geschäftsführung

(1) Die Gesellschaft hat einen oder mehrere Geschäftsführer. Ist nur ein Geschäftsführer bestellt, so vertritt dieser die Gesellschaft allein. Sind mehrere Geschäftsführer bestellt, so wird die Gesellschaft durch zwei Geschäftsführer gemeinsam oder durch einen Geschäftsführer in Gemeinschaft mit einem Prokuristen vertreten. Durch Gesellschafterbeschluss kann einzelnen Geschäftsführern die Befugnis zur alleinigen Vertretung sowie die Befreiung von den Beschränkungen des § 181 BGB erteilt werden. Dies gilt auch, wenn sich alle Anteile in einer Hand vereinigt haben. Absatz 1 gilt für Liquidatoren entsprechend

Leistung der Gesellschaft

(2) Hat die Gesellschaft mehrere Geschäftsführer, so sind diese berechtigt, durch eine Geschäftsordnung, die von der Gesellschafterversammlung zu genehmigen ist, eine Ressortaufteilung vorzunehmen [*bei Bedarf*: Für die Abberufung eines Gesellschafter-Geschäftsführers bedarf es eines wichtigen Grundes].

Mehrere Geschäftsführer

(3) Der Geschäftsführer, [*bei Bedarf*: der nicht gleichzeitig Gesellschafter ist,] bedarf für sämtliche Geschäfte im Innenverhältnis – unbeschadet seiner Vertretungsmacht im Außenverhältnis –, die über den gewöhnlichen Geschäftsbetrieb der Gesellschaft hinausgehen, der Genehmigung der Gesellschafterversammlung [*bei Bedarf:* gegebenenfalls der Zustimmung des Beirats]. Insbesondere bedürfen folgende Rechtsgeschäfte der Zustimmung der Gesellschafterversammlung [*Katalog unbedingt auf den Einzelfall anpassen*:]

Zustimmungskatalog

1. Sämtliche Grundstücksgeschäfte, sowohl Verpflichtungs- als auch Erfüllungsgeschäfte, einschließlich der Belastung, der Veräußerung und des Erwerbs von Grundstücken,
2. Verträge mit einem Volumen, das einen Betrag von [bitte einsetzen] EUR übersteigt,
3. die Eingehung von Dauerschuldverhältnissen mit einer monatlichen Verpflichtung von mehr als [*bitte einsetzen*] EUR,
4. die Anstellung und Entlassung von Arbeitnehmern mit Ausnahme von geringfügig oder kurzfristig beschäftigten Mitarbeitern,
5. die Einräumung von Sonderleistungen gegenüber Arbeitnehmern oder freien Mitarbeitern, durch die diesen Versorgungsleistungen, Tantiemen oder sonstige Ansprüche eingeräumt werden,
6. die Aufnahme von Krediten, die Eingehung von Wechselverbindlichkeiten und Bürgschaftsverpflichtungen,

7. die Gewährung und die Zusage von Krediten sowie die Einräumung von Sicherheiten aus dem Gesellschaftsvermögen für Dritte,
8. die Eröffnung und die Aufgabe von Filialen bzw. Zweigniederlassungen,
9. die Veräußerung und Verpachtung des Unternehmens bzw. des Betriebs oder von Betriebsteilen,
10. die Erteilung und der Widerruf von Prokura und Generalhandlungsvollmacht,
11. der Abschluss, die Aufhebung und die Änderung von Verträgen mit verschwagerten oder verwandten Personen eines Gesellschafters oder eines Geschäftsführers.

§ 5 Gesellschafterversammlung/Beschlüsse

Einberufungsfrist

(1) Die Einberufungsfrist für eine Gesellschafterversammlung beträgt zwei Wochen. Die Einberufung erfolgt durch eine Einladung, die mit eingeschriebenem Brief versandt wird. Der Einladung ist eine sonstige Tagesordnung beizufügen. Die Einberufungsfrist beginnt mit der Einlieferung der Einschreiben bei der Post. Alternativ ist auch die persönliche Übergabe der Einladung nebst Tagesordnung zulässig, wobei der Gesellschafter (sonstige Vertretung ist unzulässig) den Empfang durch Unterschrift zu bestätigen hat. Statt der Empfangsbestätigung des Gesellschafters genügt auch die Bestätigung eines unabhängigen Boten (z.B. Kurierdienst/Rechtsanwalt/Taxifahrer) über den Einwurf der Einladung in den Briefkasten/Türschlitz der Wohnung des Gesellschafters bzw. über die Übergabe derselben an den Gesellschafter persönlich – ggf. auch außerhalb der Wohnung – bzw. bei Übergabe in der Wohnung an einen Angehörigen bzw. am Sitz des Gesellschafters an einen Betriebsangehörigen.

Vollversammlung

(2) Auf die Einhaltung dieser Formalien können die Gesellschafter verzichten, was eine vollständige Anwesenheit aller Gesellschafter und einen einstimmigen Beschluss derselben erfordert. Hierbei können die Gesellschafter auch spontan unter Verzicht auf alle Formen und Fristen zusammentreten und Beschlüsse fassen.

Versammlungsleitung, Protokoll

(3) Der Versammlungsleiter wird von der Gesellschafterversammlung zu Beginn der Sitzung bestimmt. Kommt keine Einigung zustande, so ist der Gesellschafter Versammlungsleiter, der um die Einberufung der Versammlung ersucht hat. Bei den Tagesordnungspunkten, die andere Gesellschafter auf die Tagesordnung setzen ließen, ist jeweils der betreffende Gesellschafter, sofern über diese Tagesordnungspunkte verhandelt und abgestimmt wird, für diese Phase Versammlungsleiter. Sofern die zur Versammlungsleitung berechtigten Gesellschafter diese nicht wahrnehmen ist der älteste Gesellschafter Versammlungsleiter. Sofern diese Person verzichtet, rückt der nächst älteste in diese Position. Sofern nur juristische Personen beteiligt sind, ist die Person Versammlungsleiter, die den Gesellschafter mit dem höchsten Anteil vertritt. Weigern sich alle Beteiligten, findet die Versammlung ohne Versammlungsleitung statt. Die Beschlussfähigkeit ist zu Beginn der Gesellschafterversammlung durch einen Versammlungsleiter festzustellen. Der Versammlungsleiter hat über die Gesellschafterversammlung eine Sitzungsniederschrift anzufertigen, in der mindestens der Versammlungsort, das Datum, die Uhrzeit, die Teilnehmer sowie die gestellten Beschlussanträge, der Wortlaut der gefassten Beschlüsse sowie die Abstimmungsergebnisse (Jastimmen, Neinstimmen, Enthaltungen und ungültige Stimmen) aufzunehmen sind. Bei den gefassten Beschlüssen ist auf Wunsch des betreffenden Gesellschafters unter Nennung seines Namens anzugeben, wie dieser abgestimmt hat. Jeder Gesellschafter

kann beantragen, dass seine in der Gesellschafterversammlung geäußerten Vorschläge oder Bedenken zu einzelnen Gegenständen in die Sitzungsniederschrift aufgenommen werden. Die Sitzungsniederschrift ist vom Versammlungsleiter zu unterschreiben und von diesem – bzw. auf dessen Weisung vom Geschäftsführer – an die Gesellschafter mit einfachem Brief zu übermitteln. Einwendungen gegen die Richtigkeit und Vollständigkeit der Sitzungsniederschrift sind binnen einer Frist von vier Wochen nach Zugang gegenüber dem Versammlungsleiter zu erheben. Der Versammlungsleiter – bzw. auf dessen Weisung der Geschäftsführer – hat den Berichtigungsantrag den anderen Gesellschaftern zur Stellungnahme zu übermitteln. Besteht Uneinigkeit über den gefassten Inhalt, so begründet das Protokoll keine Vermutung für die Vollständigkeit und Richtigkeit des Inhalts. Werden Einwendungen gegen die Richtigkeit des Protokolls nicht fristgemäß erhoben, so liegt hingegen die Vermutung für seine Vollständigkeit und Richtigkeit vor.

(4) Die Gesellschafterversammlung ist beschlussfähig, wenn mehr als 50 % aller Stimmen anwesend sind, auf Stimmverbote oder Stimmenbotschaften kommt es hierbei nicht an. Ist die Gesellschafterversammlung nicht beschlussfähig, so ist unter Einhaltung der in Absatz 1 genannten Formalien mit gleicher Tagesordnung eine erneute Gesellschafterversammlung einzuberufen, die dann unabhängig von der Anzahl der anwesenden Stimmen beschlussfähig ist. Hierauf ist in der Ladung hinzuweisen.

Beschlussfähigkeit

(5) Die Gesellschafterversammlung entscheidet in ihren Angelegenheiten durch Beschluss. Beschlüsse werden mit der Mehrheit der abgegebenen Stimmen gefasst, sofern der Gesellschaftsvertrag oder das Gesetz nicht etwas anderes bestimmen. Der Beschluss ist mit einfacher Mehrheit gefasst, wenn mehr Ja- als Neinstimmen abgegeben wurden. Stimmenthaltungen werden bei der Ermittlung der abgegebenen Stimmen nicht mitgezählt.

Mehrheitsklausel

(6) Eine rechtsgeschäftliche Vertretung im Stimmrecht ist nicht zulässig.
[*Oder*:] Eine Vertretung im Stimmrecht bedarf einer schriftlichen Vollmacht, wobei die Textform ausreichend ist.
[*Oder bei Bedarf zusätzlich zu Satz 1*:] Statthaft ist jedoch eine Stimmenbotschaft, d.h. abwesende Gesellschafter können an der Beschlussfassung teilnehmen, indem sie Stimmabgaben mindestens in Textform überreichen lassen. Die Stimmabgaben können durch andere Gesellschafter überreicht werden oder an den Sitz der Gesellschaft gesandt werden. Im letzteren Fall bringt sie der Geschäftsführer ein. Der Gesellschafter trägt das Risiko des rechtzeitigen Zugangs seiner Stimmenbotschaft. Sendet er seine Stimmabgabe an den Geschäftssitz, so muss diese mindestens einen Arbeitstag vor der Versammlung während der Bürozeiten dort eintreffen. Unzulässig sind Stimmabgaben, die einem Stimmboten einen eigenen Entscheidungsspielraum einräumen. Aus der schriftlichen Stimmabgabe muss sich eindeutig die Entscheidung des Gesellschafters ergeben.

Vertretung, Stimmenbotschaften

(7) Die Anwesenheit und Beiziehung von Beratern der Gesellschafter auf Gesellschafterversammlungen ist grundsätzlich nicht gestattet. Die Gesellschafterversammlung kann durch Beschluss die Teilnahme bzw. die Beiziehung eines Beraters unter folgenden kumulativ gegebenen Voraussetzungen zulassen:

Beiziehung von Beratern

1. Wenn der betreffende Gesellschafter beim einladenden Geschäftsführer die Teilnahme bzw. Beiziehung des Beraters binnen einer Frist von einer Woche nach Zugang der Einladung bzw. der Tagesordnung zur Gesellschafterversammlung beantragt hat;
2. wenn der Gesellschafter Namen und Anschrift des Beraters unter Hinweis auf dessen Status (z. B. Rechtsanwalt/Steuerberater) schriftlich dem Geschäftsführer mitgeteilt hat;
3. wenn der betreffende Gesellschafter die Gründe für die Beiziehung des Beraters dem Geschäftsführer angezeigt hat. Der Geschäftsführer hat die Anmeldung des Antrags auf Beiziehung eines Beraters den übrigen Gesellschaftern unverzüglich mitzuteilen, damit diese unter Wahrung des Gleichbehandlungsgrundsatzes ebenfalls entscheiden können, ob sie ihrerseits einen Berater hinzuziehen möchten. Die Berater, die hinzugezogen werden sollen, bleiben nach Eröffnung der Gesellschafterversammlung zunächst außerhalb des Sitzungssaals, bis die Gesellschafter nach einer Aussprache über die Teilnahme und Hinzuziehung der Berater entschieden haben. Ein Gesellschafter, der aus fachlichen oder persönlichen Gründen, z. B. infolge von Krankheit oder Gebrechlichkeit, eines Beistandes bedarf, oder ein Gesellschafter, gegen den weitreichende statusrechtliche Maßnahmen wie die Einziehung seines Geschäftsanteils oder die Abberufung seiner Person aus dem Amt des Geschäftsführers beschlossen werden sollen, hat einen Anspruch auf Hinzuziehung eines Beraters unter der Beachtung der vorgenannten Formalien. Berater dürfen nur dann zugelassen werden, wenn sie zur Berufsverschwiegenheit verpflichtet sind oder sich zur Verschwiegenheit durch schriftliche Erklärung gesondert verpflichten.

Förmliche Feststellung

(8) Gesellschafterbeschlüsse sind vom Versammlungsleiter förmlich festzustellen. Dies geschieht, indem der Versammlungsleiter nach jeder Abstimmung den Wortlaut des Beschlusses verliest, das Abstimmungsergebnis mündlich verkündet und dies in die Sitzungsniederschrift aufnimmt. Der Versammlungsleiter ist bei unklarem Abstimmungsergebnis berechtigt, auf eine förmliche Feststellung zu verzichten. Gesellschafterbeschlüsse können nur innerhalb einer Frist von sechs Wochen nach Zugang der Sitzungsniederschrift von dem jeweiligen Gesellschafter angefochten werden.

Schriftliches Verfahren

(9) Beschlüsse im schriftlichen Verfahren gemäß § 48 III GmbHG sind zulässig. Die Durchführung des schriftlichen Verfahrens kann von jedem Geschäftsführer vorgenommen werden. Die Vorschriften über die Protokollierung, förmliche Feststellung und Anfechtung, die nach dieser Satzung für in Versammlungen gefasste Beschlüsse geltend entsprechend. Die Beschlussvorlagen sowie die Niederschrift über den förmlich festgestellten Beschluss sind mindestens per Textform vom Geschäftsführer an die Gesellschafter zu versenden, wobei der empfangene Gesellschafter den Eingang mindestens in Textform zu bestätigen hat. Zur Abgabe der Stimmen ist eine Frist von mindestens sieben Tagen einzuräumen. Erfolgt innerhalb der Frist keine Stimmabgabe, gilt dies als Enthaltung, wobei das rechtzeitige Absenden des Stimmzettels die Frist wahrt. Das weitere Verfahren bestimmt der Geschäftsführer im Zweifel nach billigem Ermessen. Widerspricht ein Gesellschafter binnen drei Tagen nach Zugang der Beschlussvorlagen, der Durchführung des schriftlichen Verfahrens, ist statt des schriftlichen Umlaufverfahrens eine Gesellschafterversammlung anzuberaumen. Das rechtzeitige Absenden des Widerspruchs wahrt die Frist.

§ 6 Einziehung/Ausschluss und Kaduzierung

(1) Die Einziehung eines Geschäftsanteils ist mit notariell beglaubigter schriftlicher Zustimmung des betroffenen Gesellschafters zulässig. Diese Vorschrift gilt auch für die Einziehung eigener Anteile der GmbH, wobei hierfür ein Beschluss der Gesellschafterversammlung mit einer Mehrheit von mindestens drei Vierteln der abgegebenen Stimmen erforderlich ist und eine Unterschrift für die GmbH von den Geschäftsführern nicht geleistet werden muss. *Mit Einverständnis*

(2) Ohne Zustimmung des betroffenen Gesellschafters ist die Einziehung des Geschäftsanteils sowie der Ausschluss des Gesellschafters zulässig, wenn *Gegen den Willen*

a) der Geschäftsanteil von einem Gläubiger des Gesellschafters gepfändet oder sonst wie in diesen vollstreckt wird und die Vollstreckungsmaßnahme nicht innerhalb von zwei Monaten, spätestens bis zur Verwertung des Geschäftsanteils aufgehoben wird;

b) über das Vermögen des Gesellschafters ein Insolvenzverfahren eröffnet oder die Eröffnung eines solchen Verfahrens mangels Masse abgelehnt wird oder der Gesellschafter die Richtigkeit seines Vermögensverzeichnisses an Eides statt versichert hat;

c) in der Person des Gesellschafters ein wichtiger Grund vorliegt (§ 140 HGB).

Der Einziehungsbeschluss ist bei den Gründen nach a) und b) binnen einer Frist von zwei Jahren, bei c) binnen drei Monaten ab Eintritt des Ereignisses zu fassen, wobei die Frist mit Kenntnis der Versammlung als Kollegialorgan beginnt. Ein Kennenmüssen genügt nicht für den Fristbeginn. Unabhängig von der Kenntnis erlischt das Recht, den Anteil einzuziehen, vier Jahre nach Eintritt des Einziehungsgrundes.

(3) Steht mehreren Mitberechtigten ein Geschäftsanteil ungeteilt zu, so ist die Einziehung gemäß Abs. 2 auch zulässig, wenn die Voraussetzungen nur in der Person eines Mitberechtigten vorliegen. *Mehrere Gesellschafter*

(4) Die Einziehung oder der Ausschluss wird durch die Geschäftsführung erklärt. Sie bedarf eines ermächtigenden Gesellschafterbeschlusses, der mit einer Mehrheit von drei Vierteln der abgegebenen Stimmen gefasst wird. Dem betroffenen Gesellschafter steht kein Stimmrecht zu. Für den Fall des Ausschlusses bevollmächtigen die Gesellschafter schon jetzt – und zwar jeder für sich als Sonderpflicht auf den Anteil mit Wirkung gegenüber etwaigen (Sonder-)Rechtsnachfolgern – die GmbH unwiderruflich durch Beschluss der Gesellschafterversammlung, namens des auszuschließenden Gesellschafters die Abtretung an einen Mitgesellschafter oder Dritten zu erklären. Die Gesellschaft haftet neben dem Mitgesellschafter bzw. dem Dritten gesamtschuldnerisch für die Zahlung der Abfindung. *Ausschluss, Einziehung*

(5) Die Einziehung oder der Ausschluss erfolgt gegen Zahlung einer nach § 10 dieses Vertrags zu berechnenden und auszuzahlenden Abfindung. Der Ausschluss wird mit Zugang des Beschlusses der Gesellschafterversammlung beim betroffenen Gesellschafter unbeschadet der Zahlung der Abfindung wirksam, wobei die Mitgesellschafter, die für den Ausschluss gestimmt haben, neben der Gesellschaft und ggf. einem erwerbenden Dritten gesamtschuldnerisch für die Zahlung der Abfindung haften. Im Fall der Einziehung ruhen die Rechte aus dem Geschäftsanteil einschließlich des Stimmrechts ab dem Zeitpunkt, in dem der Einziehungsbeschluss dem betroffenen Gesellschafter zugeht. Die Einziehung wird Zug-um-Zug gegen Zahlung der Abfindung wirksam. *Abfindung*

Sofern die GmbH mit der Zahlung der Abfindung bzw. einer Rate derselben länger als zwei Monate in Verzug ist (was nicht der Fall ist, wenn wegen Verstoßes gegen § 30 GmbHG eine Auszahlung nicht erfolgen darf), lebt das Stimmrecht wieder auf. Eine Haftung der Mitgesellschafter für die Zahlung der Abfindung besteht im Fall der Einziehung nicht. Solange die Abfindung nicht vollständig gezahlt ist, sind Gewinnausschüttungen nicht statthaft. Werden gleichwohl Gewinne ausgeschüttet, haften die empfangenen Gesellschafter in Höhe der ihnen zugewandten Gewinne (einschließlich vorher für sie in Abzug gebrachter und abgeführter Steuern) für die Erfüllung des Abfindungsanspruchs. Trifft die Gesellschafterversammlung trotz Fristsetzung des ausscheidenden Gesellschafters, die frühestens drei Monate nach dem Zeitpunkt, zu dem gekündigt wurde (Schluss des Kalenderjahres), erfolgen darf, keine Entscheidung hinsichtlich der Geschäftsanteile (Einziehung/Übertragung), hat der ausscheidende Gesellschafter das Recht die Anteile freihändig zu übertragen, ohne dass dies der Zustimmung der Mitgesellschafter oder der Gesellschaft bedarf.

Verwertung bei Kaduzierung

(6) Für den Fall der Verwertung des Geschäftsanteils im Rahmen des Kaduzierungsverfahrens gemäß § 23 GmbHG können die Gesellschafter beschließen, dass diese auch durch freihändigen Verkauf geschehen kann.

§ 7 Kündigung des Gesellschafters

Kündigung

(1) Jeder Gesellschafter kann das Gesellschaftsverhältnis mit einer Frist von sechs Monaten zum Schluss eines Geschäftsjahres kündigen. Die Kündigung hat durch eingeschriebenen Brief zu erfolgen; sie ist an die Gesellschaft zu richten. Jeder Mitgesellschafter kann mit einer Frist von 6 Wochen zum Schluss des Geschäftsjahres eine Anschlusskündigung erklären. Erklären sämtliche Gesellschafter die Kündigung, gilt diese als zum Schluss des Kalenderjahres als aufgelöst.

Folge der Kündigung

(2) Die Kündigung hat nicht die Auflösung der Gesellschaft, sondern nur das Ausscheiden des kündigenden Gesellschafters zum Ende des betreffenden Geschäftsjahres zur Folge. Von diesem Zeitpunkt an ruhen die Gesellschafterrechte des ausscheidenden Gesellschafters.

Übertragung des Anteils

(3) Der ausscheidende Gesellschafter ist verpflichtet, seinen Geschäftsanteil auf die übrigen Gesellschafter im Verhältnis ihrer Beteiligung oder – nach Wahl der Gesellschaft durch einstimmigen Gesellschafterbeschluss – auf die GmbH oder auf einen von der Gesellschaft zu benennenden Dritten zu übertragen oder die Einziehung durch Mehrheitsbeschluss zu dulden. Die bei der anteiligen Übertragung auf die Gesellschafter entstehenden unteilbaren Spitzenbeträge sind den Gesellschaftern zu Bruchteilen entsprechend ihrer Beteiligung zu übertragen, wobei anschließend ein Ausgleich über eine Kapitalerhöhung zu erfolgen hat. Jeder Gesellschafter kann, soweit Mitgesellschafter eine Übertragung des auf sie entfallenden Anteils ablehnen, die Durchführung des Versteigerungsverfahrens nach § 8 Abs. 2 solange verlangen, wie über den Anteil noch keine Entscheidung getroffen worden ist. Sofern die Gesellschaftsversammlung trotz Kündigung keine Entscheidung (Einziehung/Übertragung des Anteils) binnen sechs Monaten nach dem Schluss des Kalenderjahres trifft, ist die Gesellschaft aufgelöst. Die Gesellschaft haftet im Fall der Übertragung des Anteils auf einen Dritten bzw. Mitgesellschafter neben dem Erwerber gesamtschuldnerisch für die Zahlung der Abfindung. Solange die Abfindung nicht vollständig gezahlt ist, sind Gewinnausschüttungen nicht statthaft. Werden gleichwohl Gewinne ausgeschüttet, haften die

empfangenen Gesellschafter in Höhe der ihnen zugewandten Gewinne (einschließlich vorher für sie in Abzug gebrachter und abgeführter Steuern) für die Erfüllung des Abfindungsanspruchs.

(4) Der ausscheidende Gesellschafter erhält eine Abfindung, die gemäß § 10 dieses Vertrags zu berechnen und auszuzahlen ist.

§ 8 Veräußerung/Belastung von Geschäftsanteilen

(1) Für sämtliche Verfügungen über einen Geschäftsanteil (Übertragungen, Belastungen, z. B. Pfandrechte, Nießbrauch) ist ein einstimmiger Beschluss der Gesellschafterversammlung erforderlich. Die Zustimmung wird nach Fassung eines einstimmigen Beschlusses der Gesellschafterversammlung vom Geschäftsführer gegenüber dem Veräußerer namens der Gesellschaft erteilt. Ein Anspruch auf Zustimmung besteht nicht, da der Veräußerer das Recht zur Kündigung gegen Abfindung hat.

Zustimmung erforderlich

(2) Bevor der ausscheidewillige Gesellschafter sich verpflichtet, seinen Geschäftsanteil auf einen Dritten zu übertragen, ist er verpflichtet, seinen Anteil den Mitgesellschaftern anzubieten, indem er diese schriftlich per Einschreiben über die Übertragungsabsicht informiert. Jeder Gesellschafter hat das Recht, binnen eines Monats nach Einlieferung des Einschreibebriefs vom Geschäftsführer die Einberufung einer Gesellschafterversammlung zu verlangen, auf der der Geschäftsanteil unter den Gesellschaftern versteigert wird. Das Mindestgebot muss mindestens die Höhe der nach § 10 errechneten Abfindung betragen, sofern der ausscheidende Gesellschafter nicht einem niedrigeren Mindestgebot zustimmt. Die Versteigerung wird von einem Notar geleitet, der das Verfahren unter Gleichbehandlung aller Gesellschafter nach eigenem Ermessen bestimmt. Für den Fall des Zuschlags beurkundet der Notar sowohl das Verpflichtungs- als auch das Verfügungsgeschäft unter der aufschiebenden Bedingung der Kaufpreiszahlung binnen 21 Tagen nach dem Zuschlag. Wird kein Versteigerungsverfahren durchgeführt, steht jedem Gesellschafter bei einer Veräußerung des Anteils an einen Dritten ein Vorkaufsrecht zu, und zwar im Verhältnis seiner Beteiligung. Das Vorkaufsrecht ist innerhalb eines Monats, nachdem die Anteilsübertragung durch den Gesellschafterbeschluss genehmigt wurde, durch schriftliche Erklärung gegenüber dem bisherigen Gesellschafter auszuüben. Macht ein Gesellschafter davon innerhalb eines Monats keinen Gebrauch, geht das Recht anteilig auf die verbleibenden Gesellschafter über. Etwaige unverteilbare Spitzenbeträge stehen den Gesellschaftern im Verhältnis ihrer Beteiligung zu Bruchteilen zu. Ein Ausgleich hat gegebenenfalls über eine Kapitalerhöhung zu erfolgen. Ergänzend gelten die Bestimmungen des BGB über das Vorkaufsrecht (§§ 463 ff. BGB).

Vorverkaufsrecht

§ 9 Tod eines Gesellschafters

(1) Geht der Geschäftsanteil erbrechtlich kraft Erbfolge auf den oder die Erben bzw. auf einen Vermächtnisnehmer über (im Folgenden nur als Erbe bezeichnet), so ist der Erbe binnen drei Monaten nach Erlangung der Kenntnis von der Gesellschafterstellung verpflichtet, der Gesellschaft den Erwerb anzuzeigen und sich damit einverstanden zu erklären, dass der Geschäftsanteil in einem nach § 8 Abs. 2 durchgeführten Versteigerungsverfahren an einen Mitgesellschafter veräußert wird. Weigert sich der Erbe, das Versteigerungsverfahren durchführen zu lassen oder verläuft die Versteigerung ergebnislos, so ist die Gesellschafterversammlung berechtigt, die Einziehung ohne Zustimmung des Erben gegen Abfindung zu beschließen.

Fortsetzung oder Einziehung

[bei Bedarf:]
Die Einziehung findet nicht statt, wenn der Erbe Abkömmling oder Ehegatte des verstorbenen Gesellschafters ist. Sofern der Erbengemeinschaft neben Abkömmlingen und Ehegatten auch Dritte angehören, ist die Einziehung nur für den Teil möglich, der den Dritten an den Anteil entsprechend ihrer quotalen Beteiligung an der Erbengemeinschaft zusteht. Die Erbengemeinschaft ist verpflichtet, den Anteil entsprechend zu teilen.

Fristen

(2) Das Versteigerungsverfahren bzw. die Einziehung sind binnen zehn Monaten ab dem Zugang der Anzeige des Erben bei der Gesellschaft bzw. ab sonstiger Kenntniserlangung aller Gesellschafter vollständig durchzuführen. In diesem Zeitraum ruht das Stimmrecht aus dem(n) Geschäftsanteil(en) des verstorbenen Gesellschafters.

Gemeinsamer Vertreter

(3) Steht der Anteil einer Erbengemeinschaft zu, so ist diese verpflichtet, zur Ausübung ihrer Rechte einen gemeinsamen Vertreter zu bestellen. Bis zur Bestellung des gemeinsamen Vertreters ruhen die Stimmrechte aus dem Geschäftsanteil.

§ 10 Abfindung

Für jedweden Fall des Ausscheidens

(1) Im Falle der Einziehung gemäß § 6, der Kündigung nach § 7 und in allen anderen Fällen des Ausscheidens hat die Gesellschaft eine Abfindung zu zahlen. Im Falle der Übertragung des Anteils durch Beschluss der Gesellschafterversammlung auf einen Dritten haftet die GmbH neben dem Dritten für die Zahlung der Abfindung. Die Abfindung bestimmt sich nach Maßgabe des nach den folgenden Bestimmungen zu berechnenden anteiligen Unternehmenswertes. Zusätzlich zu dem anteiligen Unternehmenswert ist ein Betrag in Höhe des auf den ausscheidenden Gesellschafter entfallenen anteiligen Gewinns des letzten Geschäftsjahres vor seinem Ausscheiden an diesen per 30.09. des Folgejahres als zusätzliche Abfindung auszubezahlen. Daneben besteht kein weiterer Anspruch auf Gewinnbezug, sofern diese nicht bereits beschlossen wurden.

Ermittlung der Abfindung

(2) Der Unternehmenswert wird wie folgt ermittelt:

a) Zunächst ist der gewichtete Durchschnitt der Ergebnisse der Handelsbilanz der letzten drei, beim Ausscheiden abgeschlossenen Geschäftsjahre vor Körperschaftsteuer auf ausschüttungsfähige Erträge zu ermitteln. Außerordentliche oder periodenfremde Aufwendungen und Erträge werden eliminiert. Zur Ermittlung des gewichteten Durchschnitts wird das Ergebnis des letzten abgeschlossenen Geschäftsjahres mit dem Faktor 3, das des davorliegenden Geschäftsjahres mit dem Faktor 2 und das Ergebnis des vor dem letzteren liegenden Geschäftsjahres mit dem Faktor 1 multipliziert. Die Summe dieser drei gewichteten Ergebnisse wird durch 6 dividiert, wodurch man das gewichtete Durchschnittsergebnis erhält.

b) Das gemäß a) berechnete gewichtete Durchschnittsergebnis ist zur Ermittlung des Ertragswerts des Unternehmens mit 5 zu multiplizieren.

c) Bestand die Gesellschaft zum Zeitpunkt des Ausscheidens weniger als drei volle Kalenderjahre, werden lediglich die vorliegenden Ergebnisse, wie unter a) ausgeführt, gewichtet. Bestand die Gesellschaft zum Zeitpunkt des Ausscheidens noch keine vollen zehn Kalenderjahre, so beträgt der unter b) genannte Faktor, mit dem das Durchschnittsergebnis multipliziert wird, 0,5 pro abgelaufenes volles Kalenderjahr.

(3) Der anteilige Unternehmenswert ergibt sich aus dem Verhältnis des Nennbetrags der Geschäftsanteile des ausgeschiedenen Gesellschafters zum Stammkapital.

(4) Mit der ertragswertorientierten Abfindung ist ein etwaiger Firmenwert abgegolten. Ergibt eine Bewertung sämtlicher Vermögensgegenstände zu Verkehrswerten, wobei bei Waren der Einkaufspreis bzw. die Herstellungskosten, also die Inventurwerte sowie bei dem Anlagevermögen, einschließlich der Unternehmensbeteiligungen und der immateriellen Werte (sofern verkehrsfähig, z.B. selbstgeschaffene Software, Marken, Patente, sonstige gewerbliche Schutzrechte) die Verkaufspreise (netto) anzusetzen sind, abzüglich der Verbindlichkeiten und Rückstellungen einen im Vergleich zur vorgenannten Ertragswertmethode um mindestens 25 % höheren Unternehmenswert, so ist dieser Substanzwert für die Abfindungsberechnung maßgeblich. Sofern die Gesellschaft über selbst hergestellte, auch angefangene Immaterialgüter (z.B. angemeldete oder in der Anmeldung befindliche Patente) ausschließliche Lizenzen verfügt, sind auch diese – selbst wenn sie nicht bilanziert sind-, mit dem Verkehrswert (Verkaufspreis) zu bewerten. Bei der Substanzwertberechnung ist ferner beim Firmenwert nur der Wert des Namens – ggf. unter Einschluss der Marken – ohne Berücksichtigung des Kundenstammes zu bewerten und anzusetzen. Der weitere Abfindungsbetrag, der dem Gewinnanteil des letzten Geschäftsjahres entspricht und Ansprüche des ausscheidenden Gesellschafters aus bereits gefassten Gewinnverwendungsbeschlüssen für vorhergehende Jahre sind von den Aktiva in Abzug zu bringen.

Zahlungsweise

(5) Die Abfindung ist in drei gleichen Jahresraten zu entrichten. Die erste Rate wird sechs Monate nach dem Ausscheiden fällig. Steht bis zu diesem Zeitpunkt die Höhe der Abfindung noch nicht fest, so ist als Vorschusszahlung ein Betrag in geschätzter Höhe zu leisten.

Überprüfung der Höhe der Abfindung

(6) Sowohl die Gesellschaft – vertreten durch den Geschäftsführer aufgrund eines ermächtigenden Mehrheitsbeschlusses – als auch der ausscheidende Gesellschafter haben das Recht, die Höhe der Abfindung unter Beachtung der in diesem Vertrag vereinbarten Berechnungsmethode durch einen Wirtschaftsprüfer oder Steuerberater, der von dem für den Sitz der Gesellschaft zuständigen Steuerberaterverband benannt wird, gutachterlich ermitteln zu lassen. Das Gutachten ist für alle Beteiligten bindend, sofern es nicht evident fehlerhaft ist. Die Kosten für das Gutachten tragen die Gesellschaft und der ausscheidende Gesellschafter jeweils zur Hälfte. Hierbei darf jede Partei den Gutachtenauftrag erteilen. Die Gesellschaft hat die Kosten des Gutachters zu bevorschussen und den auf den Gesellschafter entfallenen Anteil von der Abfindung in Abzug zu bringen.

§ 11 Geschäftsjahr/Ergebnisverwendung/disquotale Leistungen
[bei Bedarf]

(1) Geschäftsjahr ist das Kalenderjahr.

(2) Das Jahresergebnis ist grundsätzlich an die Gesellschafter auszuschütten, falls nicht die Gesellschafterversammlung mit einer Mehrheit von mindestens 75 % der abgegebenen Stimmen etwas anderes beschließt. Für betriebsnotwendige Investitionen binnen der nächsten 36 Monate, gerechnet ab dem Datum des Ergebnisverwendungsbeschlusses, können gezielt Rücklagen gebildet werden, wenn die Gesellschafterversammlung dies mit einfacher Mehrheit der abgegebenen Stimmen unter Beschreibung der Investition mit Angabe einer Frist, bis zu der die Investition vorgenommen werden

muss, beschließt. Verstreicht die Frist, ohne dass die Investition getätigt wurde, ist die Rücklage durch Ausschüttung aufzulösen, falls nicht die Gesellschafterversammlung mit einer Mehrheit von mindestens 75 % der abgegebenen Stimmen etwas anderes – gegebenenfalls auch eine andere Investition, die unverzüglich zu tätigen ist – beschließt.

(3) Kommt es zu disquotalen Leistungen der Gesellschafter in die Kapitalrücklage gemäß § 272 Abs. 2 HGB, so werden diese Beträge den leistenden Gesellschaftern im Verhältnis der Erbringung dieser disquotalen Leistungen zugeordnet. Sofern bereits in der Vergangenheit disquotale Leistungen ggf. auch von anderen Gesellschaftern erbracht wurden, werden diese weiterhin zu Gunsten der jeweils leistenden Gesellschafter berücksichtigt, soweit sie noch nicht aufgezehrt sind. Die Zuordnung disquotal in die Kapitalrücklage geleisteter Beträge besteht als Sonderrecht auf den Anteil(en) und bleibt auch nach Übertragung desselben/derselben erhalten. Im Falle der Liquidation wird die Kapitalrücklage entsprechend der Zuordnung verteilt, soweit sie noch nicht aufgezehrt ist. Ausschüttungen aus der durch disquotal geleiteten Beträgen gebildetete Kapitalrücklage haben ebenfalls entsprechend des prozentualen Verhältnisses der Gesellschafter an der Kapitalrücklage zu erfolgen. Sie sind nur mit Gesellschafterbeschluss möglich und nur soweit nicht vorrangig Gewinne bzw. Gewinnrücklagen zur Ausschüttung zur Verfügung stehen

§ 12 Sonderpflichten/Sonderrechte

[bei Bedarf]

Pflicht zur Mitarbeit

(1) Die Gesellschafter Monica Musterfrau und Mario Mustermann schulden grundsätzlich ihre volle Arbeitskraft der Gesellschaft. Sie sind verpflichtet im Rahmen eines Anstellungsverhältnisses gegen Vergütung für die Gesellschaft tätig zu werden. Die Einzelheiten des Anstellungsverhältnisses vereinbart der Gesellschafter mit der Gesellschaft, diese vertreten durch die Gesellschafterversammlung, wobei der Gleichheitsgrundsatz zwischen den Gesellschaftern gewahrt werden muss. Kommt ein Gesellschafter schuldhaft seiner Verpflichtung zur Erbringung der Arbeitsleistung im Dienste der Gesellschaft nicht nach, so ist diese berechtigt, auf Kosten dieses Gesellschafters eine Ersatzkraft zu beschäftigen. Der Vergütungsanspruch des Gesellschafters entfällt ab dem Zeitpunkt der schuldhaften Nichterfüllung, wobei die Ersparnis auf die Kosten der Ersatzkraft anzurechnen ist. Die schuldhafte Nichterfüllung dieser Sonderpflicht über einen Zeitraum von mehr als sechs Wochen bzw. von mehr als 20 Arbeitstagen pro Kalenderjahr berechtigt die Gesellschafterversammlung zum Ausschluss des Gesellschafters oder zur Einziehung seines Geschäftsanteils.

Bestellung zum Geschäftsführer

(2) Die Gesellschafter Monica Musterfrau und Mario Mustermann haben jeweils das Sonderrecht, sich selbst oder einen Dritten zum Geschäftsführer zu bestellen sowie mit sich selbst oder dem betreffenden Geschäftsführer den Abschluss eines angemessenen Anstellungsvertrags zu vereinbaren. Das Sonderrecht umfasst die Erteilung der Befugnis zur Alleinvertretung sowie die Befreiung vom Verbot des § 181 BGB. Abberufungen, Kündigungen, der Widerruf der Einzelvertretungsbefugnis, der Widerruf der Befreiung vom Verbot des § 181 BGB und Änderungen sind vom Sonderrecht ebenfalls umfasst. Gesellschafter-Geschäftsführer können nur aus wichtigem Grund abberufen werden.

(3) Jeder Gesellschafter hat das Recht Gesellschafterversammlungen unter Wahrung der gesetzlichen und in diesem Vertrag vorgesehenen Formalien einzuberufen. Dieses Recht umfasst auch die Durchführung von schriftlichen Umlaufverfahren.

§ 13 Wettbewerbsverbot des Gesellschafters

[bei Bedarf]

Konkurrenzgeschäfte und Geschäftschancen

(1) Jedem Gesellschafter ist es untersagt, mit der Gesellschaft unmittelbar oder mittelbar auf einem ihrer tatsächlich ausgeübten Tätigkeitsgebiete räumlich in Wettbewerb zu treten sowie die Geschäftschancen der Gesellschaft zu nutzen. Untersagt ist dem Gesellschafter hierbei insbesondere die Vermittlung von Kunden der Gesellschaft an Konkurrenzunternehmen oder die Weiterleitung von Aufträgen, die der GmbH zu Gute kämen, an Konkurrenzunternehmen. Ebenso untersagt ist dem Gesellschafter das Abwerben von Mitarbeitern (Arbeitnehmern, Vertriebspartnern, freien Mitarbeitern) der Gesellschaft zugunsten von Konkurrenzunternehmen sowie Nutzung bzw. Verwertung von Geschäftschancen der Gesellschaft. Im Zweifel wird vermutet, dass es sich um eine Geschäftschance der GmbH handelt. Der betreffende Gesellschafter hat gegebenenfalls den Geschäftsführer aufzufordern, die Mitgesellschafter per Einschreiben über die Nutzung der Geschäftschance zu informieren. Die Mitgesellschafter sind berechtigt, zwei Wochen ab Einlieferungsdatum des Einschreibebriefs Widerspruch gegen eine Verwertung durch den anfragenden Gesellschafter einzulegen. Der Widerspruch ist gegenüber dem Geschäftsführer zu erheben, der daraufhin eine Gesellschafterversammlung einzuberufen hat, die über die Verwertung der Geschäftschance durch Beschluss, bei dem der betroffene Gesellschafter kein Stimmrecht hat, verbindlich entscheidet.

Vertragsstrafe

(2) Für jeden Fall einer vom Gesellschafter zu vertretenden Zuwiderhandlung gegen ein Verbot gemäß Absatz 1 hat der Zuwiderhandelnde eine Vertragsstrafe in Höhe von 25.000 EUR an die Gesellschaft zu zahlen. Die sonstigen Rechte, die sich im Zweifel nach §§ 112, 113 HGB bestimmen, bleiben unberührt. Die Vertragsstrafe wird auf den Schadensersatz angerechnet. Im Falle eines nur fahrlässigen Verstoßes halbiert sich die Vertragsstrafe. Sofern gleichzeitig eine Vertragsstrafe wegen Verstoßes gegen ein im Anstellungsvertrag oder in einer sonstigen vertraglichen Regelung enthaltenes Wettbewerbsverbot ausgelöst wird, wird insgesamt nur die höhere verwirkte Vertragsstrafe geschuldet. Hierbei wird die Vertragsstrafe gemäß Satzung verwirkt und die Vertragsstrafe gemäß Anstellungsvertrag angerechnet.

Befreiung

(3) Sofern die Gesellschaft im zeitlichen Zusammenhang mit dem Wettbewerbsverbot in die Insolvenz fällt (Eröffnung bzw. mangels Masse keine Eröffnung des Insolvenzverfahren), hierbei wird ein Zeitraum von 12 Monaten seit Beginn des Verstoßes bis zur Stellung des Insolvenzantrags angenommen, wird widerleglich vermutet, dass die Insolvenz auf dem Wettbewerbsverstoß des Gesellschafters beruht. Der Gesellschafter, der das Wettbewerbsverbot schuldhaft missachtet hat, schuldet sodann als Sonderpflicht auf seinen Anteil den Mitgesellschaftern unmittelbar Schadensersatz für den Wertverlust derer GmbH-Anteile, der seit Beginn des Verstoßes entstanden ist. Ihm steht der Gegenbeweis offen, dass der Schaden nicht durch seinen Verstoß entstanden ist. Bei einer überwiegenden Mitursächlichkeit des Wettbewerbsverstoßes schuldet der Gesellschafter 50 % der Wertminderung. Ist die Mitursächlichkeit geringer als 50 % besteht eine Verpflichtung in Höhe der prozentualen Anteils die Wertminderung zu ersetzten. Die Höhe der Wertminderung und der Grad der Mitursächlichkeit ist im Streitfall durch einen Gutachter zu ermitteln, dessen Ergebnis als Schiedsgutachten

verbindlich ist. Für dies Gutachten gelten die Regelungen in § 10 Abs. 6, wobei die Kosten des Gutachtens der Gesellschafter trägt, der schuldhaft gegen das Wettbewerbsverbot verstoßen hat.

Aufgaben

(3) Die Gesellschafterversammlung ist berechtigt, von dem in Absatz 1 enthaltenen Verbot mit satzungsändernder Mehrheit eine Befreiung gegen Zahlung einer angemessenen Vergütung zu erteilen. Sofern sich die Gesellschaft von einem mit einem ehemaligen mitarbeitenden Gesellschafter vereinbartem nachvertraglichen Wettbewerbsverbot lossagt, gilt für diesen Gesellschafter auch nicht mehr das satzungsmäßige Wettbewerbsverbot sowie das Verbot, Geschäftschancen zu nutzen, auch wenn dieser Gesellschafter weiterhin in der Gesellschaft verbleibt.

§ 14 Beirat
[bei Bedarf]

Pflichten zur Geschäftsführung

(1) Die Gesellschaft hat einen Beirat. Der Beirat berät und überwacht die Geschäftsführung. Er kommt in regelmäßigen Abständen mit der Geschäftsführung zur Wahrnehmung seiner Beratungs- und Überwachungsaufgabe zusammen.

(2) Die Geschäftsführung ist dem Beirat, in entsprechender Anwendung der für den Aufsichtsrat geltenden Bestimmungen, berichtspflichtig (siehe § 90 AktG). Die Geschäftsführung hat den Beirat vorab über jedes Rechtsgeschäft, das sie im Rahmen ihrer Geschäftsführung vornehmen will und das den Betrag von [*bitte einsetzen*] EUR übersteigt, zu informieren. Hierbei hat die Geschäftsführung dem Beirat Gelegenheit zur Stellungnahme zu geben. Dies gilt auch für Maßnahmen, die sich auf folgende Gegenstände beziehen: [*nach Bedarf, gegebenenfalls auf den Zustimmungskatalog in § 4 verweisen*].

Besetzung

(3) Der Beirat besteht aus drei Mitgliedern. Mitglied können Gesellschafter oder Dritte sein. Ein Mitglied wird von Gesellschafter Mustermann bzw. dessen (Sonder-) Rechtsnachfolger entsandt, die beiden weiteren Mitglieder werden von der Gesellschafterversammlung mit einfacher Mehrheit der abgegebenen Stimmen gewählt. Die Abberufung ist jederzeit durch den Entsendenden bzw. das Wahlorgan durch Beschluss statthaft.

Persönliche Voraussetzungen

(4) Mitglied des Beirats kann nur eine natürliche, unbeschränkt geschäftsfähige Person sein. Ein Betreuter, der bei Besorgung seiner Vermögensangelegenheiten ganz oder teilweise einem Einwilligungsvorbehalt unterliegt, kann nicht Mitglied des Beirats sein. Mitglied des Beirats können ferner nicht sein: Geschäftsführer und Arbeitnehmer der GmbH, Personen, die bereits mehr als drei anderen Beiräten angehören oder die in mindestens drei Handelsgesellschaften, die gesetzlich einen Aufsichtsrat zu bilden haben, Aufsichtsratsmitglied sind. Dem Beirat dürfen auch nicht gesetzliche Vertreter von Unternehmen angehören, die von der Gesellschaft abhängig sind. Ferner darf Mitglied des Beirats nicht sein, wer gesetzlicher Vertreter einer anderen Handelsgesellschaft ist, wenn deren Aufsichtsrat ein Geschäftsführungsmitglied der Gesellschaft angehört.

Entlastung

(5) Die Gesellschafterversammlung entlastet alljährlich die Mitglieder des Beirats entsprechend den Vorschriften, die für den Aufsichtsrat gelten (siehe §§ 119 I Nr. 3, 120 AktG).

Vorsitzender

(6) Der Beirat wählt aus seiner Mitte einen Vorsitzenden. Erklärungen des Beirats, die auf Beschlüssen des Plenums beruhen, werden vom Vorsitzenden abgegeben.

(7) Die Sitzungen des Beirats werden vom Vorsitzenden unter Einhaltung einer Frist von 14 Tagen schriftlich einberufen. Die Einladung enthält die Angabe der einzelnen Gegenstände der Tagesordnung. In dringenden Fällen oder bei Zustimmung aller Beiratsmitglieder kann die Frist verkürzt werden und auf das Schriftformerfordernis verzichtet werden. Der Beirat regelt sein Verfahren im Übrigen durch eine Geschäftsordnung. — Sitzungen

(8) Die Beiratsmitglieder sind zur pflichtgemäßen Überwachung, Beratung und zur Verschwiegenheit verpflichtet. Die Einzelheiten des Pflichtenmaßstabs und die Rechtsfolgen bei Verletzung ihrer Pflichten richten sich in entsprechender Anwendung nach den Bestimmungen, die für die Aufsichtsratsmitglieder gelten. — Pflichten der Beiratsmitglieder

(9) Dienstverträge mit Beiratsmitgliedern, durch die ein Arbeitsverhältnis nicht begründet wird, sind nur in entsprechender Anwendung der Voraussetzungen zulässig, die für Aufsichtsratsmitglieder gelten. — Dienst- und Beratungsverträge

(10) Der Auslagenersatz und die Vergütung für die Beiratsmitglieder werden vom Beirat nach billigem Ermessen bestimmt, wobei die Gesellschafterversammlung verbindliche Vorgaben erlassen kann. — Auslagenersatz und Vergütung

§ 15 Bekanntmachungen

Die Bekanntmachungen, die von der Gesellschaft selbst vorgenommen werden müssen, erfolgen nur im elektronischen Bundesanzeiger. — Gesellschaftsblatt

§ 16 Gründungsaufwand

Die Gesellschaft trägt die mit der Gründung verbundenen Kosten der Eintragung und Bekanntmachung (Gründungsaufwand) bis zu einem Betrag von insgesamt 1.800 EUR. Zum Gründungsaufwand gehören die Registerkosten, die Notar- und Rechtsanwaltskosten sowie die Kosten der markenrechtlichen Prüfung. — Übernahme der Gründungskosten

§ 17 Salvatorische Klausel

Sollten Bestimmungen dieses Vertrages oder eine künftige Bestimmung ganz oder teilweise nicht rechtswirksam oder nicht durchführbar sein oder ihre Rechtswirksamkeit oder Durchführbarkeit später verlieren, so soll hierdurch die Gültigkeit der übrigen Bestimmungen des Vertrages nicht berührt werden. Das Gleiche gilt, soweit sich herausstellen sollte, dass der Vertrag eine Regelungslücke enthält. Anstelle der unwirksamen oder undurchführbaren Bestimmungen oder zur Ausfüllung der Lücke soll eine angemessene Regelung gelten, die, soweit rechtlich möglich, dem am nächsten kommt, was die Gesellschafter gewollt haben oder nach dem Sinn und Zweck des Vertrages gewollt hätten, sofern sie bei Abschluss dieses Vertrages oder bei der späteren Aufnahme einer Bestimmung den Punkt bedacht hätten. Dies gilt auch, wenn die Unwirksamkeit einer Bestimmung etwa auf einem in dem Vertrag vorgeschriebenen Maß der Leistung oder Zeit beruht; es soll dann ein dem Gewollten möglichst nahe kommendes, rechtlich zulässiges Maß der Leistung oder Zeit als vereinbart gelten.

1.2 Erläuterungen zum Gesellschaftsvertrag im Einzelnen

Auf den folgenden Seiten finden Sie Erläuterungen zu den einzelnen Paragraphen des Gesellschaftsvertrags. Dabei beziehen sich die folgenden Abschnitte auf die gleichlautenden Paragraphen aus dem Mustervertrag. Hier erfahren Sie rechtliche Hintergründe, praktische Tipps und Hinweise – kurz: alles, was bei der Ausgestaltung eines Gesellschaftsvertrags für Sie wichtig ist.

1.2.1 Zu § 1: Firma und Sitz der Gesellschaft

Die Firma ist der Name, unter dem die GmbH im Rechtsverkehr auftritt. Das GmbH–Gesetz ordnet in § 4 an, dass der Hinweis auf die Rechtsform der GmbH in den Namen aufzunehmen ist. Hierbei genügt die Verwendung der Abkürzung »GmbH« wobei die Schreibweise mit oder ohne Punkte (GmbH/G.m.b.H.) gewählt werden kann. Möglich ist aber auch, dass der Rechtsformzusatz ausgeschrieben und gegebenenfalls das Wort »Gesellschaft« angehängt wird, wie z.B. durch folgende Firmierung: Dr. Jula Rechtsanwaltsgesellschaft mit beschränkter Haftung.

Durch das sogenannte MoMiG wurde die Unternehmergesellschaft (haftungsbeschränkt) eingeführt (siehe Einleitung). Die Unternehmergesellschaft ist eine Spezialform der GmbH mit der Besonderheit, dass es sich zwar um eine GmbH handelt, diese aber nicht so genannt werden darf. Vielmehr muss als Rechtsformzusatz geführt werden: *Unternehmergesellschaft (haftungsbeschränkt)* bzw. *UG haftungsbeschränkt*.

Bei der **Auswahl des Namens** ist besondere Sorgfalt notwendig; die firmenrechtlichen Regelungen im Handelsgesetzbuch sind zu beachten. Das Handelsgesetzbuch lässt seit der Handelsrechtsreform, die am 1.7.1998 in Kraft trat, sowohl Sach- als auch Personen- und Fantasiefirmen zu. Bei der Sachfirma leitet sich der Name der Gesellschaft vom Unternehmensgegenstand ab, wie z.B. »Autohaus am Hermannplatz GmbH«, wobei hier zur Unterscheidbarkeit ein geographischer Zusatz dient. Bei der Personenfirma geben der oder die Gesellschafter der Gesellschaft ihren Namen, wobei häufig ein Zusatz gewählt wird, der auf den Unternehmensgegenstand hinweist, wie z.B. »Max Müller Bau GmbH«. Bei der Fantasiefirma wird der Name frei gewählt, ohne dass ein Rückschluss auf die beteiligten Personen oder den Unternehmensgegenstand möglich ist, wobei auch hier häufig Zusätze bezüglich des Unternehmensgegenstandes oder des Standorts gewählt werden. Eine Fantasiefirma wäre z.B. »Apollo Fitness GmbH«.

Die Firma muss **Kennzeichnungs- und Unterscheidungskraft** haben, was unter anderem bedeutet, dass sie wie ein Name wirken muss und unterscheidungskräftig, d.h. von anderen Namen unterscheidbar sein muss. An der nötigen Kennzeichnungskraft fehlt es einer Firma dann, wenn aus ihr nicht auf einen Namen geschlossen werden kann, wie z.B. bei einer Firma die ausschließlich aus Zeichen besteht, die nicht wie Namen wirken, z.B. »!!!-GmbH«. Eine solche Firmierung wäre nicht zulässig.

Bevor Sie die GmbH notariell errichten, vergewissern Sie sich unbedingt, ob die Firma rechtlich zulässig ist. Hier empfiehlt sich eine Nachfrage bei der zuständigen Industrie- und Handelskammer, die ohnehin vom Handelsregister die GmbH-Unterlagen erhält und die Zulässigkeit der Firma prüft.

Die Industrie- und Handelskammer kann Ihnen zwar sagen, ob die Firma firmenrechtlich zulässig ist oder ob es bereits identische oder zum Verwechseln ähnliche Firmen gibt. Die IHK kann Ihnen jedoch nicht mitteilen, ob Ihre Firmierung gegebenenfalls in Marken- oder Namensrechte Dritter eingreift. Hier sollte eine Markenrechtsrecherche veranlasst werden. Nutzen Sie Dienstleistungsunternehmen, die gegen Gebühr Markenrechtsrecherchen durchführen, oder suchen Sie über Internetportale mit kostenloser Recherchemöglichkeit, z.B.im Markenregister des Deutschen Patent- und Markenamts unter www.dpma.de.

Ergibt eine **Markenrechtsrecherche**, dass identische oder ähnliche Marken vorhanden sind, ist es meistens ratsam, den eigenen Namen zu ändern, um kostenintensive Prozesse zu vermeiden. Ansonsten kann es passieren, dass gegebenenfalls nach Jahren Markenrechtsinhaber per einstweiliger Verfügung den Gebrauch des Namens unterbinden. Eine spätere Änderung des Namens verursacht erhebliche Kosten, gerade dann, wenn bereits ein Kundenstamm aufgebaut worden ist, bei dem der Name der GmbH eingeführt ist.

Bei dem zu wählenden Namen der Gesellschaft ist insbesondere der **Grundsatz der Firmenwahrheit** zu respektieren, der anordnet, dass die Firma keine Angaben enthalten darf, die geeignet sind, über geschäftliche Verhältnisse, die für die angesprochenen Verkehrskreise wesentlich sind, irre zu führen (§ 18 II HGB). Nennt sich beispielsweise eine GmbH »Stuttgarter Liegenschaftsgesellschaft mit beschränkter Haftung«, hat jedoch diese Gesellschaft tatsächlich nichts mit Grundstücken zu tun, so wäre die Firmierung wegen Verstoßes gegen den Grundsatz der Firmenwahrheit unzulässig.

Der **Sitz der Gesellschaft** ist ebenfalls in dem Gesellschaftsvertrag zu verankern, wobei die Angabe der Gemeinde genügt. Der Betrieb, die Verwaltung und/ oder die Geschäftsleitung können im Ausland sein, es muss jedoch im Handelsregister stets eine Anschrift im Inland verzeichnet sein, unter der Zustellungen bewirkt werden können. Sitz der Gesellschaft ist damit der Ort im Inland, den die Satzung vorgibt, ohne dass dort eine Tätigkeit stattfinden muss.

1.2.2 Zu § 2: Unternehmensgegenstand

Die **Art der beabsichtigten Tätigkeit** wird durch den Unternehmensgegenstand festgelegt. Hierbei ist es nicht erforderlich, dass alle geplanten Tätigkeiten im Detail aufgenommen werden. Vielmehr ist es ausreichend, wenn der Schwerpunkt der angestrebten Tätigkeit erkennbar ist.

Bei der Wahl des Unternehmensgegenstandes sollten Sie prüfen, ob möglicherweise Erlaubnispflichten bestehen. Das Deutsche Notarinstitut führt eine Liste der Genehmigungserfordernisse. Näheres erfahren Sie auf der Homepage www.dnoti.de.

Sollen beispielsweise Brillen hergestellt werden, so könnte dies ein Optiker-Handwerk beinhalten, es sei denn, die Produktion erfolgt industriell. Erfolgt sie jedoch handwerksmäßig, so müssen die handwerksrechtlichen Voraussetzungen für diese Tätigkeit vorliegen. Das Handelsregister trägt die Gesellschaft zwar ohne Prüfung, ob Erlaubnispflichten betroffen sind, ein. Die GmbH wird jedoch wieder gelöscht, wenn die Genehmigungen nicht nachgewiesen werden. Neben den handwerksrechtlichen Voraussetzungen bestehen noch zahlreiche andere Erlaubnispflichten, etwa für Gesellschaften, die freiberufliche Tätigkeiten entfalten, wie z. B. für eine Architekten-GmbH, eine Rechtsanwalts-GmbH oder eine Steuerberatungs-GmbH. Auch die Gewerbeordnung enthält mehrere erlaubnispflichtige Tätigkeiten, wie etwa der Betrieb eines Krankenhauses, Bewachungsunternehmens oder die Ausübung von Makler- und Bauträgergeschäften oder die Versicherungsvermittlung. Bevor die GmbH ins Leben gerufen wird, muss geklärt werden, ob die Gründer die Voraussetzungen erfüllen bzw. herbeiführen können, damit eine Erlaubnis der zuständigen Behörde erteilt wird.

Achten Sie darauf, den Unternehmensgegenstand nicht zu weit zu fassen, sondern auf das tatsächlich beabsichtigte Geschäft zu beschränken, da ansonsten die Gefahr besteht, dass erlaubnispflichtige Gegenstände berührt werden und eine Eintragung gelöscht wird. Soll die Gesellschaft beispielsweise lediglich nach § 34d der Gewerbeordnung Versicherungen vermitteln, wird jedoch in die Satzung zusätzlich auch der Vertrieb von Investmentzertifikaten aufgenommen, was ebenfalls erlaubnispflichtig wäre, muss das Registergericht die GmbH löschen, wenn die erforderliche Erlaubnis nicht vorgelegt wird.

1.2.3 Zu § 3: Stammkapital/Stammeinlagen

Die GmbH ist eine Kapitalgesellschaft: Sie muss ein festgefügtes Kapital aufweisen und ihre Machtverhältnisse bestimmen sich nach der Kapitalmehrheit. Das **Mindeststammkapital** der GmbH beträgt 25.000 EUR und muss zur Hälfte bei Gründung einbezahlt werden. Darüber hinaus gibt es keinerlei Vorschriften über eine Mindestkapitalausstattung, etwa in Abhängigkeit zu dem beabsichtigten Unternehmensgegenstand. Selbst ein Industrieunternehmen oder eine Fluggesellschaft können sich mit dem Mindeststammkapital von 25.000 EUR begnügen.

Wenn Sie die Mindesteinzahlungen nicht aufbringen können, prüfen Sie, ob Sie stattdessen eine haftungsbeschränkte Unternehmergesellschaft gründen sollten, bei der kein Mindeststammkapital vorgeschrieben ist.

Das Stammkapital teilt sich in **Stammeinlagen** bzw. **Geschäftsanteilen** auf. Jeder Gesellschafter kann bereits bei der Gründung mehrere Geschäftsanteile übernehmen. Jeder Geschäftsanteil muss mindestens 1 EUR betragen. In die Satzung aufzunehmen ist auch, in welcher Höhe die übernommenen Stammeinlagen eingezahlt werden. Mindestens muss ein Stammkapital von 12.500 EUR bei der Anmeldung der Gesellschaft im Handelsregister zur freien Verfügung des Geschäftsführers in das Gesellschaftsvermögen geleistet worden sein. Dabei muss auf jede übernommene Stammeinlage mindestens ein Viertel des zugesagten Betrages eingezahlt werden. Sacheinlagen sind stets vollständig zu leisten.

1.2.4 Zu § 4: Vertretung/Geschäftsführung

Die **Leitung der Gesellschaft** obliegt dem bzw. den Geschäftsführer(n). Der Geschäftsführer ist das geschäftsführungs- und vertretungsberechtigte Organ der Gesellschaft. Die Geschäftsführung und die Vertretung werden unter dem Begriff der »Leitung der Gesellschaft« zusammengefasst. Die Geschäftsführung meint im gesellschaftsrechtlichen Sinne die Kompetenzen des Geschäftsführers im Verhältnis zur Gesellschaft, d.h. das »Dürfen« im Innenverhältnis, während die Vertretungsberechtigung das »Können« im Außenverhältnis betrifft.

Der Geschäftsführer kann im Außenverhältnis die Gesellschaft umfassend vertreten, er darf hiervon im **Innenverhältnis** jedoch möglicherweise nur im eingeschränkten Rahmen Gebrauch machen. Die **Gesellschafterversammlung** hat es in der Hand, durch einen Zustimmungskatalog im Anstellungsvertrag (GmbH-Geschäftsführervertrag), in der Satzung oder durch einzelne Beschlüsse zu bestimmen, welche Geschäfte nur mit ihrer Zustimmung getätigt werden sollen. Dennoch kann sich der Geschäftsführer im Außenverhältnis hierüber pflichtwidrig hinwegsetzen, er macht sich jedoch dann gegenüber der GmbH schadensersatzpflichtig, was allerdings voraussetzt, dass der Gesellschaft tatsächlich ein Schaden entstanden ist.

! **Beispiel**

Verkauft der Geschäftsführer ein Grundstück der Gesellschaft an einen Dritten, so ist dieses Grundstücksgeschäft auch dann rechtlich wirksam, wenn der Geschäftsführer im Innenverhältnis das Geschäft nur mit Zustimmung der Gesellschafterversammlung hätte vornehmen dürfen. Die Gesellschafterversammlung kann allerdings wegen eines möglichen Schadens am Gesellschaftsvermögen beschließen, den Geschäftsführer in die Haftung zu nehmen.

Das Gesetz geht von einer Gesamtgeschäftsführung aller Geschäftsführer aus, wobei jedoch in der Praxis **Ressorts** (Geschäftsbereiche), z.B. durch eine Geschäftsordnung gebildet werden, die den Geschäftsführern zur eigenverantwortlichen Wahrnehmung übertragen werden (Einzelgeschäftsführungsbefugnis).

Bei der Stellvertretung, d.h. bei der Kompetenz **nach außen** rechtsgeschäftlich für die GmbH aufzutreten, ist ebenfalls im Gesetz die Gesamtvertretung vorgesehen, wobei jedoch Abweichendes in der Satzung aufgenommen werden kann und auch muss. Es ist allerdings nicht erforderlich, dass in der Satzung generell die Alleinvertretungsberechtigung aller bzw. bestimmter Geschäftsführer geregelt sein muss; vielmehr genügt eine sogenannte Öffnungsklausel, in der der Gesellschafterversammlung die Berechtigung eingeräumt wird, einzelnen Geschäftsführern Alleinvertretungsbefugnis zu erteilen. Schließlich kann auch eine sogenannte unechte Gesamtvertretung geregelt werden, wonach z.B. eine Vertretung der Gesellschaft auch durch einen Prokuristen in Gemeinschaft mit einem Geschäftsführer möglich ist. Die Gesellschaft muss aber stets auch nur durch die Geschäftsführer vertreten werden können. Es ist nicht zulässig, zwingend die Beteiligung eines Prokuristen bzw. anderer rechtsgeschäftlicher Vertreter vorzusehen.

Schließlich sollten Sie regeln, ob der Geschäftsführer von den Beschränkungen des § 181 BGB befreit werden soll. In § 181 BGB ist geregelt, dass es einem Vertreter untersagt ist, **Geschäfte mit sich selbst** oder gleichzeitig als Vertreter eines Dritten mit der GmbH zu tätigen.

!

Beispiel

Verkauft ein Geschäftsführer das Dienstfahrzeug der GmbH, das ihm zur Verfügung gestellt wurde, an sich selbst, indem er sich im Internet einen Kaufvertrag über ein Gebrauchtfahrzeug herunterlädt und die GmbH als Verkäuferin und sich selbst als Käufer einsetzt, um sodann für beide Parteien zu unterschreiben, so liegt ein klarer Verstoß gegen § 181 BGB vor. Gleiches würde gelten, wenn der Geschäftsführer das Fahrzeug nicht für sich, sondern für seinen Sohn erwirbt und für diesen den Kaufvertrag unterzeichnet.

Es liegt auf der Hand, dass bei Geschäften mit sich selbst oder gleichzeitig als Vertreter eines Dritten Interessenkollisionen auftreten können. Deshalb sind solche Geschäfte dem Geschäftsführer grundsätzlich untersagt. Werden sie dennoch vorgenommen, so sind die Geschäfte schwebend unwirksam. Sie werden wirksam, wenn die Gesellschafterversammlung sie genehmigt.

Geschäfte, die gegen das **Verbot des § 181 BGB** verstoßen, sind jedoch dann von Beginn an wirksam, wenn eine **Befreiung** des Geschäftsführers **von diesem Verbot** erfolgt ist, was jedoch nur unter bestimmten Voraussetzungen möglich ist. Einigkeit besteht darüber, dass eine solche Befreiung in der Satzung der zuverlässigste Weg ist, um das Verbot des § 181 BGB auszuschließen. Ob auch ein Gesellschafterbeschluss ohne jegliche Satzungsänderung ausreicht, ist nicht abschließend geklärt. Da eine starke Ansicht zumindest eine Ermächtigungsklausel in der Satzung des Inhalts verlangt, dass die Gesellschafterversammlung die Befreiung vom Verbot des § 181 BGB erteilen können, sollte dieser sichere Weg gewählt werden.

Für die **Einpersonen-GmbH**, bei der der Alleingesellschafter gleichzeitig Geschäftsführer ist, findet sich in § 35 IV GmbHG eine Sonderbestimmung. Danach gilt in dieser Konstellation grundsätzlich das Verbot des § 181 BGB. Dem einzigen Geschäftsführer und Gesellschafter einer GmbH können vom Verbot erfasste Rechtsgeschäfte von vornherein in der Satzung oder nachträglich durch Satzungsänderung gestattet werden. Auch eine Ermächtigungsklausel in der Satzung, wonach die Befreiung durch Beschluss des Alleingesellschafters erfolgen kann, wird für zulässig erachtet.

1.2.5 Zu § 5: Gesellschafterversammlung/Beschlüsse

Das Gesetz enthält bereits Bestimmungen für die Fassung von Beschlüssen und die Einberufung von Gesellschafterversammlungen.

Diese Regelungen sind allerdings unvollständig. Überhaupt nicht geregelt sind die Formalien der Durchführung der Gesellschafterversammlung selbst. Daher sind Regelungen im Gesellschaftsvertrag empfehlenswert.

Die Geschäftsführer sind für die **Einberufung der Gesellschafterversammlung** zuständig, wobei jeder allein die Gesellschafterversammlung einberufen könnte. Die Satzung kann Erschwerungen enthalten: so z. B. eine Regelung, nach der die Einberufung nur von Geschäftsführern in vertretungsberechtigter Zahl, etwa von zwei gesamtvertretungsberechtigten Geschäftsführern, möglich ist. Darüber hinaus könnte die Satzung auch bestimmte Gründe festlegen, wann eine Einberufung zu erfolgen hat. Das Gesetz sieht vor, dass die Gesellschafterversammlung in jedem Fall dann einzuberufen ist, wenn das Wohl der Gesellschaft dies erfordert. Die Satzung könnte hier eine Konkretisierung vornehmen oder weitere Anlässe festlegen.

Die im Gesetz verankerte **Einberufungsfrist** von einer Woche erscheint sehr kurz. Empfehlenswert ist, die Frist auf zwei Wochen festzusetzen, wobei als Fristbeginn der Tag der Versendung der Einschreibebriefe vereinbart werden sollte. Anstelle der Versendung per Einschreiben bietet sich auch eine persönliche Übergabe der Einladung unter Gegenzeichnung des Empfangs oder die Übermittlung per Kurier gegen Nachweis an. Dies müsste jedoch in die Satzung aufgenommen werden.

Obwohl die Geschäftsführer für die Einberufung zuständig sind, haben sie selbst kein Teilnahmerecht auf der Gesellschafterversammlung. In der Praxis nehmen sie aber in der Regel an den Versammlungen teil. Da der Geschäftsführer aufgrund seiner Geschäftsführungstätigkeit und der Organisationsaufgaben ohnehin den besten Überblick über die anstehenden Fragen hat, wird er häufig auch einvernehmlich die **Versammlungsleitung** übernehmen. Ansonsten sollten die Gesellschafter einen Versammlungsleiter wählen, hierbei kann die Satzung eine Bestimmung treffen. Ferner sollten Sie auch die Sitzungsniederschrift sowie die Formalien der Berichtigung in der Satzung regeln.

Beschlüsse sollten förmlich festgestellt werden, damit zumindest formal das Ergebnis feststeht. Hält ein Gesellschafter Beschlüsse für unwirksam, kann er Klage erheben.

Sofern Sie der Ansicht sind, dass ein gefasster Gesellschafterbeschluss rechtswidrig ist, müssen Sie sich dagegen zur Wehr setzen. Der hierfür vorgesehene Rechtsschutz ist im Einzelnen sehr kompliziert geregelt. Unter anderem gibt es die Möglichkeit, Anfechtungs- oder Nichtigkeitsklage zu erheben. Welche Klage in Betracht kommt, hängt von dem Fehler ab, der dem Beschluss anhaftet. Anfechtungsklagen sind fristgebunden. Viele Satzungen sehen hier eine Anfechtungsfrist vor, innerhalb derer Klage erhoben werden muss. Auch wenn die Satzung keine Frist vorschreibt, ist zeitnah die Anfechtungsklage zu erheben, mindestens hat der Gesellschafter hierfür eine Frist von einem Monat zur Verfügung. Anfechtungs- und Nichtigkeitsklagen sind gegen die Gesellschaft zu richten.

In die Satzung können Regelungen über eine Beschlussfähigkeit (siehe § 5 der Mustersatzung) sowie das Teilnahmerecht und die Vertretung im Stimmrecht aufgenommen werden.

Statt einer **Vertretung** im Stimmrecht, die nach § 47 III GmbHG durch Vollmacht in Textform vorgesehen ist, können Sie auch lediglich eine **Stimmenbotschaft** im Gesellschaftsvertrag verankern. Die Vertretung führt dazu, dass der Vertreter anstelle des Gesellschafters teilnimmt und sämtliche Rechte desselben ausübt. Das heißt, der Vertreter gibt die Stimmen ab, ohne dass er erkennen lassen muss, welche Weisungen der Gesellschafter gegeben hat. Textform bedeutet gemäß § 126b BGB weniger als Schriftform: Es ist keine Unterschrift unter der Vollmacht erforderlich, es genügt vielmehr eine Nachbildung der Unterschrift bzw. es ist ausreichend, dass das Ende des Textes erkennbar ist. Die Textform kann auch durch eine Erklärung per E-Mail erfüllt werden.

Im Falle der Stimmenbotschaft hat der Stimmenbote keinerlei Ermessensspielraum oder Befugnis, eigene Erklärungen abzugeben. Vielmehr übergibt dieser lediglich die Stimmen des abwesenden Gesellschafters, dem die Beschlussvorlagen mit der Einladung übersandt wurden. Die Mustersatzung enthält in § 5 alternativ die Regelung einer Vertretung oder einer Stimmenbotschaft. Je nach Bedarf im Einzelfall muss eine entsprechende Klausel gewählt werden.

Es gibt durchaus Fälle, in denen die Gesellschafter keinen Wert darauf legen, dass Vertreter an den Gesellschafterversammlungen teilnehmen, insbesondere wenn es sich um Rechtsvertreter handelt, die das Gefüge durcheinanderbringen könnten.

Gleiches gilt für die **Beiziehung von Beratern** zu Gesellschafterversammlungen. Beiziehung bedeutet, dass *neben* dem Gesellschafter ein weiterer Berater an der Gesellschafterversammlung teilnimmt, während bei der Vertretung oder Stimmenbotschaft der Gesellschafter selbst nicht anwesend ist, sondern an seiner Stelle der Vertreter bzw. der Bote teilnimmt. Die Beiziehung von Beratern sollte in der Satzung geregelt werden, da ansonsten Unsicherheit besteht, ob und wann Berater zur Gesellschafterversammlung zuzulassen sind. Überwiegend wird angenommen, dass die Teilnahme von Beratern nur dann zuzulassen ist, wenn die Gesellschafterversammlung zustimmt. Ein Anspruch auf Zustimmung besteht dann, wenn die Treuepflicht die Anwesenheit des Beraters gebietet, z.B. weil der Gesellschafter aufgrund persönlicher Gebrechen seine Rechte nicht sachgerecht wahrnehmen kann.

Grundsätzlich gewährt das Gesetz in § 47 II GmbHG **je 1 EUR des Stammkapitals eine Stimme**. Bei einer GmbH mit einem Stammkapital von 25.000 EUR existieren also 25.000 Stimmen. Beschlüsse werden prinzipiell mit einfacher Mehrheit der abgegebenen Stimmen gefasst. Gezählt werden hierbei nur die Jastimmen. Enthaltungen und ungültige Stimmen haben keinen Einfluss auf das Stimmergebnis., jedenfalls nicht, wenn dies wie hier in der Satzung klar geregelt ist. Eine einfache Mehrheit kommt also dadurch zustande, dass mehr Ja- als Neinstimmen abgegeben wurden. Stimmen, die nicht abgegeben werden, z.B. weil die Gesellschafter auf der Gesellschafterversammlung nicht anwesend oder vertreten sind, spielen für die Ermittlung des Beschlussergebnisses keine Rolle. Die Satzung kann allerdings festlegen, dass die Mehrheiten abweichend zu berechnen sind, z.B. in Anlehnung an die vorhandenen Stimmen. Auch können größere Mehrheiten, z.B. eine qualifizierte Mehrheit von 75 % der abgegebenen Stimmen vereinbart werden. Satzungsänderungen und wesentliche Entscheidungen wie Umwandlungsbeschlüsse oder Zustimmungsbeschlüsse zu Unternehmensverträgen bedürfen ohnehin qualifizierter Mehrheiten.

Die von der Gesellschafterversammlung zu fassenden Beschlüsse können im Klageweg von Gesellschaftern angegriffen werden. Dabei ist es nicht erforderlich, dass diese Gesellschafter an der Gesellschafterversammlung teilgenommen haben. Da das GmbHG keine Frist zur Erhebung einer Klage enthält, sollte eine solche in die Satzung aufgenommen werden (siehe § 5 der Mustersatzung).

1.2.6 Zu § 6: Einziehung/Ausschluss und Kaduzierung

Entstehen zwischen den Gesellschaftern Spannungen, kann sich die weitere Zusammenarbeit als schwierig erweisen. Gleiches gilt, wenn ein Gesellschafter erhebliche Pflichtverletzungen begeht, z.B. Konkurrenzgeschäfte tätigt, Untreuehandlungen begeht, Missmanagement betreibt, usw. Von Bedeutung für die Gesellschafter ist daher, unter welchen Voraussetzungen sie sich eines unliebsamen Mitgesellschafters entledigen können.

Der »Rauswurf« eines Gesellschafters ist nur unter strengen **Voraussetzungen** statthaft. Ein Verlust der Gesellschafterstellung kann entweder durch eine Einziehung des Geschäftsanteils oder durch einen Ausschluss des Gesellschafters erreicht werden. Nur wenn der Gesellschaftsvertrag die **Einziehung** von Geschäftsanteilen oder den Ausschluss von Gesellschaftern vorsieht, sind diese Maßnahmen rechtlich zulässig.

Beispiel !

Harald Hopfen, Daniel Durst und Boris Bier haben gemeinsam eine Brauerei, in der alle drei als Geschäftsführer fungieren, gekauft und ein Kultbier entwickelt und vermarktet. Hierfür haben sie eine GmbH gegründet und mit dieser eine insolvente Brauerei aus der Insolvenzmasse erworben. Nach ca. drei Jahren ist es ihnen gelungen, ein florierendes Unternehmen auf die Beine zu stellen. Leider gehen die Vorstellungen über die richtige Strategie und die Unternehmensphilosophie auseinander. Auch ist der Arbeitseinsatz recht unterschiedlich. Vor allem Daniel Durst setzt sich nicht für die Belange der Gesellschaft ein und nimmt seine Verpflichtung zur Mitarbeit nicht ernst. Die Trennung aus Sicht der Mitgesellschafter wäre daher wünschenswert. Dies ist allerdings nicht ohne weiteres möglich. Nur bei schweren Pflichtverletzungen kommt ein Ausschluss von Mitgesellschaftern aus der Gesellschaft in Betracht. Zu prüfen ist allerdings, ob eine Abberufung vom Amt des Geschäftsführers als milderes Mittel erfolgen kann. Dann wäre Daniel Durst zwar noch Gesellschafter, jedoch nicht mehr Geschäftsführer der Gesellschaft, sodass er kein Geschäftsführergehalt mehr beanspruchen kann.

Ist jedoch weder die Einziehung des Geschäftsanteils noch der Ausschluss eines Gesellschafters nach der Satzung möglich, muss die Gesellschaft den Weg der **Ausschlussklage** wählen, falls einer der Gesellschafter ausgeschlossen werden soll. Alternativ käme in Extremfällen noch eine Klage auf Auflösung der Gesellschaft insgesamt in Betracht (§ 61 GmbHG).

Durch eine **Einziehungs- bzw. Ausschlussklausel** hingegen kehren sich die Rollen um: Die Gesellschaft fasst den Einziehungs- bzw. Ausschließungsbeschluss, und der betroffene Gesellschafter muss sich hiergegen im Wege der Klage wehren. Die Einziehung kann entweder mit Zustimmung des betroffenen Gesellschafters erfolgen, was sicherlich in der Praxis die Ausnahme sein wird, oder zwangsweise gegen seinen Willen geschehen. Die Ausschließung aufgrund einer Ausschließungsklausel erfolgt ebenfalls gegen den Willen des betreffenden Gesellschafters, wobei die Einziehung in § 34 GmbHG im Gegensatz zur Ausschließung gesetzlich geregelt ist. Danach ist eine Einziehung nur zulässig, wenn die Stammeinlagen vollständig geleistet sind.

Die **Einziehung** (= Amortisation) zielt auf den Geschäftsanteil und vernichtet denselben, während sich der Ausschluss primär gegen die Mitgliedschaft richtet und den Anteil nicht untergehen lässt. Möglich ist die Einziehung nur, wenn die Stammeinlage vollständig einbezahlt ist. Die hier in § 6 der Mustersatzung vorgeschlagene Satzungsklausel enthält sowohl die Möglichkeit des Ausschlusses als auch jene der Einziehung. Der betreffende Gesellschafterbeschluss muss klar gefasst werden. Die Tagesordnung, mit der der Ausschluss bzw. die Einziehung angekündigt wird, muss präzise formuliert sein. Insbesondere müssen die Einziehungsgründe detailliert genannt werden, damit eine Vorbereitung der Gesellschafter erfolgen kann.

Auch sollte geregelt sein, wann der Gesellschafter seinen Anteil und damit seine Rechte verliert. Sofern ihm der Anteil entzogen wird, ohne dass gleichzeitig die Abfindung gezahlt wird, kann eine Haftung der Gesellschafter für die Zahlung der Abfindung ausgelöst werden, zumindest derjenigen Gesellschafter, die für die Einziehung gestimmt haben. Der Ausschluss bzw. die Einziehung können also bereits vor Zahlung der Abfindung wirksam werden, allerdings mit der Folge der ggf. anteiligen Haftung der für diese Maßnahme stimmenden Gesellschafter. Bevorzugt wird bei der Mustersatzung eine Vereinbarung des Inhalts, dass bei der Einziehung der Anteil erst dann entzogen wird, sobald die Abfindung vollständig gezahlt ist, die Stimmrechte aus dem Geschäftsanteil nach Fassung und Zugang des Beschlusses jedoch ruhen. Dies ist sinnvoll, damit der betroffene Gesellschafter keinen Schaden mehr anrichten kann.

Da im Falle des Ausschlusses – im Gegensatz zur Einziehung – der Geschäftsanteil nicht vernichtet wird, muss er anschließend auf einen Dritten übergehen. Hierfür bedarf es allerdings einer Abtretung, bei der der ausgeschlossene Gesellschafter grundsätzlich mitwirken müsste. Die in der Mustersatzung vorgeschlagene Klausel ordnet daher an, dass schon jetzt die GmbH bevollmächtigt wird, namens des auszuschließenden Gesellschafters die Abtretung an einen Mitgesellschafter oder an einen Dritten zu erklären. Ob diese Klausel tatsächlich einer Inhaltskontrolle der Gerichte standhält, bleibt abzuwarten. Solange das Abfindungsinteresse des ausschließenden Gesellschafters gewahrt ist, was wegen der Haftung der GmbH für die Abfindung sichergestellt ist, müsste diese Klausel zulässig sein.

Bei der Abfassung des Gesellschaftsvertrags sollten Sie besondere Sorgfalt auf die Verankerung der **Einziehungs- bzw. Ausschlussgründe** legen. Die hier in § 6 der Mustersatzung vorgeschlagene Klausel enthält das zu regelnde Minimum. Darüber hinaus sollten insbesondere dann, wenn spezielle Verpflichtungen einzelner Gesellschafter in die Satzung aufgenommen werden – wie etwa ein Wettbewerbsverbot oder die Sonderpflicht zur Mitarbeit – Einziehungsgründe bei Verstößen vereinbart werden. Verletzt beispielsweise der Gesellschafter das Wettbewerbsverbot, so sollte dies ausdrücklich auch als Einziehungs- oder Ausschließungsgrund aufgenommen werden. Insofern sollte man sich nicht darauf verlassen, dass der entsprechende Verstoß einen wichtigen Grund darstellt, der ohnehin zur Einziehung bzw. zum Ausschluss berechtigen würde.

Der Ausschluss bzw. die Einziehung ist nur gegen **Abfindung** zulässig. Bei der Zahlung der Abfindung muss die Liquidität der Gesellschaft geschützt werden, weshalb eine Ratenzahlung angeordnet werden sollte. Beachten Sie ferner, dass Abfindungen nur aus dem ungebundenen Vermögen möglich sind: Vermögen, das zur Erhaltung des Stammkapitals erforderlich ist, darf für die Abfindungszahlungen nicht verwendet werden.

Sofern ein Gesellschafter seine auf ihn entfallene Stammeinlage trotz Fälligkeit nicht einzahlt, kommt eine **Kaduzierung** des Geschäftsanteils in Betracht. Im Rahmen des aufwändigen Kaduzierungsverfahrens ist schließlich gemäß § 23 GmbHG die Verwertung des Geschäftsanteils im Wege der Versteigerung vorgesehen. Da diese kostenintensiv und umständlich ist, sollte die Satzung die Verwertung durch freihändigen Verkauf zulassen (siehe § 6 der Mustersatzung).

1.2.7 Zu § 7: Kündigung des Gesellschafters

Das GmbHG sieht eine **Kündigung** der Gesellschaft durch einen Gesellschafter nicht vor. Es ist aber möglich, eine Kündigung vertraglich zu vereinbaren. Anerkannt ist, dass ein **Austritt** des Gesellschafters aus wichtigem Grund jederzeit – auch ohne Vereinbarung – möglich sein muss. Dies folgt aus dem mit Wirkung zum 1.1.2002 in das Bürgerliche Gesetzbuch aufgenommenen Rechtsgrundsatz (§ 314 BGB), wonach Dauerschuldverhältnisse jederzeit aus wichtigem Grund, d.h. wenn eine weitere Zusammenarbeit unzumutbar ist, beendet werden können. Die in § 7 der Mustersatzung vorgeschlagene Klausel betrifft die ordentliche Kündigung ohne wichtigen Grund. Diese Klausel stellt eine Alternative zu der Anteilsübertragung durch den ausscheidewilligen Gesellschafter dar. Im Gegensatz zur Einziehungs- bzw. Ausschlussklausel geht nunmehr die Initiative vom Gesellschafter aus. Dieser sollte die Möglichkeit haben, gegen Abfindung aus der Gesellschaft auszuscheiden.

Die **Kündigung** muss anschließend entweder im Wege der Einziehung oder durch Übertragung des Anteils auf einen Dritten umgesetzt werden (siehe § 7 der Mustersatzung). Problematisch ist, was gilt, wenn die Gesellschaft sich nicht rührt, d.h. nach der Kündigung und dem Ablauf der Kündigungsfrist keinerlei Anstalten unternimmt, den Anteil einzuziehen oder auf einen Dritten zu übertragen. In einer solchen Konstellation soll der Geschäftsführer die Möglichkeit haben, Auflösungsklage hinsichtlich der gesamten Gesellschaft zu erheben oder aber auf die Einziehung des Geschäftsanteils gegen Abfindung zu klagen. Auch kommt das Recht in Betracht, den Anteil dann ohne Zustimmung der anderen Gesellschafter zu veräußern.

1.2.8 Zu § 8: Veräußerung/Belastung von Geschäftsanteilen

Nach dem GmbHG sind Geschäftsanteile frei veräußerlich und vererblich. Dies steht jedoch im Widerspruch zum typischen Interesse der Gesellschafter, über den Gesellschafterkreis mitbestimmen zu können. Schließlich möchten sich die Mitgesellschafter nicht so ohne weiteres einen ihnen nicht genehmen Gesellschafter vorsetzen lassen. Deshalb wird die Übertragung von Geschäftsanteilen in der Regel an die Zustimmung der Gesellschafterversammlung geknüpft (sogenannte Vinkulierung). Davon geht auch der Gestaltungsvorschlag in § 8 der Mustersatzung aus. Ferner sind die Gesellschafter häufig an einem Ankauf des Geschäftsanteils interessiert, den der ausscheidewillige Gesellschafter abgeben will. Daher berücksichtigt der Satzungsvorschlag ein Vorkaufsrecht der Mitgesellschafter im Rahmen eines durchzuführenden Versteigerungsverfahrens.

1.2.9 Zu § 9: Tod eines Gesellschafters

Nach dem Erbrecht geht der Anteil mit allen Rechten und Pflichten auf den bzw. die Erben über, die somit auch alle Gesellschafterrechte ausüben können. Häufig möchten die Mitgesellschafter jedoch nicht mit den Erben, die sie vielfach nicht kennen bzw. gegebenenfalls nicht schätzen oder die nicht die notwendige Kompetenz mitbringen, die Gesellschaft fortsetzen. Daher wird oft in der Satzung verankert, dass die Gesellschafterversammlung die Möglichkeit hat, den Geschäftsanteil gegen Abfindung einzuziehen. § 10 der Mustersatzung sieht ein Versteigerungsverfahren unter den Mitgesellschaftern vor. Findet weder ein Versteigerungsverfahren noch eine Einziehung statt, so bleibt der Erbe Gesellschafter. Während der Übergangszeit ruht nach dem Gestaltungsvorschlag das Stimmrecht aus den vererbten Geschäftsanteilen.

Erbengemeinschaften sollten verpflichtet werden, einen gemeinsamen Vertreter zu bestellen, damit der Koordinierungs- und Verwaltungsaufwand für die Gesellschaft gering bleibt.

1.2.10 Zu § 10: Abfindung

Die Wahl der richtigen Abfindungsklausel ist eine der schwierigsten Aufgaben der Satzungsgestaltung. Hierauf muss besondere Sorgfalt verwandt werden, denn eine allgemeingültige Abfindungsklausel gibt es nicht. Vielmehr sind die Bedürfnisse des Einzelfalls, auch branchenspezifische Besonderheiten sowie die Zusammensetzung des Gesellschaftsvermögens zu beachten. Die in § 10 der

Mustersatzung vorgeschlagene Regelung ist daher nur als Anregung aufzufassen.

Bei Gesellschaften, die über hohe **Substanzwerte**, etwa Immobilienvermögen, verfügen, sollte dies bei der Abfindungsklausel im Sinne einer Substanzwertabfindung nach Verkehrswerten berücksichtigt werden. Dagegen ist bei ertragsstarken Unternehmen ohne nennenswertes Anlagevermögen eine am **Ertragswert** orientierte Abfindung in den Vordergrund zu stellen. In jedem Fall sollte nicht unreflektiert eine Methode aufgenommen werden, deren Berechnung nicht zweifelsfrei anerkannt ist.

Häufig findet sich in Gesellschaftsverträgen der Verweis auf das von der Finanzverwaltung entwickelte Stuttgarter Verfahren, das jedoch nicht immer den Wünschen der Gesellschafter entspricht. Seit 1.1.2009 enthält das Bewertungsgesetz ein vereinfachtes **Ertragswertverfahren** zur Anteilsbewertung (§§ 199 ff. Bewertungsgesetz). Dieses Verfahren geht vom bereinigten durchschnittlichen Jahresertrag aus, der mit einem Faktor multipliziert wird. Dieser sogenannte Kapitalisierungsfaktor ist sehr hoch, er beträgt für das Jahr 2016 17,86 %. Der Unternehmenswert wäre für 2016 mit dem 17,86-fachen nachhaltig zu erzielenden Jahresertrag abzüglich eines pauschalen Abschlags von 30 % für die Steuerbelastung zu berechnen. Dadurch ergeben sich eher zu hohe Werte. Ein Vorteil der **steuerlichen Verfahren** ist jedoch wenigstens die Berechenbarkeit der Abfindung. Hingegen kann der bloße Verweis auf eine Berechnung nach der Discounted-Cash-Flow-Methode nicht toleriert werden, da diese gesetzlich nicht geregelte Methode Zweifel aufkommen lassen kann, wie im Einzelnen die Berechnung durchzuführen ist. Vielmehr sollte in derartigen Fällen die Berechnungsmethode in die Satzung aufgenommen werden.

Achten Sie unbedingt darauf, dass die **Abfindungsklausel** Ihren Interessen entspricht bzw. dass die Abfindungsregelung zur Gesellschaft passt. Verfügt die Gesellschaft über hohes Anlagevermögen, beispielsweise ein Betriebsgrundstück, ist eine Abfindung, die diese Substanzwerte berücksichtigt, empfehlenswert. Handelt es sich um eine sehr ertragsstarke Gesellschaft, die hohen Gewinn erwirtschaftet, sollte dieser Ertragswert bei der Abfindung einfließen.

Häufig begnügen sich die Gesellschafter mit dem Hinweis, dass die Abfindung nach dem **Verkehrswert des Anteils** zu berechnen ist. Dieser wird von einem Sachverständigen, der von einer dritten kompetenten Stelle zu benennen ist, ermittelt. Dabei ist allerdings darauf hinzuweisen, dass dadurch immer zusätzlich Sachverständigenkosten ausgelöst werden, ohne dass das Ergebnis die Gesellschafter tatsächlich überzeugen muss.

Empfehlenswert kann daher unter Berücksichtigung der konkreten Branche die Verankerung einer berechenbaren Abfindungsmethode sein, sodass jeder Gesellschafter unter Zuhilfenahme der entsprechenden Unterlagen aus der Buchhaltung und einem Taschenrechner selbst ermitteln kann, welche Abfindung er erwarten kann bzw. in welcher Höhe die Abfindung das Gesellschaftsvermögen schmälert.

!

Beispiel

Bei der Abfindung für einen Gesellschafter, der aus einer Versicherungsmakler-GmbH ausscheidet, ist zu überlegen, wie typischerweise der Wert für ein derartiges Unternehmen berechnet wird. Hierbei geht die Praxis von dem jährlichen Courtagevolumen des Unternehmens aus und multipliziert dieses mit einem individuellen Faktor. In den Faktor können die Kostenstruktur des Unternehmens oder auch gewisse Substanzwerte einfließen.

Auch etwa der Wert von Rechtsanwaltskanzleien, privaten Pflegediensten oder Friseursalons wird typischerweise an einem bereinigten Jahresumsatz festgemacht. In bestimmten Bereichen gibt es von Verbänden empfohlene Berechnungsmethoden. Grundsätzlich muss einerseits das **Interesse der Gesellschaft** an der Erhaltung ihrer Liquidität, andererseits aber auch das **Interesse des Gesellschafters**, eine adäquate Gegenleistung für den Verlust des Geschäftsanteils zu erhalten, berücksichtigt werden. Der Gestaltungsvorschlag der Mustersatzung ist daher lediglich als Anregung aufzufassen.

Es ist nicht oder nur in Grenzen zulässig, die Abfindungszahlung danach zu steuern, aus welchem **Grund** der Gesellschafter ausscheidet. Gewisse Spielräume sind indes möglich. Nicht statthaft ist es jedoch, die Abfindung dann bewusst niedriger anzusetzen, wenn das Ausscheiden des Gesellschafters erfolgt, weil der Gesellschafter insolvent ist. In diesem Fall erhält der Insolvenzverwalter des insolventen Gesellschafters für die Insolvenzmasse die Abfindung, die damit den Gläubigern zugute kommt. Deshalb wird es für unzulässig erachtet, wenn durch eine Satzungsklausel die Gläubiger bewusst benachteiligt werden.

In diesem Zusammenhang ist auch die Rechtsprechung zur **Sittenwidrigkeit** oder zur Anpassung von Abfindungsklauseln zu berücksichtigen. Denn deren Anwendung kann dazu führen, dass die an den Gesellschafter zu zahlende Abfindung in einem auffälligen Missverhältnis zum tatsächlichen Wert des Anteils steht. Die Klauseln, die zu einer krassen Benachteiligung des Gesellschafters führen, können wegen Sittenwidrigkeit nichtig sein bzw. müssen gegebenenfalls korrigiert werden.

1.2.11 Zu § 11: Geschäftsjahr/Ergebnisverwendung/disquotale Einlagen

Eine Klausel in der Satzung, die die Rechnungslegung bzw. die Ergebnisverwendung betrifft, ist nur dann erforderlich, wenn von gesetzlichen Vorschriften abgewichen werden soll. Eine wichtige Regelung findet sich unter anderem in § 29 GmbHG. Insbesondere aus Sicht des Minderheitsgesellschafters sollten bzw. könnten verbindliche Regelungen über die Ergebnisverwendung in die Satzung aufgenommen werden (siehe § 11 der Mustersatzung). Dadurch kann der Minderheitsgesellschafter erreichen, dass eine **Ausschüttung** an ihn überhaupt erfolgt. Auf der anderen Seite kann durch Satzungsklauseln, die eine Rücklagenbildung fördern, dafür gesorgt werden, dass Mittel für anstehende Investitionen zurückgelegt werden.

Das **Geschäftsjahr** entspricht in der Regel dem Kalenderjahr. Ein abweichendes Geschäftsjahr kann jedoch sinnvoll sein, gerade dann, wenn die Gesellschaft Saisongeschäft betreibt.

Beispiel !

Ein Reiseveranstalter, der Sommerreisen anbietet, die spätestens mit den Herbstferien beendet sind, könnte das Geschäftsjahr vom 1.11. bis 31.10. wählen. Dadurch kann er den Erfolg der jeweils letzten Saison möglicherweise besser mit dem der vorigen Saison vergleichen.

Der Absatz 3 über die sog. **disquotalen Einlagen** berücksichtigt die Situation, dass die Gesellschafter zusätzliche Beiträge leisten, ohne indes hierfür die entsprechenden Rechte im Verhältnis zu ihren Mitgesellschaftern zu erlangen. Dies kann z.B. der Fall sein, wenn einer der Gründer als Kapitalrücklage einen weiteren Betrag z.B. in Höhe von 100.000 EUR als Anschubfinanzierung einbringt, ohne hierfür entsprechend Gesellschaftsanteile bzw. Gesellschafterrechte zu erhalten. Im Verhältnis zu den Mitgesellschaftern könnte hier eine schenkungssteuerpflichtige Schenkung vorliegen, weil bei gleichmäßiger Verteilung der Zahlung auf alle Gesellschaftsanteile sich auch der Wert der Anteile der Gesellschafter erhöht, die die Zahlung nicht geleistet haben. Dieser Gefahr, dass der Vorgang Schenkungsteuer auslöst, versucht die Klausel zu begegnen.

1.2.12 Zu § 12: Sonderpflichten/Sonderrechte

Die Vereinbarung von **Sonderrechten bzw. Sonderpflichten** richtet sich nach den Interessen des Einzelfalls, insbesondere Minderheitsgesellschafter können sich durch entsprechende Klauseln absichern. Ein nicht beherrschender Gesellschafter könnte sich beispielsweise in der Satzung das Recht verbriefen lassen, dass er selbst Gesellschafterversammlungen einberufen oder Sonderprüfungen anordnen darf. Auch könnte beispielsweise ein Minderheitsgesellschafter, der lediglich über 25 % der Anteile verfügt, mit einem Sonderrecht auf die Geschäftsführung seinen Einfluss auf die Ausübung der Geschäfte sicherstellen. Durch Sonderpflichten lassen sich auch Gesellschafter und ihr Know-how bzw. ihre Arbeitskraft an die Gesellschaft binden. Kommt es der Gesellschaft beispielsweise gerade auf die Mitarbeit des Gründers an, der Software-Entwickler ist, so sollte sich dieser gesellschaftsvertraglich zur Mitarbeit verpflichten. Verstößt er gegen diese Pflicht, könnte entweder die Einziehung seines Geschäftsanteils angeordnet werden und/oder eine Vertragsstrafe vereinbart bzw. eine Kostenerstattung hinsichtlich der Anstellung einer Ersatzkraft geregelt werden. Benötigt die GmbH das Patentrecht bzw. die Urheberrechte, die einem Gesellschafter gehören, so sollte über eine Verpflichtung des Gesellschafters in der Satzung eine langfristige Nutzung durch die GmbH sichergestellt werden.

1.2.13 Zu § 13: Wettbewerbsverbot des Gesellschafters

Geschäftsführer unterliegen während ihrer Geschäftsführerstellung auch ohne eine entsprechende Vereinbarung kraft Gesetzes einem **Wettbewerbsverbot**. Für Gesellschafter gilt dies grundsätzlich nicht, es sei denn aus der Treuepflicht ergibt sich eine derartige Verpflichtung. Dies ist insbesondere bei beherrschenden Gesellschaftern der Fall, die durch ihre beherrschende Stellung die Gesellschaft nach ihren Interessen ausrichten könnten, wobei aufgrund ihrer anderweitigen unternehmerischen Tätigkeit zu befürchten ist, dass hier der Gesellschaft Nachteile zugefügt werden, z.B. indem Chancen oder Aufträge an ihr vorbeigeleitet oder riskante Geschäfte gerade ihr zugeschoben werden. Der Alleingesellschafter einer GmbH unterliegt nach der Rechtsprechung so lange keinem gesetzlichen Wettbewerbsverbot, wie er der GmbH kein Vermögen entzieht, das zur Deckung des Stammkapitals benötigt wird.

Nehmen Sie das Wettbewerbsverbot ausdrücklich in die Satzung auf (siehe § 13 der Mustersatzung), damit keine Streitigkeiten darüber entstehen, ob der betreffende Gesellschafter einem Wettbewerbsverbot unterliegt oder nicht.

Soll für den Gesellschafter kein Wettbewerbsverbot gelten, kann dies sogleich von Anfang an im Gesellschaftsvertrag vereinbart werden. Die anfängliche Befreiung in der Satzung ist ohne Gegenleistung möglich. Bei einer späteren Befreiung vom Wettbewerbsverbot verlangt die Finanzverwaltung eine angemessene Gegenleistung des Gesellschafters. Fehlt es an dieser Gegenleistung, so liegt eine verdeckte Gewinnausschüttung durch die Befreiung vom Wettbewerbsverbot an den betreffenden Gesellschafter vor.

Die Klausel enthält in Absatz 3 eine Regelung, die einen unmittelbaren Schadenersatzanspruch zwischen den Mitgesellschaftern begründet, wenn die GmbH durch Verstoß gegen das Wettbewerbsverbot in die Insolvenz gefallen ist, wodurch die Anteile der Mitgesellschafter entwertet würden. Der vertragswidrig handelnde Gesellschafter schuldet primär der GmbH Schadensersatz. Den Anspruch muss der Verwalter durchsetzen, was aber häufig nicht geschieht. Deshalb kann der durch die Satzung begründete Direktanspruch, den der geschädigte Mitgesellschafter gegen den Gesellschafter, der den Verstoß begangen hat, richten kann, entscheidende Bedeutung erlangen.

1.2.14 Zu § 14: Beirat/Aufsichtsrat

Eine GmbH muss grundsätzlich keinen Aufsichtsrat bilden. Die Installierung eines Aufsichtsrats kann aber mitbestimmungsrechtlich vorgeschrieben sein. So bei Gesellschaften, die mehr als 500 Arbeitnehmer beschäftigen oder bei der kommunalen GmbH, wenn die Gemeindeordnung anordnet, dass die Überwachung des Managements durch einen Aufsichtsrat zu erfolgen hat. Die hier vorgeschlagene Satzung enthält in § 14 eine Klausel zur Bildung eines Beirats, von der jedoch nur dann Gebrauch gemacht werden soll, wenn tatsächlich ein Bedürfnis für ein derartiges Organ besteht. Dies ist typischerweise dann der Fall, wenn Gesellschafter sich darauf beschränken, Kapital zur Verfügung zu stellen und an der Geschäftsführung selbst nicht mitwirken, jedoch wenigstens über ein Kontrollorgan das Management überwachen möchten. Weitere Gründe für die Installierung eines Beirats, der auch als Verwaltungsrat bezeichnet werden kann, ist die Gewinnung von externem Sachverstand durch entsprechende Beiratsmitglieder oder auch die Repräsentation von Familienstämmen bei einer Familien-GmbH.

Das Gremium sollte nur dann als Aufsichtsrat bezeichnet werden, wenn es die für einen Aufsichtsrat gesetzlich vorgeschriebenen Kompetenzen wahrnimmt, wozu insbesondere die Kontrolle der Geschäftsführung gehört (siehe § 52 GmbHG).

1.2.15 Zu § 15: Bekanntmachungen

Wichtige Tatsachen, die die GmbH betreffen, z. B. Satzungsänderungen oder Geschäftsführerwechsel, müssen der Öffentlichkeit bekannt gegeben werden. Es ist zu differenzieren zwischen den Bekanntmachungen, die das Handelsregister von Amts wegen vorzunehmen hat, und jenen, die die Gesellschaft selbst veranlassen muss. Letztere bestehen etwa bei mitbestimmungsrechtlich vorgesehenen Aufsichtsratswahlen oder bei der Liquidation (Auflösung) der Gesellschaft. So ist bei der Liquidation der Gesellschaft von der Gesellschaft ein Gläubigeraufruf bekannt zu machen. Die Bekanntmachungen haben mindestens im elektronischen Bundesanzeiger zu erfolgen. Daneben kann die Satzung die Bekanntmachungen in weiteren Medien, etwa einer lokalen Tageszeitung anordnen.

1.2.16 Zu § 16: Gründungsaufwand

Die Gründungskosten umfassen mindestens die Gerichtsgebühren, die an das Handelsregister für die Eintragung und Bekanntmachung zu zahlen sind, sowie die Notarkosten. Der Gründungsaufwand sollte in die Satzung aufgenommen werden. Nur dann dürfen diese Beträge aus dem Gesellschaftsvermögen entrichtet werden. Trägt die Gesellschaft dennoch auf eigene Rechnung die Gründungskosten, stellt dies eine verdeckte Gewinnausschüttung an die Gesellschafter dar.

Üblicherweise werden zu den Gründungskosten auch der Aufwand für Markenrechtsrecherchen und beratende Anwälte hinzugezählt, wobei die Abzugsfähigkeit jedoch strittig ist. Kosten eines Unternehmensberaters, etwa für die Erstellung des Gründungskonzeptes oder eines Businessplanes, werden nicht anerkannt. Hier sind allerdings noch nicht alle Einzelheiten geklärt. Nach strenger Ansicht sind die Kosten einzeln in der Satzung aufzuschlüsseln, was jedoch nicht praktiziert wird. Es wird überwiegend für ausreichend erachtet, wenn der Gesamtbetrag bezeichnet wird und die Angabe erfolgt, was im Einzelnen zu den Gründungskosten gehört.

1.3 Ergänzende Regelungen

Die Gründer einer GmbH müssen sich vergegenwärtigen, dass die Satzung dann von Bedeutung ist, wenn es zu Streitigkeiten kommt. Bei Spannungen, sollten Regelungen zur Verfügung stehen. Dies betrifft beispielsweise den Ablauf der Gesellschafterversammlung, also etwa die Frage, wie Beschlüsse festzustellen sind, ob sie zu protokollieren sind, wer die Versammlungsleitung übernimmt, wie Beschlüsse vor Gericht anfechtbar sind usw. Auch die Frage, ob und unter welchen Voraussetzungen Beistände zur Gesellschafterversammlung, etwa ein Rechtsanwalt, zuzulassen sind, erlangt dann Bedeutung. Sind solche Punkte bereits geregelt, wird zusätzlicher Streit vermieden.

Neben dem gesetzlich vorgeschriebenen Mindestinhalt sollten Sie ergänzende Regelungen in den Gesellschaftsvertrag aufnehmen. Solche Klauseln können Wettbewerbsverbote der Gesellschafter oder sonstige Sonderpflichten, etwa zur Mitarbeit, betreffen. Verfügt ein Gesellschafter über ein Computerprogramm, auf dessen Nutzung die GmbH angewiesen ist, sollte dies beispielsweise in die Satzung aufgenommen werden. Insbesondere empfiehlt sich die Regelung der folgenden Bereiche:

- Ausscheiden eines Gesellschafters
- Begrenzung des Einflusses eines Mehrheitsgesellschafters
- Erweiterung der unternehmerischen Tätigkeit

Ausscheiden eines Gesellschafters

Insbesondere sollte es Regelungen für die Auseinandersetzung, etwa das Ausscheiden des einzelnen Gesellschafters, geben. So sieht etwa das GmbH-Gesetz die Kündigung des Gesellschaftsvertrags mit der Folge des Ausscheidens des Kündigenden nicht vor (siehe deshalb § 6 der Mustersatzung).

Gleiches gilt für die in diesem Fall zu zahlende Abfindung, wobei hier ein Kompromiss zwischen der Liquidität der Gesellschaft und dem Abfindungsinteresse des ausscheidenden Gesellschafters gefunden werden muss. In der Praxis wird daher die Abfindung häufig in Raten auszuzahlen sein. Auch die Höhe der Abfindung ist ein häufiger Streitpunkt. Hier gibt es unterschiedliche Bewertungsmethoden, die sich am Ertragswert oder auch am Substanzwert des Unternehmens orientieren. Allen Beteiligten sollte aber auch klar sein, dass selbst die beste Satzung Streit nicht immer vermeiden kann. Verbleibende Unklarheiten sollten jedoch auf das notwendige Minimum reduziert werden.

Einfluss des Mehrheitsgesellschafters

Wenn ein Minderheitsgesellschafter vor einer Beherrschung durch den Mehrheitsgesellschafter geschützt bzw. dessen Herrschaft begrenzt werden soll, so müssen Veränderungen an der Satzung vorgenommen werden, für die in den §§ 11 bis 14 der Mustersatzung Vorschläge unterbreitet bzw. Anregungen gegeben werden. Vorstellbar sind:

- Sonderrechte auf die Geschäftsführung
- Mitwirkungsrechte bei der Ergebnisverwendung
- eine Sperrminorität hinsichtlich des Stimmrechts bestimmter oder aller Beschlüsse

- ein Zustimmungskatalog von Geschäften, bei denen dem Minderheitsgesellschafter ein Vetorecht zukommt
- die Installierung eines Beirats bzw. Aufsichtsrat, in dem auch der Minderheitsgesellschafter repräsentiert ist und dem bestimmte Aufgaben wie die Überwachung, Bestellung und Abberufung von Geschäftsführern übertragen werden (siehe § 14)
- Recht des Gesellschafters zur Einberufung von Gesellschafterversammlungen oder zur Durchführung von Sonderprüfungen

Richten Sie ein besonderes Augenmerk auf die Gestaltung der Sonderrechte und -pflichten in der Satzung, da durch Vereinbarung derselben die Ziele der Gesellschafter erreicht und gesichert werden können (siehe im Einzelnen die Erläuterungen zu §§ 11 bis 14).

2 GmbH und Steuern

2.1 Welche Pflichten bestehen gegenüber dem Finanzamt?

Die Gesellschaft ist ein sogenanntes eigenes Steuersubjekt. Sie zahlt unter anderem Körperschaftsteuer und Gewerbesteuer. Sie ist Unternehmerin im Sinne des Umsatzsteuergesetzes. Die steuerlichen Pflichten der Gesellschaft nehmen allerdings nicht die Gesellschafter, sondern die Geschäftsführer wahr (§ 34 Abs. 1 Abgabenordnung [AO]).

Der Geschäftsführer, der die steuerlichen Pflichten missachtet, kann unter bestimmten Voraussetzungen persönlich vom Finanzamt in die Haftung genommen werden (siehe § 69 AO). Dies setzt voraus, dass der Geschäftsführer vorsätzlich oder grob fahrlässig die steuerlichen Pflichten nicht erfüllt. Vorsätzlich handelt, wer bewusst und gewollt gegen die ihm auferlegten Pflichten verstößt. Grobe Fahrlässigkeit liegt vor, wenn jemand in besonders hohem Maße sorgfaltswidrig, d.h. leichtfertig, handelt. Der Geschäftsführer haftet dabei im Falle eines steuerrechtlichen Verstoßes mit seinem persönlichen Vermögen (siehe Teil 2, Kapitel 4.3).

Umfang der Pflichten

Die GmbH befindet sich von Anfang an unter der Kontrolle des Finanzamtes. Bereits der Notar ist verpflichtet, dem Finanzamt eine Ausfertigung der Gründungsurkunde zu übersenden. Das Finanzamt fordert Sie als Geschäftsführer in der Regel auf, die Gesellschaft ordnungsgemäß anzumelden und eine Eröffnungsbilanz aufzustellen. Sodann sind die üblichen steuerlichen Pflichten zu erfüllen, d.h. einmal jährlich sind die Körperschaftsteuererklärung, die Gewerbesteuererklärung und die Umsatzsteuererklärung vorzunehmen. Während eines Geschäftsjahres sind, sofern die Voraussetzungen vorliegen, monatlich oder quartalsmäßig die Umsatzsteuer bzw. die Lohnsteuer anzumelden. Dies hängt davon ab, in welchem Umfang umsatzsteuerpflichtige Umsätze getätigt werden und ob lohnsteuerpflichtige Arbeitnehmer beschäftigt sind. Sind diese Pflichten monatlich zu erfüllen, so muss jeweils bis zum Ablauf des 10. Kalendertags des Folgemonats die Voranmeldung beim Finanzamt eingegangen sein.

Die Jahressteuererklärungen sind bis zum 31. Mai des Folgejahres abzugeben (§ 149 Abs. 2 AO). Wird die Gesellschaft von einem Steuerberater betreut, so erhält dieser ohne weiteres Fristverlängerung für die Abgabe der Steuererklärungen bis zum 31. Dezember des Folgejahres.

2.2 Welche Steuern fallen bei der GmbH an?

2.2.1 Körperschaftsteuer

Erwirtschaftet die GmbH Gewinne, so unterliegen diese der Körperschaftsteuer. Bei der Körperschaftsteuer handelt es sich um eine eigene Steuer der GmbH, die diese und nicht ihr Anteilseigner dem Finanzamt schuldet. Die Gesellschafter entscheiden, ob sie den Gewinn an sich ausschütten oder ihn im Gesellschaftsvermögen zur Stärkung der Eigenkapitalbasis belassen.

Die Körperschaftsteuer beträgt ab 1.1.2009 15 %. Hinzu kommt der Solidaritätszuschlag in Höhe von 5,5 % der Körperschaftsteuer. Diese Steuerbelastung gilt unabhängig davon, ob Gewinne ausgeschüttet oder einbehalten werden. Beim Gesellschafter sind sodann die von ihm bezogenen Dividenden mit der Abgeltungssteuer zu versteuern.

2.2.2 Abgeltungssteuer

Mit der Abgeltungssteuer in Höhe von 25 % wird bei Privatanlegern die Einkommensteuer auf Kapitalerträge pauschal abgegolten. Hinzu kommen der Solidaritätszuschlag und ggf. Kirchensteuer. Der Gesellschafter kann, wenn sein individueller Steuersatz niedriger ist oder er wegen seiner geringen Einkünfte gar keine Steuern zahlt, die Erträge in seiner Einkommensteuererklärung deklarieren. Dadurch erhält er die Abgeltungssteuer ganz bzw. anteilig erstattet. Gehört die Beteiligung zu einem Betriebsvermögen, gilt das Teileinkünfteverfahren. Danach bleiben 40 % der Dividenden steuerfrei, umgekehrt können aber auch 40 % der Kosten nicht abgezogen werden.

Beachten Sie: Privatanleger können von der Abgeltungssteuer zum **Teileinkünfteverfahren** optieren, wenn sie mit mindestens 25 % an der GmbH beteiligt sind oder mindestens 1 % des Kapitals der GmbH halten und für diese beruflich tätig sind (§ 32d Abs. 2 Nr. 3 EStG). Diese Option, die einen Antrag beim Finanzamt erfordert und auch widerrufen werden kann, ist dann sinnvoll sein, wenn die Beteiligung mit Kredit finanziert wird und der private Anleger Kreditzinsen zahlt. Diese wären bei einer Privatperson sonst nicht abzugsfähig. Durch die Option können zumindest 60 % der Zinsen steuerlich geltend gemacht werden.

Der Erlös beim Verkauf von GmbH-Beteiligungen, die der Gesellschafter in seinem Privatvermögen hält, ist der Abgeltungssteuer zu unterwerfen, bei einer wesentlichen Beteiligung ab 1 % unterliegt der Veräußerungsgewinn dem Teileinkünfteverfahren.

Ausschüttung von Dividenden an eine Kapitalgesellschaft

Besonders attraktiv ist die Regelung, die eine weitgehende Steuerfreiheit von der Körperschaftsteuer für Dividenden anordnet, die eine Kapitalgesellschaft von einer anderen bezieht. Das bedeutet: Schüttet eine Kapitalgesellschaft, also z.B. eine GmbH oder AG, aus ihrem bereits versteuerten Gewinn eine Dividende an eine andere Kapitalgesellschaft aus, so stellt der Zufluss dort steuerfreies Einkommen dar. Lediglich ein Betrag von 5 % der Dividenden gilt als Ausgabe, die nicht steuermindernd als Betriebsausgabe abgezogen werden dürfen.

Aufgrund einer Gesetzesänderung gilt die weitgehende Steuerfreiheit für zufließende Dividenden ab dem 28.02.2013 nur bei einer Beteiligung von mindestens 10 % des Nennkapitals an der ausschüttenden GmbH. Veräußert eine Körperschaft wie eine GmbH eine ihr gehörige Beteiligung an einer anderen GmbH, bleibt der Veräußerungserlös steuerfrei, wobei auch ein Betrag von 5 % als Ausgabe gilt, die nicht als Betriebsausgabe abgezogen werden darf. Die weitgehende Steuerfreiheit gilt auch bei der Veräußerung von Beteiligungen einer GmbH an einer anderen von unter 10 %.

Auch Privatpersonen können von dieser Regelung profitieren, indem sie eine vermögensverwaltende GmbH gründen, die z.B. zum Zweck der Altersvorsorge steuerfrei ein Vermögen aus ihr von anderen Kapitalgesellschaften zufließenden Dividenden aufbaut.

Sie sollten allerdings beachten, dass dann jeweils die Ausschüttung von Dividenden aus der vermögensverwaltenden GmbH zugunsten des Gesellschafters bei diesem mit der soeben beschriebenen Abgeltungssteuer zu besteuern sind. Der Gesellschafter kann in der Sphäre der GmbH steuerfrei ein Vermögen aufbauen. Sobald er dieses jedoch an sich ausschüttet, unterliegt die an ihn ausgeschüttete Dividende der Abgeltungssteuer. Auch sollten Sie berücksichtigen, dass der Transfer von Vermögensgegenständen aus dem Vermögen des Gesellschafters auf die vermögensverwaltende GmbH je nach Art und Gestaltung ein steuerpflichtiger Vorgang sein kann. Wird beispielsweise eine im Privatvermögen gehaltene GmbH-Beteiligung in eine vermögensverwaltende GmbH eingebracht, so kann diese Sacheinlage grundsätzlich einen steuerpflichtigen Veräußerungsvorgang darstellen, der genauso behandelt wird wie die Veräußerung einer im Privatvermögen gehaltenen Beteiligung an einen Dritten. Fachkundige Beratung, z.B. zu der Frage, wann eine Vermeidung der Steuerfolgen nach dem Umwandlungssteuergesetz in Betracht kommt, ist unbedingt einzuholen.

Verdeckte Gewinnausschüttungen

Das Finanzamt prüft alle Zahlungen, die zwischen der GmbH und ihren Gesellschaftern fließen, besonders gründlich nach sogenannten verdeckten Gewinnausschüttungen: Zahlungen an Gesellschafter-Geschäftsführer mindern den GmbH-Gewinn nur dann, wenn diese Zahlungen nicht überhöht sind, also wie zwischen fremden Dritten abgewickelt würden. So dürfen Sie sich nur ein Gehalt in der Höhe zugestehen, wie es in einer vergleichbaren GmbH einem Dritten gezahlt wird.

Zahlt sich der Gesellschafter-Geschäftsführer trotzdem ein höheres Gehalt aus, muss er dies dem Finanzamt gegenüber begründen. Eine solche Begründung könnte z. B. den Hinweis auf besondere Qualifikationen des Geschäftsführers, außerordentliche Branchenkenntnisse, überdurchschnittlichen Arbeitseinsatz usw. enthalten.

Dem Gesellschafter-Geschäftsführer sollte in keinem Fall ein Betrag ausgezahlt und niemals eine Gutschrift erteilt werden, ohne dass diese Zahlung bzw. Gutschrift vorher in Schriftform vereinbart wurde. Das gilt für alle nur denkbaren Leistungen der GmbH an die Gesellschafter, seien es Waren, ausrangierte Pkw. usw.

Einlage in Form eines Grundstücks

Einen weiteren finanziellen und steuerlichen Gesichtspunkt sollten Sie schon bei der Gründung ins Kalkül ziehen. Zwar ist es recht einfach, die geforderte Höhe der Einlage in Form eines Grundstücks in die GmbH einzubringen. Das kann aber unerwünschte steuerliche Folgen nach sich ziehen. Vermögen, das in die GmbH eingebracht wird, geht in das Eigentum der GmbH über. Dies löst Grunderwerbsteuer aus. Wird das Grundstück anschließend aus dem Betriebsvermögen der GmbH mit Gewinn verkauft, muss die GmbH diesen in voller Höhe dem GmbH-Gewinn zurechnen. Private Veräußerungsgeschäfte können – jedenfalls nach zehn Jahren – steuerfrei sein.

Es empfiehlt sich, hohe Vermögenswerte erst nach reiflicher Überlegung einzubringen. Sie können diese Belastungen umgehen, etwa indem Sie diese Vermögenswerte der GmbH miet- bzw. pachtweise zur Verfügung stellen. Ein versierter Steuerberater kann Ihnen entsprechende Möglichkeiten aufzuzeigen und vertraglich finanzamtssicher umzusetzen. Insbesondere muss eine sogenannte Betriebsaufspaltung vermieden werden.

2.2.3 Sonstige Steuern

- Als Gewerbebetrieb unterliegt die GmbH der Gewerbesteuer, wobei die Höhe durch die Hebesätze der Gemeinden variiert.
- Werden Grundstücke von der GmbH erworben, fällt Grunderwerbsteuer an.
- Für die Gehälter der Mitarbeiter ist Lohnsteuer abzuführen.

3 Die Geschäftsführung der GmbH

3.1 Wer leitet die GmbH?

Die Leitung der Geschäfte liegt in den Händen der Geschäftsführer sowie der nachgeordneten Mitarbeiter. Die Geschäftsführer sind für die Vertretung der Gesellschaft nach außen zuständig und haben die Geschäfte umfassend zu führen. Im Innenverhältnis sind sie allerdings verpflichtet, sich an die Vorgaben des Gesellschaftsvertrags, ihres Geschäftsführer-Dienstvertrags sowie an sämtliche Gesellschafterbeschlüsse zu halten.

Beispiel

Laut Satzung dürfen Grundstücksgeschäfte nur mit Zustimmung der Gesellschafterversammlung getätigt werden. Wenn sich der Geschäftsführer hierüber jedoch hinwegsetzt, sodass der Gesellschaft ein Schaden entsteht, macht er sich gegenüber der GmbH schadensersatzpflichtig.

Vertretung und Geschäftsführung

Bei der Leitung der Gesellschaft unterscheiden die Juristen zwischen der Vertretung und der Geschäftsführung. Die Vertretung ist das rechtliche Können im Außenverhältnis, die Geschäftsführung das rechtliche Dürfen des Geschäftsführers im Innenverhältnis. Der Geschäftsführer kann im Außenverhältnis oft viel, er darf jedoch nicht selten im Innenverhältnis wenig.

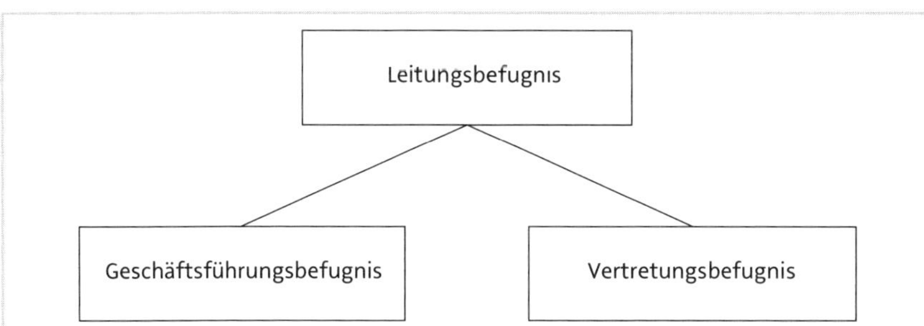

Abb. 1: Befugnisse

Die **Vertretungsmacht** des Geschäftsführers im Außenverhältnis ist nicht einschränkbar, d.h. der Geschäftsführer kann die Gesellschaft bei allen gerichtlichen und außergerichtlichen Maßnahmen vertreten. Er kann Prozesse führen, Mitarbeiter einstellen und entlassen, Grundstücke kaufen und verkaufen oder sich einen neuen Dienstwagen anschaffen. Ob er dies im Innenverhältnis auch darf, ist im Einzelnen zu prüfen.

Maßgeblich für den Umfang der Kompetenzen ist das Innenverhältnis. Diesbezüglich muss der Geschäftsführer auf der Hut sein: Er darf keinesfalls im Außenverhältnis seine Befugnisse, die er im Innenverhältnis hat, überschreiten.

Die Gläubiger sind grundsätzlich bei einer Kompetenzüberschreitung des Geschäftsführers geschützt. Sie können sich auf die unbeschränkbare Vertretungsmacht des Geschäftsführers verlassen. Der Gläubiger, der etwa von der GmbH ein Grundstück gekauft hat, muss sich nicht entgegenhalten lassen, dass der Geschäftsführer im Innenverhältnis dieses Grundstück überhaupt nicht verkaufen durfte.

Bestellung des Geschäftsführers

Die Bestellung des Geschäftsführers ist in der Regel die erste Maßnahme, die die Gesellschafter nach Gründung der Gesellschaft per Beschluss vornehmen. Sie setzt allerdings voraus, dass die Person des Geschäftsführers feststeht.

!

Beispiel: Auswahl des Geschäftsführers

Markus Bach und Cosima Meier möchten eine GmbH gründen, die Computeranimationen entwickelt, die auf den Internetseiten anderer Anbieter installiert werden sollen. Gedacht ist an die Produktion kleinerer Internetauftritte in Form von Zeichentrickfilmen. Das Stammkapital der Gesellschaft soll 25.000 EUR betragen. Hiervon übernehmen Markus Bach und Cosima Meier jeweils die Hälfte. Eingezahlt werden soll wiederum die Hälfte der übernommenen Stammeinlagen. Also übernimmt Markus Bach ebenso wie Cosima Meier jeweils eine Stammeinlage von 12.500 EUR, beide zahlen hierauf 6.250 EUR ein. Die GmbH soll den Namen »Bach & Meier GmbH« tragen. Vor dem Notar errichten die beiden eine Gesellschaft unter der Firma »Bach & Meier GmbH«. Sie erklären ferner die Übernahme ihrer Geschäftsanteile und welchen Betrag sie hierauf einzahlen. Sodann lassen die beiden den Gesellschaftsvertrag beurkunden, was bedeutet, dass der Notar zusätzlich zum Gründungsprotokoll den kompletten Gesellschaftsvertrag vorliest und ggf. die Parteien über die damit verbundenen Risiken belehrt. Nach Beurkundung des Gesellschaftsvertrages wird das Gründungsprotokoll unterzeichnet, die Gesellschaft ist damit wirksam errichtet worden. Sie ist jedoch noch nicht handlungsfähig, weil ein Geschäftsführer fehlt.

Gesamt- und Einzelvertretungsbefugnis

Nehmen wir an, dass sowohl Markus Bach als auch Cosima Meier Geschäftsführer werden sollen. Die Gesellschafter müssten sich darüber einigen, ob sie beide nur zusammen die Gesellschaft vertreten dürfen oder ob jeder von ihnen allein für die Gesellschaft als Geschäftsführer fungieren soll. Im ersteren Fall spricht man von Gesamtvertretung, im letzteren von Allein- bzw. Einzelvertretung.

Einigen sich die beiden darauf, dass jeder allein auftreten darf, so ist noch zu klären, ob jeder auch mit sich selbst bzw. gleichzeitig als Vertreter von Dritten Geschäfte machen darf (sogenannte Befreiung vom Verbot des Selbstkontrahierens und der Drittvertretung, § 181 BGB). Das bedeutet, dass der Geschäftsführer, der nach § 181 BGB befreit ist, auch Geschäfte vornehmen könnte, bei denen er selbst Vertragspartner ist. Auch könnte er gleichzeitig einen Dritten vertreten. Benötigt beispielsweise die Ehefrau von Markus Bach eine Computeranimation, die sie auf die Internetseiten ihres Friseur-Unternehmens stellen möchte, so könnte Markus Bach, wenn er vom Verbot des § 181 BGB befreit ist, diesen Vertrag sowohl namens der GmbH als auch namens seiner Ehefrau abschließen. Es ist offensichtlich, dass hier Interessenkollisionen entstehen, weil zu befürchten ist, dass Leistung und Gegenleistung zum Nachteil einer der beiden Vertragsparteien vereinbart werden. Gleiches würde dann gelten, wenn Markus Bach mit sich selbst ein solches Geschäft tätigt, etwa weil er für ein anderes von ihm betriebenes Unternehmen eine Computeranimation benötigt. Daher sind derartige Geschäfte nur dann gestattet, wenn die Gesellschafter sich hierüber geeinigt haben.

Beispiel !

Sofern Markus Bach und Cosima Meier Alleinvertretungsbefugnis mit Befreiung vom Verbot des § 181 BGB erhalten, müssten die beiden folgenden Gesellschafterbeschluss fassen:
»Zu den ersten Geschäftsführern werden der Dipl.-Kfm. Markus Bach, geboren am 17. März 1970 in Berlin, sowie die Dipl.-Ing. Cosima Meier, geboren am 22. April 1974 in Wasching/Landkreis Freyung-Grafenau bestellt. Beide Geschäftsführer haben Einzelvertretungsmacht und sind von den Beschränkungen des § 181 BGB befreit.«

Nehmen Markus Bach und Cosima Meier die Bestellung zum Amt des Geschäftsführers an, so sind sie mit diesem Zeitpunkt Geschäftsführer der neu gegründeten Gesellschaft. Die Gesellschaft ist zwar genau genommen noch keine GmbH, weil sie noch nicht im Handelsregister eingetragen ist, es handelt sich vielmehr um eine sogenannte **GmbH in Gründung** (GmbH i. G.).

Anmeldung beim Handelsregister

Die frisch bestellten Geschäftsführer haben nunmehr die Aufgabe, die Gesellschaft zur Eintragung beim Handelsregister anzumelden. Dies dürfen sie jedoch erst dann tun, wenn die Mindeststammeinlagen zu ihrer freien Verfügung in das Gesellschaftsvermögen geleistet worden sind.

Die Geschäftsführer müssen gegenüber dem **Handelsregister** versichern, dass die Stammeinlagen zu ihrer freien Verfügung stehen. Geben sie diese Versicherung wahrheitswidrig ab, so machen sie sich strafbar und gleichzeitig schadensersatzpflichtig.

Meldet ein Geschäftsführer beispielsweise die Gesellschaft an, obwohl entgegen seiner Versicherung die Stammeinlage eines Gesellschafters, die in Höhe von 50.000 EUR einbezahlt werden soll, noch gar nicht geleistet wurde, so muss er gegenüber der Gesellschaft hierfür gegebenenfalls einstehen. Gleichzeitig hat er sich einer Straftat schuldig gemacht. Gerät die Gesellschaft in die Insolvenz, kann der Insolvenzverwalter den Geschäftsführer an seiner falschen Versicherung festhalten und ihn für die 50.000 EUR zur Kasse bitten. Gleichzeitig muss die Staatsanwaltschaft dieses Delikt als Straftat verfolgen.

Die Anmeldung zum Handelsregister ist von sämtlichen Geschäftsführern vorzunehmen. Ihre Unterschriften auf der Anmeldung sind notariell zu beglaubigen.

Neben der bereits angesprochenen Versicherung, dass die Stammeinlagen zu ihrer freien Verfügung geleistet sind, müssen die Geschäftsführer ferner versichern, dass sie die persönlichen Voraussetzungen für das Amt des Geschäftsführers mitbringen (siehe dazu Teil 1, Kapitel 3.3).

3.2 Wie bestellen Sie einen Geschäftsführer?

Ein Geschäftsführer wird in der Regel durch Beschluss der Gesellschafterversammlung bestellt. Dieser Beschluss ist formfrei, es bedarf nicht der Hinzuziehung eines Notars. Die Gesellschafterbeschlüsse einer GmbH bedürfen dann der notariellen Form, wenn sie satzungsändernden Charakter haben, wozu eine Geschäftsführerbestellung nicht gehört. Auch eine Schriftform sieht das Gesetz nicht vor. Häufig ist die Schriftform der Gesellschafterbeschlüsse jedoch in der Satzung verankert bzw. zumindest eine Protokollierung vorgesehen. Da das Handelsregister den Nachweis benötigt, dass es zur Bestellung des Geschäftsführers gekommen ist, kommen die Beteiligten nicht umhin, den Beschluss schriftlich zu fassen. Außerdem bedarf die Anmeldung der Bestellung zum Geschäftsführer zur Eintragung beim Handelsregister der notariellen Beglaubigung.

Statt einer Bestellung durch Gesellschaftsbeschluss kann auch der Geschäftsführer im ersten Gesellschaftsvertrag vorgesehen sein. Heißt es also in der ersten Satzung der Bach & Meier GmbH, dass zu den ersten Geschäftsführern Markus Bach und Cosima Meier bestellt werden, so sind diese beiden Personen Geschäftsführer, ohne dass es hierfür eines gesonderten Gesellschafterbeschlusses bedarf. Ansonsten ist die Gesellschafterversammlung für die Bestellung des Geschäftsführers zuständig, falls die Aufgabe nicht einem gegebenenfalls vorhandenen Aufsichtsrat zugewiesen ist.

3.3 Welche Voraussetzungen muss ein GmbH-Geschäftsführer mitbringen?

Das Gesetz stellt an den GmbH-Geschäftsführer im Hinblick auf die Qualifikation für die auszuübende Tätigkeit keine Anforderungen. Eine abgeschlossene Berufsausbildung ist ebenso wenig erforderlich wie ein Hochschulstudium oder andere Qualifikationsnachweise. Ein Rechtsanwalt kann eine Biotechnologie-GmbH gründen oder ein Architekt eine Fluggesellschaft-GmbH. Ob dies betriebswirtschaftlich sinnvoll ist, steht auf einem anderen Blatt.

Das Gesetz verlangt lediglich in § 6 Abs. 2 GmbHG, dass der Geschäftsführer eine **unbeschränkt geschäftsfähige Person** ist oder – falls er unter Betreuung steht – kein sogenannter Einwilligungsvorbehalt für die Besorgung von Vermögensangelegenheiten besteht. Ist also jemand etwa wegen einer Geisteskrankheit unter Betreuung gestellt und darf er seine Vermögensangelegenheiten nur mit Einwilligung eines Betreuers vornehmen, kann er nicht Geschäftsführer werden.

Der Gesetzgeber hat den Katalog der Straftaten, bei deren Begehung der Geschäftsführer dieses Amt nicht mehr bekleiden kann, mit Wirkung ab 1.11.2008 deutlich erweitert. Es muss sich stets um **vorsätzlich begangene Straftaten** handeln, die fahrlässige Begehung reicht nicht aus. Das Verbot, das Amt des Geschäftsführers zu bekleiden, gilt für die Dauer von fünf Jahren ab Rechtskraft des Urteils. In dem Katalog der Straftaten sind enthalten:

- vorsätzliche Insolvenzverschleppung
- klassische Insolvenzstraftaten gem. §§ 283 – 283d StGB (Bankrott, Schuldnerbegünstigung, Gläubigerbegünstigung, Verletzung der Buchführungspflicht)
- falsche Angaben gegenüber dem Handelsregister nach § 82 GmbHG oder § 399 AktG
- die unrichtige Darstellung nach § 400 AktG bzw. § 331 HGB, § 313 UmwG oder § 17 PublG

Besonders wichtig ist die Aufnahme von **Vermögensdelikten** und zwar jene nach §§ 263 bis 264a StGB oder §§ 265b-266a StGB. Hinter § 263 StGB verbirgt sich etwa der Betrug; § 264 StGB behandelt den Subventionsbetrug, § 264a StGB stellt den Kapitalanlagebetrug unter Strafe, § 265b StGB enthält den Tatbestand des Kreditbetrugs, § 266 StGB behandelt die klassische Untreue, § 266a sanktioniert die Nichtabführung von Sozialversicherungsbeiträgen.

Im Rahmen der Insolvenz kommt es häufig zu Straftaten nach § 266a StGB oder wegen **Insolvenzverschleppung**. Selten erfolgt eine Bestrafung wegen einer klassischen Insolvenzstraftat, wobei hier die verspätete Bilanzerstellung noch die größte praktische Bedeutung hat.

Vor dem 1.11.2008 konnte also ein Geschäftsführer unbekümmert eine weitere GmbH gründen, nach dem er mit der ersten in die Insolvenz gegangen ist, selbst wenn er wegen Insolvenzverschleppung oder Nichtabführung von Sozialversicherungsbeiträgen verurteilt wurde. Heute kann er dies nur noch eingeschränkt, nämlich dann, wenn die Verurteilung auf fahrlässige Insolvenzverschleppung lautete. Die Verurteilung wegen vorsätzlicher Insolvenzverschleppung führt stets dazu, dass der Geschäftsführer das Amt nicht mehr bekleiden kann, unabhängig von der Mindestfreiheitsstrafe, während bei den Vermögensdelikten eine Freiheitsstrafe von mindestens einem Jahr verhängt worden sein muss. Bei der Nichtabführung von Sozialversicherungsbeiträgen beispielsweise kommt es nur selten zu einer Verurteilung von einer Freiheitsstrafe von einem Jahr oder mehr, in der Regel werden Geldstrafen verhängt. Diese hindern dann die Geschäftsführer nicht, auch künftig als solche zu fungieren.

Erwähnenswert ist eine weitere seit 1.11.2008 geltende Regelung, wonach auch die Gesellschafter, die vorsätzlich oder grob fahrlässig einem Geschäftsführer die Geschäfte überlassen, der dies nicht sein kann, der Gesellschaft für den Schaden haften, der dadurch entsteht, dass diese Person die ihr gegenüber der Gesellschaft bestehende Obliegenheiten verletzt (siehe §§ 6 Abs. 5 GmbHG).

Ein weiterer Hinderungsgrund, Geschäftsführer zu werden, ist eine Gewerbeuntersagung für Tätigkeiten, die zum Unternehmenszweck der neuen GmbH gehören. Eine solche **Gewerbeuntersagung** kann durch Urteil eines Gerichts oder Entscheidung der Verwaltungsbehörde ausgesprochen werden.

! **Beispiel**

Ein Einzelunternehmer ist mit einem Betrieb im Bereich Baumaschinenhandel in die Insolvenz geraten und schuldet aus dieser Zeit eine Reihe von Sozialversicherungsbeiträgen und Steuern. In diesem Fall kann die Verwaltungsbehörde ihm untersagen, sowohl als Selbstständiger als auch als Geschäftsführer eines Unternehmens im Bereich Baumaschinenhandel tätig zu werden, wenn sie der Ansicht ist, der Unternehmer bringe nicht die Zuverlässigkeit mit, die für das Führen eines Betriebs notwendig ist.

4 Der GmbH-Geschäftsführervertrag

Der hier vorgeschlagene Entwurf für den Abschluss eines Geschäftsführervertrags enthält alle wichtigen Klauseln, die Sie in der Praxis benötigen. Wo sich die Parteien zwischen verschiedenen vertraglichen Bestimmungen entscheiden können und sollten, ist dies gesondert kenntlich gemacht.

Die Begriffe Anstellungsvertrag, Geschäftsführervertrag oder Geschäftsführer-Dienstvertrag werden synonym verwendet. Teils wird auch unpräzise vom Arbeitsvertrag des Geschäftsführers gesprochen. Das Dienstverhältnis des Geschäftsführers ist jedoch in der typischen Konstellation kein Arbeits-, sondern ein freies Dienstverhältnis (Näheres dazu in Teil 2, Kapitel 1.1).

4.1 Muster eines Geschäftsführervertrags

GmbH-Geschäftsführervertrag

Zwischen
der Ernst Example GmbH, vertreten durch die Gesellschafter-
versammlung, bestehend aus den Gesellschaftern Ernst Example
und
Doris Duck,
– im Folgenden Gesellschaft genannt –
und
Herrn Dirk Direx, In den Managergärten 44, 13505 Berlin
– im Folgenden Geschäftsführer genannt –
wird in Ausführung des Beschlusses der Gesellschafterversammlung
vom [Datum], mit dem Herr Dirk Direx zum Geschäftsführer der
Gesellschaft bestellt wurde, nachfolgender Anstellungsvertrag
abgeschlossen:

§ 1 Grundlagen Beginn

(1) Herr Dirk Direx ist mit Wirkung ab dem [Datum] Geschäftsführer der Gesellschaft.

[Bei Bedarf, falls bisher ein Arbeitsverhältnis bestand:] Ruhendes Arbeitsverhältnis
Das bestehende Arbeitsverhältnis wird einvernehmlich per [Datum] aufgehoben und durch diesen Anstellungsvertrag vollständig ersetzt.

[*Oder alternativ*:]
Das bestehende Arbeitsverhältnis bleibt als ruhendes Arbeitsverhältnis bestehen. Es wird ab Beendigung des Geschäftsführer-Dienstverhältnisses als aktives Dienstverhältnis zu den bisherigen Konditionen fortgesetzt. Im Fall einer fristlosen Kündigung dieses Dienstvertrages durch eine Partei, besteht Einigkeit, dass dies gleichzeitig als fristlose, hilfsweise ordentliche Kündigung des Arbeitsverhältnisses gilt. Ist das für das Arbeitsverhältnis vereinbarte Grundgehalt nicht ohnehin aufgrund tarifvertraglicher Regelungen zu erhöhen, wird es unter Berücksichtigung der Entwicklung der allgemeinen Lebensverhältnisse sowie der Ertrags- und Umsatzentwicklung der Gesellschaft angepasst, wobei der Erhöhungsbetrag in das billige Ermessen der Gesellschaft gestellt wird.

Vorgaben für Leitungsaufgabe

(2) Der Geschäftsführer führt die Geschäfte der Gesellschaft in Übereinstimmung mit den gesetzlichen Bestimmungen, den Vorgaben des Gesellschaftsvertrags sowie den Vereinbarungen dieses Anstellungsvertrags.

§ 2 Vertretungs- und Geschäftsführungsbefugnis

Vertretung

(1) Herr Dirk Direx ist alleinvertretungsberechtigt. Die Gesellschafterversammlung hat ihm diese Befugnis eingeräumt.

[*Oder bei Bedarf*:]
Herr Dirk Direx ist gemeinsam mit einem weiteren Geschäftsführer (oder einem Prokuristen) zur Vertretung der Gesellschaft berechtigt.

Geschäftsführung

(2) Herr Dirk Direx ist auch einzeln zur Geschäftsführung in den ihm übertragenen Ressorts berechtigt und verpflichtet.

[*Oder bei Bedarf*:]
Herr Dirk Direx trifft Geschäftsführungsmaßnahmen stets gemeinsam mit einem weiteren Geschäftsführer oder Prokuristen, sofern nicht eine von der Gesellschafterversammlung genehmigte Geschäftsordnung ihn für bestimmte Geschäfte einzeln zur Geschäftsführung berechtigt.

§ 3 Ressorts und genehmigungspflichtige Geschäfte

Geschäftsbereiche

(1) Ist der Geschäftsführer einziger Geschäftsführer, so ist er für sämtliche Geschäftsbereiche (Ressorts) zuständig und verantwortlich. Die Gesellschafterversammlung kann dem Geschäftsführer im Fall der Bestellung weiterer Geschäftsführer einzelne Ressorts zuweisen, der Geschäftsführer ist auch bei der Ausübung seiner Ressortaufgaben an die Weisungen der Gesellschafterversammlung gebunden.

[*Oder bei Bedarf*:] Dem Geschäftsführer werden folgende Ressorts übertragen: Personal, Finanzen, Rechnungswesen, Einkauf, Vertrieb, Produktion, Organisation, technische Leitung bzw. kaufmännische Leitung [Festlegung im Einzelfall].

(2) Der Geschäftsführer benötigt für sämtliche Geschäfte, die über den gewöhnlichen Geschäftsbetrieb der Gesellschaft hinausgehen, die Genehmigung der Gesellschafterversammlung.

(3) Insbesondere bedürfen folgende Rechtsgeschäfte der Zustimmung der Gesellschafterversammlung: Zustimmungskatalog

[*Zustimmungskatalog ist nach Bedarf festzulegen.*]

1. Sämtliche Grundstücksgeschäfte, sowohl Verpflichtungs- als auch Erfüllungsgeschäfte, einschließlich der Belastung, der Veräußerung und des Erwerbs von Grundstücken,
2. Verträge mit einem Volumen, das einen Betrag von [bitte einsetzen] EUR übersteigt,
3. die Eingehung von Dauerschuldverhältnissen mit einer monatlichen Verpflichtung von mehr als [bitte einsetzen] EUR,
4. die Anstellung und Entlassung von Arbeitnehmern, mit Ausnahme von geringfügig oder kurzfristig beschäftigten Mitarbeitern,
5. die Einräumung von Sonderleistungen gegenüber Arbeitnehmern oder freien Mitarbeitern, durch die diesen Versorgungsleistungen, Tantiemen oder sonstige Ansprüche eingeräumt werden,
6. die Aufnahme von Krediten, die Eingehung von Wechselverbindlichkeiten und Bürgschaftsverpflichtungen,
7. die Gewährung und die Zusage von Krediten sowie die Einräumung von Sicherheiten aus dem Gesellschaftsvermögen für Dritte,
8. die Eröffnung und die Aufgabe von Filialen bzw. Zweigniederlassungen,
9. die Veräußerung und Verpachtung des Unternehmens bzw. des Betriebs oder von Betriebsteilen,
10. die Erteilung und der Widerruf von Prokura und Generalhandlungsvollmacht,
11. der Abschluss, die Aufhebung und die Änderung von Verträgen mit verschwägerten oder verwandten Personen eines Gesellschafters oder eines Geschäftsführers.

§ 4 Abschluss von Geschäften mit sich selbst oder als Vertreter von Dritten *[bei Bedarf]*

Der Geschäftsführer ist von den Beschränkungen des § 181 BGB befreit. Verbot des § 181 BGB

§ 5 Arbeitszeit/Nebentätigkeit

(1) Der Geschäftsführer stellt seine volle Arbeitskraft zur Verfügung. Vollzeit

[*Oder bei Bedarf:*] Teilzeit

Der Geschäftsführer ist lediglich nebenberuflich für die Gesellschaft mit einem Stundenkontingent von [bitte einsetzen] Stunden wöchentlich für die Gesellschaft tätig. Hierbei hat er die Erfüllung der ihm obliegenden Aufgaben zu gewährleisten und stets präsent zu sein, wenn dies im Unternehmensinteresse geboten ist.

Überstunden sind zu leisten, wenn es das Wohl der Gesellschaft erfordert. Sie werden nicht gesondert vergütet. Überstunden

[Oder bei Bedarf nur bei einem Fremdgeschäftsführer:]
Überstunden werden einem Arbeitszeitkonto gutgeschrieben. Das Arbeitszeitguthaben ist primär durch Freizeitgewährung an den Geschäftsführer abzubauen, wobei der Geschäftsführer im eigenen Ermessen mit Rücksicht auf das Wohl der Gesellschaft den Freizeitausgleich vornimmt, sofern dieser drei zusammenhängende Arbeitstage nicht übersteigt. Ein Freizeitausgleich von mehr als drei Tagen bzw. eine Abgeltung der Überstunden in Geld erfolgt auf Antrag des Geschäftsführers durch Beschluss der Gesellschafterversammlung. Pro Überstunde ist ein Betrag zu zahlen, der sich ergibt, wenn die zum Zeitpunkt des Beschlusses maßgebliche Jahresgrundvergütung durch 1.840 dividiert wird.

Gestaltung der Arbeitszeit

(2) Der Geschäftsführer ist in der Gestaltung der Arbeit, insbesondere der Arbeitszeit, frei. Er unterliegt insofern keinen Weisungen der Gesellschafterversammlung oder weiterer Geschäftsführer. Er hat das Wohl der Gesellschaft im Auge zu behalten.

[Oder bei Bedarf, Arbeitszeiten im Einzelfall:]
Der Geschäftsführer hat die betriebsüblichen Arbeitszeiten einzuhalten. Er hat in der Regel von 9.00 Uhr bis 18.00 Uhr im Dienst zu sein. Sofern es die Situation erfordert, muss er auch zu anderen Zeiten sowie gegebenenfalls an Wochenenden und Feiertagen erreichbar sein.

Nebentätigkeiten

(3) Nebentätigkeiten, auch die Übernahme von Ehrenämtern, bedürfen der Genehmigung der Gesellschafterversammlung.

§ 6 Pflichten und Verantwortlichkeit des Geschäftsführers

Sorgfaltsmaßstab

(1) Der Geschäftsführer hat die Geschäfte der Gesellschaft mit der Sorgfalt eines ordentlichen Geschäftsmannes zu führen. Er wird seine gesamten Erfahrungen und Kenntnisse einbringen.

(2) Der Geschäftsführer nimmt die Rechte und Pflichten des Arbeitgebers sowohl in sozialversicherungs- und steuerrechtlicher als auch in arbeitsrechtlicher Hinsicht wahr.

Jahresabschluss Geschäftsbericht

(3) Der Geschäftsführer hat innerhalb von drei Monaten nach Abschluss des Geschäftsjahres den Jahresabschluss (Bilanz sowie Gewinn- u. Verlustrechnung) für das abgelaufene Geschäftsjahr aufzustellen und mit einem von ihm anzufertigenden Geschäftsbericht jedem Gesellschafter zu übersenden.

(4) Der Geschäftsbericht enthält Angaben über den Geschäftsverlauf, insbesondere über die Umsatzentwicklung, den Auftragsbestand, die entstandenen Kosten sowie den Personalstand.

§ 6a Besondere Vereinbarungen zur Verantwortlichkeit des Geschäftsführers

[bei Bedarf]

Anlehnung an Arbeitnehmerhaftung

Vereinbarung des Arbeitnehmerhaftungsprivilegs/ Freizeichnungsklauseln

Die Verantwortlichkeit des Geschäftsführers gegenüber der GmbH richtet sich nach den vom Bundesarbeitsgericht entwickelten Grundsätzen der Arbeitnehmerhaftung in ihrer jeweils aktuellen Fassung.

[*Oder:*]
Der Geschäftsführer haftet gegenüber der Gesellschaft nicht für Schäden, die nur auf einfacher Fahrlässigkeit beruhen. Ausschluss einfacher Fahrlässigkeit

[*Der folgende Satz sollte ferner ergänzt werden, damit die Gefahr, dass die Regelung insgesamt unwirksam ist, minimiert wird:*]
Wurde der Anspruch zum Zwecke der Gläubigerbefriedigung zum Zeitpunkt seiner Entstehung benötigt, was bei einer Krise (gemäß 32 a I 1 a.F. GmbHG), Unterbilanz oder Insolvenzreife der Gesellschaft zu vermuten ist, bleibt es bezüglich der Verantwortlichkeit des Geschäftsführers bei der gesetzlichen Regelung. Dies gilt jedoch nicht, wenn und insoweit zum Zeitpunkt der Geltendmachung (= Zeitpunkt der letzten mündlichen Verhandlung) der Anspruch zur Befriedigung der Gläubiger nicht mehr erforderlich ist.

Abweichende Beweislastverteilung Beweislastverteilung
Die GmbH hat im Fall der Geltendmachung von Schadensersatzansprüchen gegenüber dem Geschäftsführer alle Anspruchsvoraussetzungen einschließlich des Verschuldens darzulegen und zu beweisen.

Vereinbarung einer Ausschlussfrist Kurze Frist zur Geltendmachung
Ansprüche aus dem Geschäftsführervertrag und dem organschaftlichen Geschäftsführerverhältnis – gleich aus welchem Rechtsgrund – können nur binnen einer Frist von sechs Monaten ab Kündigung des Geschäftsführervertrags geltend gemacht werden. Die Geltendmachung bedarf der Schriftform.

Entlastung des Geschäftsführers Entlastungsbeschluss
Der Geschäftsführer hat einen Anspruch darauf, dass einmal jährlich über seine Entlastung abgestimmt wird. Eine Verweigerung der Entlastung ist ihm schriftlich zu begründen. Dem Geschäftsführer ist es gestattet, sowohl auf die Fassung des Entlastungsbeschlusses zu klagen als auch eine Anfechtungs- bzw. Feststellungsklage mit dem Ziel zu erheben, die Nichtigkeit bzw. Fehlerhaftigkeit des die Entlastung versagenden Beschlusses feststellen zu lassen.

Vereinbarung einer D & O-Police (Directors & Officers-Police) Versicherungsschutz
Der Geschäftsführer hat Anspruch auf den Abschluss einer D & O-Versicherung mit einer Selbstbeteiligung von maximal 5.000 EUR pro Versicherungsfall. Besteht der Versicherungsschutz nicht, so kann der Geschäftsführer im Innenverhältnis beanspruchen, haftungsrechtlich so gestellt zu werden, als bestünde ein Versicherungsvertrag auf der Grundlage der Versicherungsbedingungen, die als Anlage diesem Vertrag beigefügt sind
[oder: in der Fassung, die die Arbeitsgruppe des GDV zum Zeitpunkt der Vertragsschlusses erarbeitet hat].

§ 7 Vergütung

(1) Der Geschäftsführer erhält eine Jahres-Grundvergütung in Höhe von [*bitte einsetzen*] EUR, die in monatlichen Teilbeträgen in Höhe von [*bitte einsetzen*] EUR jeweils zum 30. des Kalendermonats nach Abzug der gesetzlich vorgeschriebenen Abgaben ausbezahlt wird. Grundgehalt

[*Bei Bedarf*:]
Zusätzlich erhält der Geschäftsführer als 13. Monatsgehalt zum Novembergehalt einen Betrag von x EUR brutto ausbezahlt. Die GmbH leistet zudem mit dem Junigehalt als Urlaubsgeld einen Betrag von [*bitte einsetzen*] EUR brutto.

[*Bei Bedarf*]: Ferner erhält der Geschäftsführer einen Zuschuss zu seiner privaten Kranken- und Pflegeversicherung von [*bitte einsetzen*] EUR brutto monatlich.

Tantieme

(2) Zuzüglich zur Grundvergütung erhält der Geschäftsführer folgende Gewinntantieme: Eine variable Tantieme in Höhe von [*bitte einsetzen*] % des Jahresgewinnes der Gesellschaft, welche nach Feststellung des Jahresabschlusses durch die Gesellschafterversammlung festgesetzt und anschließend in zwölf gleichmäßigen Beträgen mit der monatlichen Vergütung ausbezahlt wird. Maximal beträgt die Tantieme ein Drittel der vereinbarten Grundvergütung. Ausgangsgrundlage für die Berechnung der Gewinntantieme ist der festgestellte körperschaftsteuerpflichtige Gewinn der Gesellschaft (= Bemessungsgrundlage), wobei die für das betreffende Geschäftsjahr zu bildende Gewerbesteuerrückstellung bereits passiviert worden ist. Ergibt der spätere Steuerbescheid der Gesellschaft einen abweichenden Gewinn, so ist dieser für die Ermittlung der Bemessungsgrundlage maßgeblich. Spätere Änderungen des Steuerbescheids, z.B. im Anschluss an Außenprüfungen, lassen die Bemessungsgrundlage hingegen unverändert.

(3) Dieser Betrag (Bemessungsgrundlage) erhöht sich um:

12. den Verlust, der durch die Bildung gewinnabhängiger Rückstellungen entstanden ist (ohne die das Geschäftsjahr betreffende Gewerbesteuerrückstellung),
13. den Verlust, der auf der Inanspruchnahme steuerrechtlicher Sonderabschreibungen und sonstiger steuerrechtlicher Präferenzen, die den Gewinn unmittelbar beeinflussen, beruht,
14. den Verlust, der durch nachteilige Geschäfte entstanden ist, die der Geschäftsführer auf Weisungsbeschluss der Gesellschafterversammlung ausführen musste, wobei der Geschäftsführer der Gesellschafterversammlung vor der Ausführung des Geschäfts anzuzeigen hat, dass er das Geschäft für nachteilig hält,
15. die im betreffenden Geschäftsjahr an ihn bzw. andere Geschäftsführer ausbezahlte(n) Gewinntantieme(n), sofern diese nicht gemäß Nr. 1 zurückgestellt sind.

Die Bemessungsgrundlage verringert sich um:

1. Zuschüsse oder Subventionen, die den Gewinn erhöht haben,
2. etwaige Verlustvorträge, die aus Geschäftsjahren stammen, in denen der Geschäftsführer länger als sechs Monate als Geschäftsführer beschäftigt war,
3. Gewinne, die durch die Auflösung der gewinnabhängigen Rückstellungen, steuerrechtlichen Sonderposten und sonstiger steuerrechtlicher Positionen entstanden sind (mit Ausnahme der etwaigen Gewinne aus der Auflösung der für die laufende Gewerbesteuer zu bildenden Steuerrückstellungen),
4. Gewinne, die durch die Auflösung stiller Reserven entstanden sind.

(4) Hat das Dienstverhältnis im betreffenden Geschäftsjahr nicht während des gesamten Geschäftsjahres, sondern nur teilweise bestanden, so verringert sich die Tantieme im entsprechenden prozentualen Verhältnis, wobei angefangene Monate mitzuzählen sind. Im Falle der Beendigung des Dienstverhältnisses wird die Gewinntantieme einen Monat nach der Feststellung des Jahresgewinns, frühestens jedoch mit dem Ausscheiden des Geschäftsführers in voller Höhe fällig.

§ 8 Anpassung der Vergütung

[bei Bedarf]

(1) Die Gesellschaft, vertreten durch die Gesellschafterversammlung, ist berechtigt, die Geschäftsführervergütung unter Beachtung des Gleichbehandlungsgebots nach billigem Ermessen herabzusetzen, wenn die Vermögens-, Finanz-, Ertrags- oder Liquiditätslage der Gesellschaft dies erfordert.

Anpassung in der Krise

(2) Das Grundgehalt ist jährlich an die Ertragsentwicklung der GmbH anzupassen. Die Anpassung erfolgt jeweils mit Wirkung zu Beginn eines Geschäftsjahres unter Berücksichtigung des Jahresergebnisses des abgelaufenen Geschäftsjahres. Ausgangswert für die Anpassung des Grundgehalts ist der Gewinn der GmbH, der in diesem Vertrag zum Zwecke der Bemessung der Gewinntantieme näher definiert ist (Bemessungsgrundlage). Von der Bemessungsgrundlage ist zunächst für das Kapital (Stammkapital + stille Beteiligungen) unabhängig davon, ob dies eingezahlt ist, ein Betrag in Höhe von 5 % des Nominalbetrags des Kapitals in Abzug zu bringen. Ist der verbleibende Betrag um 10 % höher als der entsprechend zu berechnende Betrag aus dem vorhergehenden Geschäftsjahr, so erhält der Geschäftsführer eine Gehaltserhöhung in Höhe von 5 % der aktuellen Jahresgrundvergütung maximal jedoch in Höhe von 10 % der Bemessungsgrundlage. Sobald die Gesellschafterversammlung den Jahresabschluss festgestellt hat, wird die Gehaltserhöhung zum Schluss des darauffolgenden Kalendermonats mit dem Gehalt umgesetzt, wobei der Betrag, der auf die bereits seit Beginn des Geschäftsjahres verstrichenen Kalendermonate entfällt, gleichfalls zur Zahlung fällig wird.

Erhöhung des Grundgehalts

§ 9 Fortzahlung der Vergütung

Der Geschäftsführer hat einen Anspruch auf Fortzahlung der Vergütung für den Fall der unverschuldeten Krankheit oder der sonstigen unverschuldeten Verhinderung. In diesen Fällen werden die Bezüge (Grundvergütung) für die Dauer von 42 Kalendertagen nach Eintritt der Verhinderung fortbezahlt. Je Kalendertag der Verhinderung wird 1/30 der monatlichen Grundvergütung ausbezahlt. Etwaiges dem Geschäftsführer gewährtes Krankengeld, Krankentagegeld oder Krankenhaustagegeld sowie vergleichbare Lohnersatzleistungen werden auf den Anspruch des Geschäftsführers auf Entgeltfortzahlung angerechnet. Der Geschäftsführer tritt ferner schon jetzt Schadensersatzansprüche gegen Dritte ab, die er wegen des Ereignisses, das zur Verhinderung führte, möglicherweise haben wird. Im Falle des Todes wird die Vergütung – ebenfalls für 42 Tage – an die unterhaltsberechtigten Hinterbliebenen (Ehegattin, minderjährige oder in der Ausbildung befindliche Kinder) fortbezahlt. Der Geschäftsführer kann durch einfache schriftliche Erklärung gegenüber der Gesellschaft bestimmen, welche Personen diese Leistungen erhalten sollen.

Krankheit

§ 10 Urlaub

Bemessung und Abgeltung

Der Geschäftsführer hat im Kalenderjahr 30 Arbeitstage Urlaub, wobei von einer 5-Tage-Woche auszugehen ist. War der Geschäftsführer nicht während des gesamten Kalenderjahres tätig, so stehen ihm für jeden vollen Kalendermonat 2,5 Urlaubstage zu. Der Geschäftsführer unterliegt hinsichtlich seiner Urlaubsplanung keinen Weisungen. Der Urlaub ist so zu nehmen, dass die Belange der Gesellschaft gewahrt bleiben. Nicht genommene Urlaubstage können in das nächste Kalenderjahr übertragen werden, wobei diese spätestens bis zum 30. September dieses Kalenderjahres genommen werden müssen. Anschließend besteht nur noch ein Anspruch auf Urlaubsabgeltung, wobei pro Urlaubstag 1/20 der monatlichen Grundvergütung, die zum Zeitpunkt der Abgeltung vereinbart ist, zu entrichten ist. Der Geschäftsführer ist berechtigt, die Auszahlung selbst vorzunehmen, er hat jedoch der nächsten Gesellschafterversammlung eine Abrechnung vorzulegen. Bei der Beendigung des Dienstverhältnisses besteht ebenfalls ein Anspruch auf Urlaubsabgeltung in gleicher Höhe, falls die Gesellschaft nicht von der Möglichkeit der Freistellung vom Dienst gegen Verrechnung mit dem Urlaubsanspruch Gebrauch macht.

§ 11 Geheimhaltung

Betriebs- und Geschäftsgeheimnisse

Der Geschäftsführer ist zur strikten Geheimhaltung der Betriebs- und Geschäftsgeheimnisse – auch nach seinem Ausscheiden – verpflichtet. Er wird auf die strafrechtlichen Folgen bei Verletzung des Geheimhaltungsgebots hingewiesen.

§ 12 Sonderleistungen/Versicherungen/Versorgung

[bei Bedarf]

Stellung eines Dienstwagens

Dienstwagen

Der Geschäftsführer hat Anspruch auf Benutzung eines der GmbH gehörigen bzw. von ihr geleasten oder gemieteten PKW der Mittelklasse (Benz C 180/BMW3/Audi A 4 [im Einzelfall festzulegen]). Die Nutzung für private Zwecke sowie für Fahrten zwischen Wohnung und Arbeitsstätte ist gestattet, wobei die Kosten für Schmier- und Kraftstoffe auch hier die Gesellschaft trägt. Den geldwerten Vorteil hat der Geschäftsführer zu versteuern. Er trägt die hierauf entfallenden Abzugssteuern. Im Falle des Bestehens bzw. des Eintritts einer Unterbilanz oder einer Überschuldung ist die Gesellschafterversammlung durch Beschluss berechtigt, dem Geschäftsführer diese Sonderleistung mit sofortiger Wirkung ohne Ausgleich zu entziehen. Ist der betreffende Geschäftsführer selbst Gesellschafter, hat er Stimmrecht.

Telefon

Mobiltelefon

Ferner erhält der Geschäftsführer ein Mobiltelefon mit Karte, das er auch privat nutzen darf, wobei der geldwerte Vorteil von ihm zu versteuern ist, sofern dieser steuerpflichtig ist.

Direktversicherung

Direktversicherung

Nach Ablauf der Probezeit schließt die GmbH auf das Leben des Geschäftsführers eine Direktversicherung ab (Kapitallebensversicherung mit Berufsunfähigkeitszusatzversicherung), für die Jahresprämien in Höhe von EUR [Betrag] entrichtet werden. Eine Anrechnung auf die Vergütung des Geschäftsführers erfolgt nicht. Die Versicherungssumme wird im Erlebensfall mit Vollendung des 67. Lebensjahres, ansonsten mit dem Tod des Geschäftsführers zur Zahlung fällig. Der Geschäftsführer ist mit Wirkung gegenüber der Gesellschaft und dem Versicherer berechtigt, die Bezugsberechtigung für den Fall seines Todes zu bestimmen. Im Erlebensfall ist er selbst bezugsberechtigt. Die Unverfallbarkeit der Direktversicherung richtet sich nach den Vorschriften des Betriebsrentengesetzes.

Pensionszusage

Betriebsrente

Nach Ablauf einer Dienstzeit von [bitte einsetzen] Jahren verhandeln die Parteien über die Erteilung einer Pensionszusage, die in einer gesonderten Versorgungsvereinbarung festgelegt wird.

Unfallversicherung

Unfälle

Der Geschäftsführer wird gegen dienstliche und private Unfälle mit einer angemessenen Versicherungssumme versichert.

D & O-Police

(siehe bereits die Regelung oben bei § 6a)

Top-Manager-Rechtsschutz

Rechtsschutz

Die Gesellschaft schließt für den Geschäftsführer eine Top-Manager-Rechtschutzversicherung ab, die mindestens die Bausteine »Strafrechtsschutz« sowie »Vermögensschaden-Rechtsschutz« enthält.

§ 13 Wettbewerbsverbot

Während des Dienstverhältnisses

(1) Der Geschäftsführer unterliegt während der Vertragsdauer einem Wettbewerbsverbot, das ihm verbietet, Tätigkeiten zu entfalten, durch die er sich mit dem tatsächlich ausgeübten Gesellschaftszweck und den Zielen der Gesellschaft in Widerspruch setzen würde. Hierzu gehört jede sonstige selbstständige, aber auch unselbstständige Konkurrenztätigkeit, einschließlich des unmittelbaren oder mittelbaren Erwerbs bzw. des Haltens von Beteiligungen an Konkurrenzunternehmen. Verboten ist dem Geschäftsführer insbesondere das Abwerben, Vermitteln oder Empfehlen von Arbeitnehmern, Mitarbeitern, Vertriebspartnern an andere Unternehmer oder von Kunden der Gesellschaft an Konkurrenzunternehmen, auch nicht mittelbar über Dritte.

Vertragsstrafe

(2) Verstößt der Geschäftsführer gegen dieses Wettbewerbsverbot, so darf die Gesellschaft die Rechte aus § 61 HGB geltend machen, es sei denn, der Geschäftsführer hat den Verstoß nicht zu vertreten. Ferner schuldet der Geschäftsführer eine Vertragsstrafe in Höhe eines Viertels der zum Zeitpunkt der Geltendmachung vereinbarten Jahres-Grundvergütung. Im Falle eines nur fahrlässigen Verstoßes halbiert sich die Vertragsstrafe. Über die Geltendmachung der Rechte entscheidet die Gesellschafterversammlung, wobei der betreffende Geschäftsführer, sofern er Gesellschafter ist, kein Stimmrecht hat. Die Vertragsstrafen sind auf einen etwaigen Schadensersatzanspruch anzurechnen.

§ 14 Nachvertragliches Wettbewerbsverbot
[bei Bedarf]

Wettbewerbsverbot nach Ausscheiden

(1) Ein nachvertragliches Wettbewerbsverbot mit dem Inhalt gemäß § 13 Abs. 1 wird gesondert vereinbart, sofern die Gesellschaft dies verlangt, wobei das Verlangen mindestens sechs Monate vor Beendigung bei Kündigung seitens der Gesellschaft erfolgen muss bzw. bei einer Kündigung durch den Geschäftsführer binnen drei Wochen ab Zugang von der Gesellschaft verlangt werden muss. Kommt keine Einigung über den Inhalt zustande, so gelten die Vorschriften für den Handlungsgehilfen analog, falls die Gesellschaft sich innerhalb der vorgenannten Fristen auf ein nachvertragliches Wettbewerbsverbot beruft. Das nachvertragliche Wettbewerbsverbot ist hierbei räumlich auf das Tätigkeitsgebiet der Gesellschaft beschränkt und gilt für zwei Jahre.

Vertragsstrafe

(2) Für jeden Verstoß gegen das nachvertragliche Wettbewerbsverbot schuldet der Geschäftsführer eine Vertragsstrafe in Höhe eines Sechstels der zuletzt bezogenen Jahresgrundvergütung (brutto), es sei denn, dass er den Verstoß nicht zu vertreten hat. Bei nur fahrlässigem Verstoß halbiert sich die Vertragsstrafe. Ferner besteht für die Zeit des Verstoßes kein Anspruch auf die Karenzentschädigung. Ansprüche auf Schadensersatz bleiben unberührt, der Gesellschaft stehen die Rechte aus § 61 HGB analog zu. Vertragsstrafen sind auf Schadensersatzansprüche anzurechnen.

§ 15 Erfindungen/Rechte an Software
[bei Bedarf]

Rechte stehen GmbH zu

(1) Der Geschäftsführer hat Erfindungen, die er innerhalb oder außerhalb seiner Diensttätigkeit macht, unverzüglich der GmbH zu melden. Die GmbH darf sodann innerhalb von vier Monaten nach der Meldung entscheiden, ob und in welchem Umfang sie Rechte an der Erfindung für sich beansprucht bzw. auf sich überleitet. Der Geschäftsführer ist zu allen Maßnahmen verpflichtet, um der Gesellschaft die geltend gemachten Rechte zu verschaffen. Die weiteren Einzelheiten richten sich nach den Vorschriften des Arbeitnehmererfindungsgesetzes. Nutzt die Gesellschaft nach Beendigung des Dienstverhältnisses die Erfindung, ohne dass eine Überleitung auf die Gesellschaft gegen Vergütung stattfand, hat sie dem Geschäftsführer eine angemessene marktübliche Lizenzgebühr zu zahlen, deren Höhe im Zweifel in das billige Ermessen der Gesellschaft gestellt ist. Sie hat auf Verlangen des Geschäftsführers die weitere Nutzung nach Beendigung des Dienstverhältnisses zu unterlassen.

(2) Für die Rechte an Computerprogrammen gilt § 69b Urhebergesetz in seiner jeweiligen Fassung. Damit erhält die Gesellschaft an sämtlichen Computerprogrammen, mit deren Erstellung bzw. Überarbeitung der Geschäftsführer betraut ist, sämtliche Urheberrechte. Der Name des Geschäftsführers wird bei der Vermarktung der Software nicht genannt.

§ 16 Kündigung und Beendigung

Frist und Verfahren

(1) Der Anstellungsvertrag wird auf unbestimmte Dauer geschlossen. Das Recht zur ordentlichen Kündigung besteht, erstmals jedoch zum [Datum einfügen]. Die Kündigung ist mit einer Frist von drei Monaten zum Schluss

des Kalenderjahres möglich. Im Falle des Bestehens bzw. des Eintritts einer Unterbilanz oder einer Überschuldung ist die Kündigung auch vorzeitig innerhalb einer Frist von 14 Tagen zum Schluss eines Kalendermonats statthaft. Gelten zwingend längere gesetzliche Mindestkündigungsfristen, so sind diese vorrangig. Die Kündigung bedarf der Schriftform. Empfangszuständig auf Seiten der Gesellschaft ist jeder Mitgeschäftsführer. Fehlt ein solcher, so ist die Kündigung an den Gesellschafter mit der höchsten Beteiligung zu richten. Bei gleich hoher Beteiligung mehrerer Gesellschafter ist die Kündigung an einen Gesellschafter nach Wahl des Geschäftsführers zu richten. Ist der Kündigende selbst Gesellschafter, muss die Kündigung beim Fehlen eines Mitgeschäftsführers nach den vorgenannten Grundsätzen an den entsprechenden Mitgesellschafter gerichtet werden. Der Alleingesellschafter-Geschäftsführer ist selbst empfangszuständig.

(2) Im Falle der Kündigung ist die Gesellschaft unabhängig davon, welche Seite gekündigt hat, berechtigt, den Geschäftsführer unter Anrechnung etwaiger offener Urlaubsansprüche bis zum Ablauf der Kündigungsfrist von jeglicher Verpflichtung zur Dienstleistung freizustellen. Ferner darf sie dem Geschäftsführer ein Hausverbot erteilen. *Freistellung*

(3) Im Falle des Widerrufs der Geschäftsführerbestellung aus wichtigem Grund endet das Anstellungsverhältnis mit sofortiger Wirkung, hilfsweise innerhalb der rechtlich zulässigen Frist. *Kopplungsklausel*

§ 17 Pflichten bei Beendigung

Nach Beendigung des Anstellungsvertrags oder nach erfolgter Freistellung hat der Geschäftsführer sämtliche ihm überlassene Unterlagen und Gegenstände der Gesellschaft, so auch die Schlüssel, Zugangsdaten (Benutzernamen und Passwörter), Kredit, Scheck-, Kundenkarten, Debetkarten, Zugangskarten, SIM-Karten, Smartphones, Tablet-PCs der Gesellschaft, sowie sämtliche Domains, Anschlüsse, Accounts, Websites, Internetauftritte die der Gesellschaft gehören, bzw. von ihr genutzt werden, sofern nicht eine andere Regelung getroffen wurde, sowie Aufzeichnungen und Dokumente der Gesellschaft jeder Art, einschließlich sämtlicher Kopien, unverzüglich der Gesellschaft zu übergeben und auf Verlangen der Gesellschaft die Vollständigkeit schriftlich zu bestätigen. Ein Zurückbehaltungsrecht steht dem Geschäftsführer gegenüber der Gesellschaft an diesen Gegenständen/Informationen/Daten nicht zu. *Herausgabepflicht*

§ 18 Schlussbestimmungen

Ist eine dieser Vertragsbestimmungen unwirksam oder unvollständig, so bleibt der Vertrag im Übrigen wirksam. Anstelle der unwirksamen Regelung tritt jene, die von den Parteien vereinbart worden wäre, wenn sie den Punkt bedacht hätten. Änderungen des Vertrags bedürfen der Schriftform sowie der Zustimmung durch einen Beschluss der Gesellschafterversammlung.

Datum *Unterschriften Gesellschafter*

Datum *Unterschrift Geschäftsführer*

4.2 Erläuterungen zum Geschäftsführervertrag im Einzelnen

Auf den folgenden Seiten finden Sie Erläuterungen zu den einzelnen Paragraphen des Geschäftsführervertrags. Dabei beziehen sich die folgenden Abschnitte auf die gleichlautenden Paragraphen aus dem Mustervertrag. Hier erfahren Sie rechtliche Hintergründe, praktische Tipps und Hinweise – kurz: alles, was bei der Ausgestaltung eines Geschäftsführervertrags für Sie wichtig ist.

4.2.1 Zu § 1: Grundlagen

Wird ein bisheriger Arbeitnehmer der GmbH zum Geschäftsführer bestellt, muss bzw. sollte unbedingt geregelt werden, was mit dem bisherigen Arbeitsverhältnis geschieht. Das **Arbeitsverhältnis** kann **aufgehoben** oder als **ruhendes Arbeitsverhältnis** fortgesetzt werden. Treffen die Parteien keine Regelung, so ist unsicher, was bei der Beendigung des Geschäftsführerverhältnisses gilt. Der Geschäftsführer, der die Fortbeschäftigung als Arbeitnehmer nach dem Ausscheiden aus der Position des Geschäftsführers gegen den Willen der Gesellschaft erreichen will, könnte versuchen, dies über eine entsprechende Klage beim Arbeitsgericht durchzusetzen. Die arbeitsgerichtliche Rechtsprechung ist allerdings sehr zurückhaltend mit der Annahme eines ruhenden Arbeitsverhältnisses, wenn keine entsprechende Vereinbarung der Parteien vorliegt.

Bestehen Sie als angehender Geschäftsführer darauf, dass eine **Vereinbarung** mit Ihrem Arbeitgeber über das bisherige Arbeitsverhältnis getroffen wird. Vereinbaren Sie, dass das Arbeitsverhältnis während der Dauer Ihrer Geschäftsführertätigkeit ruht und ggf. nach Beendigung Ihrer Geschäftsführertätigkeit zu bisherigen Bedingungen wieder auflebt.

Der Anstellungsvertrag ist ein Dienstvertrag, der zwischen der Gesellschaft und dem Geschäftsführer abgeschlossen wird. Die Gesellschaft wird hierbei durch die Gesellschafterversammlung oder gegebenenfalls durch den Aufsichtsrat vertreten. Achten Sie unbedingt darauf, dass diese **Zuständigkeit** eingehalten und der Anstellungsvertrag von der Gesellschafterversammlung abgeschlossen wird. Ein Geschäftsführervertrag, der von einem Mitgeschäftsführer oder von einem Gesellschafter ohne entsprechenden Beschluss der Gesellschafterversammlung unterschrieben wird, ist grundsätzlich nicht wirksam zustande gekommen. Wird er allerdings dennoch praktiziert, d. h. umgesetzt, wird er als sogenannter fehlerhafter Anstellungsvertrag solange als wirksam behandelt, bis sich eine Vertragspartei auf die Unwirksamkeit beruft. Hat der Geschäftsführer beispielsweise eine Befristung ausgehandelt, wäre diese wegen der Fehlerhaftigkeit und der damit verbundenen Möglichkeit der Beendigung des Vertrages hinfällig.

4.2.2 Zu § 2: Vertretungs- und Geschäftsführungsbefugnis

Eine Regelung der **Vertretungs- und Geschäftsführungsbefugnis** im Anstellungsvertrag ist klarstellender Natur. Bereits durch den Bestellungsbeschluss der Gesellschafterversammlung wird festgelegt, ob der Geschäftsführer allein- oder gesamtvertretungsberechtigt ist. Ist keine Regelung getroffen worden, so ordnet das Gesetz **Gesamtvertretung** an. In der Praxis üblich ist entweder die Alleinvertretungsberechtigung oder die Gesamtvertretungsberechtigung von zwei Geschäftsführern bzw. von einem Geschäftsführer in Verbindung mit einem Prokuristen.

Die **Vertretungsbefugnis** bezeichnet das rechtliche Können im Außenverhältnis, es regelt daher die Frage, ob und in welchem Umfang die Gesellschaft rechtsgeschäftlich berechtigt und verpflichtet werden kann. Hiervon zu trennen ist die Geschäftsführung. Darunter versteht man im engeren Sinne das so genannte Dürfen im Innenverhältnis, also die Befugnisse des Geschäftsführers gegenüber der Gesellschaft, Entscheidungen in bestimmten Geschäftsbereichen zu treffen.

Die Vertretungsbefugnis ist in der erteilten Form als Allein- oder Gesamtvertretungsbefugnis im Außenverhältnis unbeschränkt und unbeschränkbar, während die Geschäftsführungsbefugnis individuell durch Beschluss der Gesellschaftsversammlung bzw. durch Bestimmung in der Satzung festgelegt werden kann.

Auch der Anstellungsvertrag kann Restriktionen enthalten, die dann ebenfalls vom Willen der Gesellschafterversammlung getragen werden, da diese ja dem Abschluss des Anstellungsvertrages zustimmen muss. (Näheres zur Vertretungs- und Geschäftsführungsbefugnis finden Sie in Teil 1, Kapitel 3.1.)

4.2.3 Zu § 3: Ressorts und genehmigungspflichtige Geschäfte

Dem Geschäftsführer können im Dienstvertrag, per Beschluss der Gesellschafterversammlung oder durch eine Geschäftsordnung Ressorts übertragen werden. Gibt es lediglich einen Geschäftsführer, so ist er allzuständig und verantwortet sämtliche Ressorts. Selbstverständlich kommt eine Delegation auf nachgeordnete Mitarbeiter in Betracht. Die Organverantwortlichkeit bleibt jedoch stets beim Geschäftsführer. Dieser hat die nachgeordneten Mitarbeiter auszusuchen, zu kontrollieren und anzuweisen.

Ressortverantwortung
Sind mehrere Geschäftsführer vorhanden, gilt zwar der Grundsatz der Gesamtverantwortung, d.h. alle Geschäftsführer verantworten die Entscheidungen gemeinsam, die sie für die Gesellschaft treffen. Durch die Schaffung von Ressorts entsteht jedoch eine so genannte **Ressortverantwortung**, d.h. primär ist der jeweilige Geschäftsführer für die ordnungsgemäße Wahrnehmung der Aufgaben in seinem Geschäftsbereich verantwortlich. Die anderen Geschäftsführer haben lediglich eine Überwachungsverantwortung, d.h. sie müssen prüfen, ob das Ressort ordentlich geführt wird. Hierzu sind Stichproben durchzuführen. Besteht z.B. durch Beschwerden von Kunden oder Mitarbeitern Anlass zur Annahme, dass Unregelmäßigkeiten aufgetreten sind, muss dem nachgegangen werden. In Krisensituationen muss sich jeder Geschäftsführer verstärkt um die Finanz- und Liquiditätssituation der Gesellschaft kümmern und im Auge behalten, ob gegebenenfalls schon Insolvenzreife eingetreten ist.

Achten Sie als Geschäftsführer darauf, dass die Ressorts, deren Zuständigkeit vereinbart ist, auch tatsächlich im Anstellungsvertrag aufgenommen werden, damit Sie nicht für Fehlentscheidungen, die in anderen Ressorts getroffen werden, ohne weiteres verantwortlich gemacht werden können.

Häufig enthalten Geschäftsführerverträge einen **Zustimmungskatalog**, der je nach den Bedürfnissen des Einzelfalls ausgestaltet wird. Der in § 3 Abs. 2 des Mustervertrags vorgeschlagene Zustimmungskatalog ist daher dem Einzelfall anzupassen. Ein derartig ausführlicher Zustimmungskatalog kommt nur dann in Betracht, wenn der Geschäftsführer im Verhältnis zur Gesellschafterversammlung »an der kurzen Leine« geführt werden soll.

4.2.4 Zu § 4: Abschluss von Geschäften mit sich selbst oder als Vertreter von Dritten

Die Gesellschafterversammlung hat die Möglichkeit, den Geschäftsführer von den Beschränkungen des § 181 BGB zu befreien. Dies bedeutet, dass der Geschäftsführer nunmehr auch mit sich selbst (sogenannte **Insichgeschäfte**) oder gleichzeitig als Vertreter eines Dritten Geschäfte mit der GmbH tätigen kann. Er könnte beispielsweise einen der GmbH gehörigen Dienstwagen an sich selbst verkaufen, indem er das Kaufvertragsformular sowohl für die GmbH als auch für seine eigene Person unterzeichnet. Ein Fall der **Drittvertretung**, der ebenfalls gestattet werden kann, läge vor, wenn der Geschäftsführer das Dienstfahrzeug nicht für sich selbst, sondern etwa für seine Ehefrau kauft und für diese sogleich die entsprechende Erklärung auf dem Kaufvertragsformular abgibt.

4.2.5 Zu § 5: Arbeitszeit

Der Geschäftsführer schuldet grundsätzlich seine **volle Arbeitskraft**, sofern nicht eine nebenberufliche oder ehrenamtliche Tätigkeit vereinbart wurde.

Überstunden werden nur dann vergütet, wenn dies gesondert vereinbart ist. Ansonsten wird vom Geschäftsführer die Erbringung von Überstunden erwartet. Den Parteien steht es aber ohne weiteres frei zu vereinbaren, dass Überstunden gesondert vergütet werden. Auch die Arbeitszeit kann im Einzelnen reglementiert werden. In der Praxis ist aber die freie Einteilung der Arbeitszeit üblich.

4.2.6 Zu den §§ 6 und 6a: Pflichten und Verantwortlichkeit des Geschäftsführers

Der Geschäftsführer haftet für alle Schäden am Gesellschaftsvermögen, die durch sein schuldhaftes und pflichtwidriges Handeln verursacht worden sind (§ 43 GmbHG). Der Geschäftsführer ist typischerweise daran interessiert, diese weitreichende Haftung einzuschränken. Hierzu werden Vereinbarungen zur **Minimierung der Haftung** in dem Mustervertrag in dem gesonderten Passus § 6a vorgeschlagen. Sie sind nur im Einzelfall gegenüber der Gesellschaft durchsetzbar. Der Geschäftsführer sollte sich überlegen, ob er entweder darauf drängt, dass zu seinen Gunsten eine Geschäftsführer-Haftpflichtversicherung abgeschlossen oder aber dass eine Haftungsprivilegierung, etwa der Ausschluss von einfacher Fahrlässigkeit, vereinbart wird. Die Haftungsprivilegierung kann durch eine für den Geschäftsführer günstige Beweislastverteilung sowie die Vereinbarung einer Ausschlussfrist zusätzlich flankiert werden. Ebenfalls denkbar wäre die Vereinbarung einer Regelung, wonach einmal jährlich dem Geschäftsführer Entlastung zu erteilen ist, worauf der Geschäftsführer sonst keinen Anspruch hat.

Vermögensschaden-Haftpflicht-Police

Die Regelung über die **D & O-Police** (Directors and Officers Liability-Police = Vermögensschaden-Haftpflicht-Police für Geschäftsführer und Aufsichtsräte) berücksichtigt auch den Fall, dass möglicherweise der Versicherungsvertrag von der Versicherungsgesellschaft oder von der GmbH nicht fortgesetzt wird. Dann kann der Geschäftsführer beanspruchen, so gestellt zu werden, wie er stünde, wenn der vereinbarte Versicherungsschutz bestünde. Wichtig ist, dass auf bestimmte Versicherungsbedingungen, etwa die Musterbedingungen des Gesamtverbandes der Versicherungswirtschaft (GDV) oder einer bestimmten Versicherungsgesellschaft, verwiesen wird, damit sich feststellen lässt, wie die versicherungsrechtliche Situation bei bestehendem Versicherungsschutz tatsächlich gewesen wäre.

Achten Sie darauf, dass Regelungen zur Haftungsminimierung in den Geschäftsführervertrag aufgenommen werden. Sofern die Gesellschaft sich hierauf nicht einlässt, sollten Sie wenigstens auf dem Abschluss einer Geschäftsführer-Haftpflichtversicherung bestehen.

4.2.7 Zu § 7: Vergütung

Der Geschäftsführer sollte sich im Vorfeld gründlich über die übliche Vergütung informieren, bevor er in Vertragsverhandlungen eintritt. Beim Gesellschafter-Geschäftsführer ist stets die Gefahr einer verdeckten Gewinnausschüttung zu berücksichtigen. Die Gesamtausstattung des Gesellschafter-Geschäftsführers einschließlich der Vergütung muss angemessen sein. Die Vergütung muss einem **internen und externen Vergleich** standhalten. Das heißt, sowohl im Verhältnis zu den Mitgeschäftsführern als auch zu Geschäftsführern anderer Gesellschaften darf keine unangemessene Überhöhung bestehen.

Auch bei der Formulierung der **Gewinntantieme** sollten Sie darauf achten, dass der Verdacht einer **verdeckten Gewinnausschüttung** ausgeräumt wird, indem man sie begrenzt. Unter anderem soll die Tantieme ein Drittel der vereinbarten Grundvergütung nicht übersteigen, sie muss im Voraus prozentual festgelegt sein. Insgesamt dürfen an alle Geschäftsführer zusammen nicht mehr als 50 % des Gewinns als Tantieme ausgeschüttet werden. Diese Kriterien sind nicht starr anzuwenden und keinesfalls unumstritten. Es ist in der Praxis jedoch sicherer, sich hieran zu halten. Bei der Bestimmung der Bemessungsgrundlage für die Tantieme ist insgesamt besondere Sorgfalt zu verwenden. Hier darf es möglichst keine Auslegungsschwierigkeiten geben. Auch bietet es sich an, periodenfremde Gewinne und Verluste zu eliminieren.

Die Vergütung muss im Einzelfall ausgehandelt werden. Hier ermöglichen Gehaltsstrukturuntersuchungen eine Orientierung. Wenden Sie sich z.B. an die Kienbaum Vergütungsberatung (Postfach 100552, 51605 Gummersbach) oder an die BBE media GmbH & Co. KG (Am Hammergraben 14, 56567 Neuwied).

4.2.8 Zu § 8: Anpassung der Vergütung

Eine Regelung zur Anpassung der Vergütung stellt sicher, dass sowohl in der Krise eine Reduzierung derselben als auch eine angemessene Erhöhung des Gehalts in der Zukunft möglich ist.

Nach der Rechtsprechung des Bundesgerichtshofs ist der Geschäftsführer ohnehin verpflichtet, einer angemessenen Herabsetzung seiner Vergütung in der **Krise** zuzustimmen. Die Klausel in § 8 des Mustervertrags enthält insofern eine Klarstellung und Konkretisierung.

Empfehlenswert ist es, eine Regelung im Anstellungsvertrag über die Anpassung der Vergütung an die Ertragsentwicklung in der GmbH festzulegen. Der Mustervertrag enthält in § 8 Abs. 2 einen entsprechenden Vorschlag. Sie sollten unbedingt prüfen, ob diese Klausel je nach der Ertragslage der GmbH überhaupt die Gewähr dafür bietet, dass eine **angemessene Erhöhung** stattfindet. Die hier vorgeschlagene Klausel berücksichtigt zunächst das Interesse der Gesellschafter an einer angemessenen Verzinsung ihres eingebrachten Kapitals. Erst wenn sich danach eine Erhöhung des Gewinns um mindestens 10 % ergibt, erhält der Geschäftsführer überhaupt eine Gehaltserhöhung, nach der hier zugrunde gelegten Klausel in Höhe von 5 % seines letzten Grundgehalts begrenzt auf einen Teil des Jahresgewinns.

4.2.9 Zu § 9: Fortzahlung der Vergütung

Eine Regelung zur Fortzahlung der Vergütung gehört in jeden Anstellungsvertrag, da das Gesetz keine Regelung bereithält, die die Details regelt. Zwar gilt das Entgeltfortzahlungsgesetz als typisches Arbeitnehmerschutzgesetz für den Geschäftsführer nicht unmittelbar, jedoch kann auch der Geschäftsführer im Krankheitsfall Fortzahlung seiner Vergütung verlangen. Anwendbar ist § 616 BGB: Danach behält der Dienstverpflichtete seinen Vergütungsanspruch, wenn er ohne sein Verschulden für eine verhältnismäßig kurze Zeit an der Erbringung seiner Dienste gehindert wird.

Achten Sie darauf, dass Ihr Anspruch auf Fortzahlung Ihres Geschäftsführergehalts mit einer entsprechenden Krankentagegeldversicherung abgestimmt ist. Haben Sie beispielsweise Krankentagegeld ab dem 43. Tag der Arbeitsunfähigkeit vereinbart, sollten Sie darauf achten, dass Sie bis dahin Anspruch auf Entgeltfortzahlung haben. Üblich sind auch Regelungen im Anstellungsvertrag, wonach die Gesellschaft für einen gewissen Zeitraum die Differenz erstattet, die das Krankentagegeld hinter dem Geschäftsführergrundgehalt zurückbleibt.

4.2.10 Zu § 10: Urlaub

Eine Regelung des Urlaubs sollte unbedingt im Anstellungsvertrag erfolgen, da das Bundesurlaubsgesetz nicht unmittelbar für den Geschäftsführer gilt. Neben der Vereinbarung der Anzahl der Urlaubstage ist die Möglichkeit der Urlaubsabgeltung, d.h. der Auszahlung des Urlaubs in Geld, detailliert zu regeln, da hier ein erhebliches Streitpotenzial verborgen liegt. Nimmt der Geschäftsführer eigenmächtig, d.h. ohne Beschluss der Gesellschafterversammlung, Auszahlungen für nicht genommenen Urlaub an sich vor, so kann dies nicht nur eine Rückforderung derartiger Zahlungen seitens der Gesellschaft, sondern auch eine Kündigung des Anstellungsvertrages aus wichtigem Grund nach sich ziehen.

4.2.11 Zu § 11: Geheimhaltung

Die Pflicht des Geschäftsführers zur strikten Geheimhaltung ist bereits in § 85 GmbHG verankert. Danach stellt es eine **Straftat** dar, wenn der Geschäftsführer Betriebs- und Geschäftsgeheimnisse offenbart. Gleiches gilt für das Verwerten von derartigen Geheimnissen. Dem Geschäftsführer ist es daher bei Strafe untersagt, beispielsweise ein geheim gehaltenes Rezept für exzellente Eiskrem nach seinem Ausscheiden für seine eigenen Zwecke zu verwerten oder Dritten preiszugeben.

4.2.12 Zu § 12: Sonderleistungen/Versicherungen/Versorgung

Welche Sonderleistungen können in dem Geschäftsführer-Dienstvertrag geregelt werden? Jeder Geschäftsführer ist an Zusatzleistungen interessiert. Die Regelung in § 12 des Mustervertrags ist an die Bedürfnisse des Einzelfalls anzupassen.

Dienstwagen
Die Vereinbarung über die Stellung eines Dienstwagens sollte möglichst präzise gefasst sein. Neben der Aufnahme des Typs bzw. der Klasse des Fahrzeugs ist zu regeln, ob ein Recht zur privaten Nutzung des Dienstwagens besteht. Ferner können Vereinbarungen für den Fall von Verkehrsunfällen sowie für die Abwicklung bei Beendigung des Dienstverhältnisses getroffen werden. Insbesondere größere Unternehmen verfügen über eine so genannte Dienstwagenordnung, in der die Details, die die Dienstfahrzeuge betreffen, geregelt sind. Diese oft umfangreichen Dienstwagenordnungen können hier aus Platzgründen nicht dargestellt werden.

Mobiltelefon

Die Regelung über die Nutzung des Mobiltelefons in dem Mustervertrag dient der Klarstellung.

Direktversicherung/Pensionszusage

Direktversicherungen und Pensionszusagen sind wichtige Durchführungswege der betrieblichen Altersversorgung. Die **betriebliche Altersversorgung** wird in der Praxis häufig in gesonderten Versorgungsvereinbarungen, die sehr umfangreich und detailliert sind, geregelt. Dies betrifft insbesondere die hier ebenfalls angesprochene Pensionszusage, aufgrund derer dem Geschäftsführer ein Ruhegehalt im Alter und gegebenenfalls ergänzend eine Berufsunfähigkeitsrente und Leistungen für Hinterbliebene im Fall des Todes des Geschäftsführers zugesagt werden. Bei der Vereinbarung von Pensionszusagen sind steuerrechtliche Rahmenbedingungen, insolvenzrechtliche Auswirkungen sowie die Vorschriften des Betriebsrentengesetzes zu berücksichtigen.

Bei der **Direktversicherung** ist die GmbH Versicherungsnehmerin. Diese schließt auf das Leben des Geschäftsführers eine Lebensversicherung, gegebenenfalls in Kombination mit einer Berufsunfähigkeits-Zusatzversicherung, ab und räumt dem Geschäftsführer das widerrufliche oder auch unwiderrufliche Bezugsrecht auf die Leistungen im Erlebensfall ein. Für den Fall des Todes ist häufig der Ehegatte bzw. Lebenspartner bezugsberechtigt. Aufgrund des Bezugsrechts des Geschäftsführers stehen dem Geschäftsführer die Leistungen aus dem Versicherungsvertrag zu, weshalb die gezahlten Prämien bei ihm als steuerpflichtiger Vorteil behandelt werden.

D & O-Police/Top-Manager-Rechtsschutz

Aufgrund der erheblichen Haftungsrisiken, die mit der Geschäftsführertätigkeit verbunden sind, muss der Abschluss einer Geschäftsführer-Vermögensschadenhaftpflichtversicherung (D & O Police) geprüft werden. Nicht für jede Branche bzw. jedes Unternehmen wird derartiger Versicherungsschutz angeboten, auch sind die Prämien erheblich. In der Praxis werden D & O-Policen sowohl für die Geschäftsführer als auch für die Aufsichtsräte und die leitenden Angestellten angeboten. Je nach Bedarf des Einzelfalls könnte vereinbart werden, dass der Geschäftsführer einen angemessenen Selbstbehalt (also eine Selbstbeteiligung) trägt. Nähere Einzelheiten zur D & O-Police finden Sie in Teil 2, Kapitel 5.3. Versicherbar sind sowohl die Risiken der Innen- als auch der Außenhaftung. Bei der Innenhaftung geht es um die Verantwortlichkeit gegenüber der GmbH, bei der Außenhaftung um die Verantwortlichkeit gegenüber Dritten, insbesondere Gesellschaftsgläubigern. Zu beachten ist, dass dieser Versicherungsschutz lediglich Vermögensschäden abdeckt, nicht jedoch Personen- oder Sachschäden. Letztere werden über die herkömmlichen Betriebshaftpflichtversicherungen versichert.

Soll der Geschäftsführer in die Haftung genommen werden oder wird er strafrechtlich verfolgt, so können erhebliche Kosten für die Verteidigung und Vertretung des Geschäftsführers entstehen. Eine strafrechtliche Verfolgung ist beispielsweise denkbar, wenn durch fehlerhafte Produkte Menschen verletzt oder getötet werden und anschließend gegen die Geschäftsführer wegen fahrlässiger Körperverletzung oder Tötung ermittelt wird. Diese Risiken lassen sich über Top-Manager-**Rechtsschutzversicherungen** versichern. Rechtsschutzversicherungen decken aber nur die Kosten des Verfahrens ab, die Zahlung des Schadensersatzes, der Geldbuße oder der Geldstrafe wird nicht versichert.

4.2.13 Zu den §§ 13 und 14: Wettbewerbsverbot

Jeder Geschäftsführer unterliegt einem umfassenden Wettbewerbsverbot. Insofern wiederholt § 13 des Mustervertrags lediglich die ohnehin bestehende rechtliche Situation. Empfehlenswert ist aus Sicht der GmbH die Absicherung des Wettbewerbsverbots durch eine Vertragsstrafe.

Nachvertragliches Wettbewerbsverbot
Ein nachvertragliches Wettbewerbsverbot, das erst nach dem Ausscheiden des Geschäftsführers in Kraft tritt, gilt nicht von Gesetzes wegen, sondern nur aufgrund einer besonderen Vereinbarung, die sich beide Parteien gründlich überlegen sollten. Der Geschäftsführer ist durch das nachvertragliche Wettbewerbsverbot in seiner beruflichen Tätigkeit stark eingeschränkt. Die Gesellschaft muss möglicherweise eine Entschädigung für die Auferlegung des Wettbewerbsverbots an den Geschäftsführer zahlen (eine so genannte Karenzentschädigung). Die vorgeschlagene Regelung verweist auf die Vorschriften des kaufmännischen Angestellten im Handelsgesetzbuch (50 % der zuletzt bezogenen Vergütung). Es ist allerdings noch nicht abschließend geklärt, ob beim Geschäftsführer auch die Vereinbarung eines Wettbewerbsverbots ohne Karenzentschädigung möglich ist. Dies hat der Bundesgerichtshof überraschend in einem Urteil – allerdings ohne ausführliche Begründung – bejaht.

4.2.14 Zu § 15: Erfindungen/Rechte an Software

Eine Regelung zu Rechten an Erfindungen bzw. Software im Anstellungsvertrag bietet sich dann an, wenn der Geschäftsführer selbst daran beteiligt ist, derartige Immaterialgüterrechte zu schaffen. Hier empfiehlt sich eine Verweisung auf das Recht des Arbeitnehmers, das sonst so ohne weiteres für den Geschäftsführer nicht zur Anwendung kommt.

4.2.15 Zu den §§ 16 und 17: Kündigung

Auf die Regelungen zur Beendigung des Anstellungsvertrages sollten Sie besondere Sorgfalt legen. Es muss von beiden Parteien geprüft werden, ob der Anstellungsvertrag auf unbestimmte Zeit oder befristet geschlossen werden soll. Der Gesellschaft kann eine **Befristung** sehr teuer zu stehen kommen; will sie sich nämlich von ihrem Geschäftsführer vor Ablauf der Befristung trennen, wird dieser auf seinen Vergütungsanspruch bis zum letzten Tag der vereinbarten Laufzeit pochen und ein vorzeitiges Auslaufen der Vergütungszahlung nur gegen Abfindung akzeptieren. Für den Geschäftsführer hingegen ist die Vereinbarung einer möglichst langen Befristung – gerade um eine Abfindung im Fall des vorzeitigen Ausscheidens zu erreichen – häufig vorteilhaft. Da für den Geschäftsführer zudem kein Kündigungsschutz besteht und er jederzeit von der Gesellschaft ohne Angabe von Gründen gekündigt werden könnte, schützt ihn eine Befristung oder zumindest eine lange Kündigungsfrist.

Ist das Dienstverhältnis auf unbestimmte **Dauer** geschlossen, empfiehlt sich eine vertragliche Regelung der Kündigungsfrist, wobei in der Praxis meist längere Fristen als beim Arbeitnehmer – die Grundkündigungsfrist beträgt dort vier Wochen – vereinbart werden.

Endet das Anstellungsverhältnis, so sollte die Gesellschaft darauf achten, dass der Geschäftsführer sämtliche ihm überlassene Unterlagen, Schlüssel und sonstige Gegenstände – wie den Dienstwagen oder das Mobiltelefon – **ohne Zurückbehaltungsrecht** herausgeben muss.

Bitte bedenken Sie, dass die Organstellung von dem Dienstverhältnis zu trennen ist. Beide Rechtsverhältnisse müssen wirksam beendet werden. Eine Kündigung des Dienstvertrags bedeutet nicht automatisch auch eine Beendigung der Organstellung und umgekehrt. Die Organstellung endet durch Abberufung Ihrer Person vom Amt des Geschäftsführers oder durch Niederlegung Ihrerseits (siehe auch Teil 2, Kapitel 1).

5 Haftungsrisiken in der Gründungsphase

5.1 Wie haftet der Geschäftsführer bei der Gründung?

Als Geschäftsführer sind Sie zwar berechtigt, mit der GmbH in Gründung bereits die Geschäfte aufzunehmen, wenn die Gesellschafter Sie hierzu beauftragt haben. Sie müssen sich jedoch vergegenwärtigen, dass Sie in der Gründungsphase, d.h. bis zur Eintragung der Gesellschaft im Handelsregister, besonderen persönlichen Haftungsrisiken ausgesetzt sind. Das GmbH-Gesetz statuiert in § 11 Abs. 2 GmbHG die sogenannte **Handelndenhaftung**. Diese besagt, dass alle Personen, die für die Gesellschaft schon vor Handelsregistereintragung handeln, den Gläubigern gegenüber persönlich und solidarisch haften. Der Bundesgerichtshof beschränkt allerdings den Kreis der Handelnden auf die Geschäftsführer bzw. auf solche Personen, die wie Geschäftsführer auftreten. Für den GmbH-Geschäftsführer bedeutet dies: Schließt er Verträge ab bzw. geht er Verbindlichkeiten für die neu gegründete Gesellschaft ein, läuft er Gefahr, persönlich in Anspruch genommen zu werden. Dies ist jedenfalls dann der Fall, wenn das Gesellschaftsvermögen zur Begleichung der Schulden, die in der Gründungsphase entstanden sind, nicht ausreicht. Diese Haftung bezieht sich auf alle rechtsgeschäftlichen, d.h. auf Vertrag beruhenden Verbindlichkeiten. Betroffen sind z.B.:

- Verbindlichkeiten gegenüber einem Vermieter, von dem Geschäftsräume angemietet worden sind
- Ansprüche der Arbeitnehmer auf Gehalt
- Ansprüche auf Zahlung von Kaufpreis und Werklohn für abgeschlossene Verträge usw.

Beispiel: Vertragspartner kurz vor der Insolvenz !

Robert Walther gründet die Ratgeber-Unternehmensberatungs-GmbH. Er hat sich hierzu entschlossen, weil ihm ein großer Auftrag im Bereich Personal bzw. Organisation zugesagt worden ist. Ein großer Betrieb mit 3.000 Mitarbeitern hat ihn beauftragt, ein elektronisches Orga-Handbuch (Organisations-Handbuch) zu installieren. Der Auftraggeber verspricht sich davon eine Verbesserung seiner innerbetrieblichen Prozesse. Robert Walther gründet daher vor einem Notar eine Einmann-GmbH mit einem Mindeststammkapital von 25.000 EUR. Nachdem ihm der Notar die Urkunde zugesandt hat, begibt er sich zu seiner Bank, eröffnet auf die GmbH in Gründung ein Konto und zahlt sogleich die 25.000 EUR ein.

Die GmbH i.G. erhält – wie geplant – den Auftrag für die Erstellung des elektronischen Orga-Handbuchs. Da der Auftrag sehr umfangreich ist, etwa 100 Beratertage umfasst, stellt Robert Walther für die Gesellschaft drei freie Mitarbeiter ein, die er auf das Projekt ansetzt. Einige Wochen später stellt die GmbH die erste Rechnung über 30.000 EUR aus. Bereits diese Rechnung wird bei Fälligkeit nicht bezahlt, worüber Robert Walther sich etwas wundert. Er arbeitet jedoch mit seinen freien Mitarbeitern weiter an dem Projekt, da er fest davon überzeugt ist, dass das große Unternehmen zahlen wird.
Als er wieder einige Wochen später seine zweite Rechnung – nochmals über 30.000 EUR – legt, ist die erste Rechnung noch immer unbezahlt. Schließlich stellt sich heraus, dass sein Vertragspartner kurz vor der Insolvenz ist und in den nächsten Tagen einen Insolvenzantrag stellen wird. Robert Walther muss daher um seine eigene Existenz bangen. Mit einem kurzfristigen Ausgleich seiner Forderungen ist nicht zu rechnen. In einem späteren Insolvenzverfahren wird er allenfalls einen Teil seiner Forderung erhalten.
Seine drei freien Mitarbeiter beeindruckt dies wenig. Sie pochen auf Zahlung ihrer Honorare und Gleiches trifft auf den Vermieter sowie die Lieferanten, bei denen er bereits Büromöbel bestellt und auch erhalten hat, zu. Seine 25.000 EUR Stammkapital sind bereits aufgebraucht. Robert Walther verspürt wenig Lust, von seinem Privatvermögen noch zusätzliches Geld in die GmbH i.G. hineinzuschießen, vielmehr stellt er für die GmbH i.G. Insolvenzantrag.

Eine GmbH in Gründung kann bereits in die Insolvenz fallen. Allerdings greift jetzt die Handelndenhaftung, d.h. Robert Walther als Geschäftsführer haftet unbeschränkt persönlich für die von ihm vertraglich begründeten Verbindlichkeiten. Nun muss er also doch mit seinem Privatvermögen einstehen. Hätte er mit der Geschäftsaufnahme gewartet bis die GmbH im Handelsregister eingetragen ist, wäre eine persönliche Haftung mit seinem Privatvermögen nicht entstanden. Je nach Bearbeitungsdauer des Handelsregisters kann sich die Eintragung mehrere Monate hinziehen oder binnen weniger Tage erfolgen. Robert Walther ist hier darauf angewiesen, möglichst schnell eine GmbH als Vertragspartnerin zur Verfügung zu haben, da ansonsten die Gefahr besteht, dass der Auftrag anderweitig vergeben wird. Dass er – wegen des Zahlungsausfalls – besser daran getan hätte, den Auftrag nicht anzunehmen, war für Robert Walther nicht absehbar.

Die **Handelndenhaftung erlischt** mit der Handelsregistereintragung. Dies gilt auch für Verbindlichkeiten, bei denen der Gläubiger bereits versucht hat, den Geschäftsführer aus der Handelndenhaftung in Anspruch zu nehmen. Ist die Gesellschaft eingetragen, so hat der Gläubiger seine gewünschte Schuldnerin, nämlich die GmbH. Für eine zusätzliche Haftung des Geschäftsführers ist daher kein Raum mehr. Zu beachten ist jedoch die Unterbilanzhaftung der Gesellschafter (siehe dazu den folgenden Abschnitt).

5.2 Wie haften die Gesellschafter bei der Gründung?

Auch die Gesellschafter sind in der Gründungsphase zusätzlichen Haftungsrisiken ausgesetzt. Da das Handelsregister die Gesellschaft noch nicht eingetragen und auch die Gründungsunterlagen noch nicht abschließend geprüft hat, ist es sachgerecht, die Gründer in der Gründungsphase haften zu lassen. Denn schließlich gestattet man ihnen, dass sie bereits mit einem Unternehmen am Markt auftreten, obwohl dieses noch nicht »registriert« ist. Erstaunlich ist allerdings, dass im Gesetz die persönliche Haftung der GmbH-Gesellschafter in der Gründungsphase nicht geregelt ist. Der historische Gesetzgeber ging davon aus, dass die GmbH vor ihrer Eintragung nicht mit Verbindlichkeiten belastet werden durfte. Die heute aktuelle Rechtsprechung lässt jedoch zu, dass die GmbH in Gründung bereits Geschäfte aufnimmt und damit auch Vorbelastungen eingeht. Als Ausgleich hierfür hat der Bundesgerichtshof eine unbeschränkte Haftung der Gründer im Verhältnis zu ihrer GmbH festgelegt. Das bedeutet, dass die Gründer für sämtliche Verluste der GmbH einstehen (sogenannte **Verlustdeckungshaftung**). Es handelt sich um einen Anspruch der GmbH, den gegebenenfalls im Falle der Insolvenz der Insolvenzverwalter durchsetzt.

Wenn mehrere Personen eine GmbH gründen, bestimmt sich ihre Eintrittspflicht für die Verbindlichkeiten der Gesellschaft bzw. für die Abdeckung sämtlicher Verluste nach dem Verhältnis ihrer übernommenen Stammeinlagen.

Im Beispiel im obigen Abschnitt 3.1 haben Markus Bach und Cosima Meier eine GmbH mit einem Stammkapital von 25.000 EUR gegründet, von dem sie jeweils die Hälfte übernommen haben. Entsprechend hätten die beiden jeweils die Hälfte der Verluste abzudecken. Kann einer von ihnen allerdings den Verlust nicht tragen, muss der andere den Ausfall übernehmen. Im Extremfall kann daher ein Gründer für den vollen Verlust aufkommen.

Wird die GmbH im Handelsregister eingetragen, erlischt die Haftung der Gründer nicht ersatzlos, an ihre Stelle tritt vielmehr die sogenannte **Unterbilanzhaftung**. Diese besagt, dass die Gesellschafter im Verhältnis zur Gesellschaft für eine etwaige Differenz zwischen der Stammkapitalziffer, hier 25.000 EUR, und dem tatsächlich vorhandenen Reinvermögen einstehen müssen. Haben also Markus Bach und Cosima Meier ihre GmbH gegründet, die Geschäfte bereits aufgenommen und sind einige Verluste bis zur Handelsregistereintragung aufgelaufen, so haften beide für diese Differenz. Der Anspruch besteht seitens der Gesellschaft und nicht zugunsten einzelner Gläubiger. Beträgt also wie bei der Gesellschaft von Markus Bach und Cosima Meier das Stammkapital 25.000 EUR, ist am Tag der Eintragung aber nur noch ein Gesellschaftsvermögen von effektiv 20.000 EUR vorhanden, so haften die beiden in Höhe der Differenz, wobei jedoch der Gründungsaufwand (in jedem Fall die Notar- und Handelsregisterkosten) abzugsfähig sind.

6 Welche Formalien müssen Sie beachten?

6.1 Was müssen Sie vor dem Gang zum Notar beachten?

Die Gründung der GmbH geschieht vor dem Notar. Hier wird das so genannte Gründungsprotokoll beurkundet. Wichtigster Bestandteil bzw. Anlage zum Gründungsprotokoll ist der Gesellschaftsvertrag, also die Satzung der GmbH. Bevor der Weg zum Notar unternommen wird, sollten Sie sich über die wesentlichen Eckpunkte des Vorhabens im Klaren sein, insbesondere der **Inhalt der Satzung muss feststehen**. Hierbei kann der Notar Unterstützung leisten, indem er einen Formulierungsvorschlag für die Satzungsurkunde unterbreitet und mit den Gründern durchspricht.

Formulieren Sie die Satzung sorgfältig! Die Satzung ist Ihre Grundordnung, die Sie gut kennen sollten. Vor allem sollten Sie darauf achten, dass die Ihren Bedürfnissen entsprechenden Regelungen mit aufgenommen werden. Beim Abschluss des Vertrags herrscht in der Regel zwischen den Gründern noch Einvernehmen. Hier können Regelungen, z.B. zum Schutz des Minderheitsgesellschafters vereinbart werden, die sich später im Krisenfall als nützlich erweisen.

Auch sollte die **Finanzierung** des Vorhabens auf festen Füßen stehen, bevor der Notar aufgesucht wird. Denn durch die notarielle Beurkundung werden Kosten ausgelöst und das Finanzamt wird informiert, da der Notar verpflichtet ist, eine Abschrift zu übersenden. Die steuerrechtliche Anmeldung der Gesellschaft sowie eine Aufstellung der Eröffnungsbilanz sind dann unerlässlich. Ob der Stein daher tatsächlich ins Rollen gebracht wird, will gründlich überlegt sein. Steht der Entschluss jedoch fest, sollte die Gründung der GmbH wegen der bis zur Eintragung in das Handelsregister bestehenden Haftungsrisiken zügig betrieben werden.

Die Gründung beginnt mit der notariellen Beurkundung des Gründungsprotokolls und des Gesellschaftsvertrags. Im Gründungsprotokoll erklären die Gesellschafter, eine Gesellschaft mit beschränkter Haftung unter einer bestimmten Firma gründen zu wollen. Zur Verwendung der Musterprotokolle siehe Einleitung. Die Musterprotokolle finden Sie auch auf http://mybook.haufe.de.

6.2 Unter welchem Namen können Sie Ihre GmbH gründen?

Das Registergericht prüft die eingereichten Unterlagen, fordert die Gerichtskosten an und übersendet den Vorgang der Industrie- und Handelskammer zur Prüfung im Hinblick auf die beabsichtigte Firmierung. Die Firma, d.h. der Name Ihrer Gesellschaft, wird damit einer gesonderten Prüfung unterzogen, insbesondere muss sie sich von dem Namen bereits bestehender Unternehmen unterscheiden. (Hinweise zur Festlegung des Firmennamens im Gesellschaftsvertrag finden Sie in Teil 1, Kapitel 1.2.1, zur Firmierung der so genannten Unternehmergesellschaft (Mini-GmbH) in der Einleitung.)

Bevor der Gang zum Notar angetreten wird, sollten Sie prüfen, ob es bereits andere Unternehmen gibt, die unter gleicher oder ähnlicher Firmierung auftreten. Insbesondere Unternehmen, die den gleichen regionalen Markt bedienen, könnten sich gegen die Firmierung des neuen Unternehmens wehren, vor allem dann, wenn ggf. noch dieselbe Branche betroffen ist. Bedenken Sie, dass zahlreiche Wörter auch **markenrechtlich geschützt** sind. Dies betrifft insbesondere Fantasiebezeichnungen.

!

Beispiel: Gleiche oder ähnliche Firmierung

Horst Müller plant die Eröffnung eines Fitness-Centers unter der Bezeichnung Physioline-Fitness-GmbH. Es gibt jedoch bereits eine Physioline-GmbH, die sich mit Krankengymnastik und Physiotherapie beschäftigt. Diese GmbH dürfte etwas dagegen haben, wenn die neue GmbH ihren Firmenkern, d.h. die Bezeichnung Physioline, ihrerseits verwendet. Die frisch gegründete GmbH bzw. Horst Müller persönlich könnten von der Physioline-GmbH auf Unterlassung in Anspruch genommen werden. Hat Horst Müller bereits seine GmbH errichtet und zahlreiche Marketingmaßnahmen unter der Bezeichnung vorgenommen, wird er einen erheblichen finanziellen Schaden erleiden, wenn er sein Geschäft umbenennen muss.

Das Beispiel zeigt, dass es äußerst wichtig ist, die rechtliche Zulässigkeit des Namens vorher zu klären bzw. zu prüfen, inwieweit die beabsichtigte Firmierung in Rechte Dritter eingreifen könnte. Es gibt Institute, die gegen Entgelt markenrechtliche Prüfungen vornehmen. Von diesem Angebot sollte Gebrauch gemacht werden. Als erster Schritt kann es schon genügen, wenn das bundesweite Telefonbuch (>www.teleauskunft.de) auf identische Namen hin überprüft wird oder über die Internet-Suchmaschinen der beabsichtigte Name eingegeben wird. Auch sollte beim Patentamt das Markenregister überprüft werden (www.dpma.de, dort unter DPinfo). Jedenfalls dann, wenn im regionalen Markt bereits ein gleichnamiger Anbieter gegebenenfalls im gleichen Segment seine Leistungen vermarktet, sollte von der beabsichtigten Firmierung abgesehen werden.

6.3 Die Eintragung ins Handelsregister

Welche Unterlagen müssen beim Handelsregister eingereicht werden?

Beim Handelsregister einzureichen sind das Gründungsprotokoll einschließlich des Gesellschaftsvertrags sowie eine Gesellschafterliste. Bei Verwendung eines Musterprotokolls sind diese drei Dokumente in einem zusammengefasst (siehe Einleitung). Bei erheblichen Zweifeln, so lautet es im Gesetz, können die Register ferner Nachweise darüber verlangen, dass die Stammeinlagen tatsächlich einbezahlt worden sind. Ausreichend ist meist die Vorlage der entsprechenden Kontoauszüge.

Bei einer **Sachgründung** sind zusätzlich ein Sachgründungsbericht sowie Unterlagen einzureichen, aus denen sich der Wert der Sacheinlagen ergibt. Die Gründer müssen nachvollziehbar darlegen, wie sie die Bewertung der jeweiligen Sacheinlage vorgenommen haben. Auch die Verträge, mit denen die Sacheinlage in das Gesellschaftsvermögen eingebracht wird, z.B. die notariell beglaubigte Urkunde über die Einbringung eines Grundstücks in das Betriebsvermögen, sind vorzulegen. Wird eine staatliche Genehmigung benötigt, so muss diese vor der Eintragung der Gesellschaft im Handelsregister vorliegen. So muss beispielsweise bei Gründung einer Handwerks-GmbH zunächst die Handwerkskammer ihr Einverständnis erteilen, indem sie die entsprechende Handwerkskarte auf die GmbH in Gründung ausstellt bzw. die Eintragung in die Handwerksrolle vornimmt.

Wann benötigen Sie staatliche Genehmigungen?

Eine Reihe von Unternehmen darf ihre Tätigkeit erst dann ausüben, wenn entsprechende Genehmigungen bzw. Konzessionen vorliegen. Wichtigster Anwendungsbereich ist der Betrieb einer Handwerks-GmbH. Hier ist die Eintragung in die Handwerksrolle der zuständigen Handwerkskammer erforderlich, wenn ein **erlaubnispflichtiges Gewerbe** betrieben wird.

Beispiel: Eintragung in die Handwerksrolle !

Michael Stone und Paul Marble möchten gemeinsam einen Steinmetzbetrieb in der Rechtsform der GmbH betreiben. Hintergrund ist die Erteilung eines Großauftrags durch ein Museum, bei dem sie die historische Steinfassade restaurieren sollen. Michael ist Steinmetzmeister und hat somit die handwerksrechtlichen Voraussetzungen, einen Handwerksbetrieb zu führen. Die GmbH wird allerdings zunächst ohne weitere Prüfung im Handelsregister eingetragen. Das Handwerk darf die Gesellschaft erst ausüben, wenn eine Eintragung in die Handwerksrolle erfolgt ist. Sofern diese nicht herbeigeführt wird, muss das Handelsregister die Gesellschaft wieder löschen.

Erlaubnispflichtige Gewerbe sind beispielsweise jene des Dachdeckers, Maurers, Malers oder Bäckers. Keiner Erlaubnis bedürfen z.B. der Trocken- und Akustikbauer, Raumausstatter, der Gebäudereiniger oder der Estrich-, Fliesen- oder Parkettleger.

Weitere Beispiele für das Erfordernis einer Genehmigung sind etwa die Einrichtung eines Taxenbetriebs, für den eine Konzession nach dem Personenbeförderungsgesetz benötigt wird. Beim Betrieb einer Rechtsanwaltskanzlei, eines Steuerbüros oder einer Architekten-GmbH müssen die jeweils zuständigen Kammern, d.h. die Rechtsanwaltskammer, die Steuerberaterkammer oder die Architektenkammer zustimmen. Für die Vermittlung von Versicherungen ist grundsätzlich eine Erlaubnis nach § 34 d der GewO erforderlich.

Dürfen die Geschäfte bereits vor der Handelsregistereintragung aufgenommen werden?

Der Geschäftsführer darf die Geschäfte schon vor der Eintragung der Gesellschaft im Handelsregister aufnehmen, sofern die Gesellschafterversammlung ihn hierzu ermächtigt hat. Mit der Errichtung der Gesellschaft durch den Gesellschaftsvertrag (Gründungssatzung) sowie der Beurkundung des Gesellschaftsvertrags entsteht eine GmbH in Gründung (GmbH i.G.), die bereits rechtsfähig ist und die Verträge abschließen kann. Die GmbH in Gründung hat daher bereits die Möglichkeit, Geschäftsräume anzumieten, Arbeitnehmer einzustellen, Waren zu kaufen und zu verkaufen usw.

Teil 2: Die Führung der GmbH — Aufgaben des Geschäftsführers

1 Der Beitrag der Geschäftsführung zum Unternehmenserfolg

1.1 Das Dienstverhältnis des Geschäftsführers

Das Geschäftsführer-**Dienstverhältnis** ist streng vom Organverhältnis zu trennen. Das Organverhältnis beinhaltet den gesellschaftsrechtlichen Status des Geschäftsführers. Aufgrund des **Organverhältnisses** hat der Geschäftsführer die gesellschaftsrechtlichen Rechte und Pflichten zu erfüllen, vor allem die Verpflichtungen, die Gesellschaft zu leiten, die Gesellschafterversammlung einzuberufen, im Bedarfsfall Insolvenzantrag zu stellen usw. Typischerweise erlangt der Geschäftsführer die organschaftliche Stellung durch Bestellung durch die Gesellschafterversammlung. Die Organstellung endet durch Abberufung des Geschäftsführers mittels eines entsprechenden Gesellschafterbeschlusses oder durch Niederlegung des Amtes des Geschäftsführers durch diesen selbst.

Neben dem Organverhältnis muss nicht zwingend ein **Dienstverhältnis** existieren, in der Praxis ist dies jedoch in der Regel der Fall. Das Dienstverhältnis regelt den persönlichen Status des Geschäftsführers. Dazu zählen Ansprüche auf Vergütung und Versorgung sowie seine dienstvertraglichen Pflichten, die sich mit den organschaftlichen Pflichten überwiegend decken können.

Beide **Rechtsverhältnisse**, d.h. das Dienst- und das Organverhältnis, sind gesondert hinsichtlich ihrer Begründung, Änderung und Beendigung zu betrachten. Das Dienstverhältnis kann gekündigt werden, ohne dass eine Abberufung und damit eine Beendigung der Organstellung erfolgen muss. Genauso kann eine Abberufung vorgenommen, auf eine Kündigung jedoch verzichtet oder diese vergessen werden.

Berücksichtigen Sie im Falle der Änderung oder Beendigung eines der beiden Rechtsverhältnisse (Organ- oder Anstellungsverhältnis) auch den Bestand des anderen Rechtsverhältnisses. Die Kündigung des Dienstvertrags bedeutet nicht gleichzeitig die Beendigung des Amts als Geschäftsführer, diese müssen Sie ggf. durch eine von der Kündigung zu trennende Amtsniederlegung erreichen. Legen Sie nur Ihr Amt nieder, läuft der Dienstvertrag grundsätzlich weiter. Die Haftungsrisiken hängen an der Organstellung, nicht am Dienstvertrag.

1.2 Welche Grundsätze sollte ein Geschäftsführer beachten?

Der Geschäftsführer hält die **Organisationshoheit** in seinen Händen. Das bedeutet, dass er den gesamten Geschäftsbetrieb, also alle betrieblichen Prozesse, möglichst am Unternehmensinteresse auszurichten, aber auch Gefahren für Dritte zu minimieren hat. Hierfür muss der Geschäftsführer alle Abteilungen des Betriebs im Einzelnen durchgehen und eine Bestandsaufnahme tätigen. Im Ergebnis sollte er Checklisten aufstellen, in denen die Risiken aufgezeigt und die jeweiligen Gegenmaßnahmen verfügt werden.

Die folgenden Checklisten betreffen den Abschluss und die Umsetzung von Verträgen sowie den Bereich Personal – Themen, die in fast allen Unternehmen vorkommen. Selbstverständlich sollten auch die anderen Unternehmensbereiche – wie etwa die Produktion – entsprechend durchleuchtet und Risiken sowie Gegenmaßnahmen festgestellt werden. Für die GmbH in der Krise finden Sie in Teil 2, Kapitel 5.1 eine gesonderte Checkliste, weil dieser Bereich besonders haftungsträchtig ist.

1.2.1 Checkliste: Vertrags- und Forderungsausfallrisiken minimieren

	ja	nein
Haben Sie die Eckdaten des Vertrags unter Berücksichtigung des Bedarfs festgelegt?		
Haben Sie die Wirtschaftlichkeit des angestrebten Vertrags geprüft?		
Haben Sie die Daten des Vertragspartners vollständig erfasst (Rechtsform, Anschrift, Vertretung, ggf. weitere Daten, z. B. Geburtsdatum, damit spätere Auskünfte erleichtert werden)?		
Ist die Kompetenz und Qualifikation des Vertragspartners geprüft worden?		
Ist der Vertragspartner insbesondere im Hinblick auf die Einhaltung vereinbarter Fristen zuverlässig?		
Sind Abhängigkeiten des Vertragspartners von Konkurrenten vorhanden?		
Ist die Geeignetheit und Qualität des Kaufgegenstandes geprüft worden? Ist z. B. beim Grundstückskauf geprüft worden, ob etwaige Belastungen, wie Vorkaufsrechte, Baulasten oder Altlasten (ggf. Bodengutachten einholen) bestehen?		
Wurden bei größeren Investitionen (Wert-) Gutachten eingeholt?		

	ja	nein
Ist der Vertragsgegenstand vor Vertragsschluss geprüft worden?		
Ist die Finanzierung für den Kaufgegenstand sichergestellt? ▪ Zahlungsziele des Verkäufers ▪ Kontokorrentkredit der Hausbank ▪ Leasing bzw. Miete des Gegenstandes als Alternative		
Ist bei Dauerschuldverhältnissen, wie Leasing-, Miet- oder Wartungsverträgen geprüft worden, ob die Laufzeit und das Entgelt unter Berücksichtigung des technischen Standards des Produkts tragbar ist?		
Sind Kündigungsmöglichkeiten auf Termin gelegt worden?		
Sollte bei der Vergabe eigener Aufträge ein Vergabeverfahren je nach Volumen des Vertrages installiert werden?		
Ist der Abschluss des Vertrages sichergestellt?		
Sind die für den Vertragsschluss erforderlichen korrespondierenden Willenserklärungen (Angebot/Bestellung und Auftragsbestätigung) dokumentiert?		
Wird bei Bedarf vom Institut des kaufmännischen Bestätigungsschreibens Gebrauch gemacht? (Dies bedeutet, dass nach Vertragsverhandlungen und einem mündlichen Vertragsschluss das Verhandlungsergebnis schriftlich fixiert und der Gegenseite mitgeteilt wird. Ein Schweigen auf das Bestätigungsschreiben kann als Zustimmung zum Inhalt des Bestätigungsschreibens zu werten sein.)		
Haben Sie die Vertretungsmacht des Verhandlungspartners geprüft? Ggf. durch Einsichtnahme ins Handelsregister/Vorlage von Vollmachten ▪ Vertretung durch Organ (Geschäftsführer/Vorstand) ▪ Vertretung durch Prokurist ▪ Vertretung durch (General-)Handlungsbevollmächtigten, ▪ sonstige Vollmachten, z. B. Generalvollmacht ▪ Prüfung ob Allein- oder Gesamtvertretung		
Gelten für das Vereinbarte gesetzliche Formvorschriften?		
Haben Sie die Bonität des Vertragspartners geprüft? ▪ z. B. Einschaltung einer Auskunftei (Creditreform, Bürgel, usw.) ▪ Einholung einer Auskunft aus dem Schuldnerverzeichnis ▪ Schufa-Auskünfte, Bankauskünfte ▪ sonstige Auskünfte, z. B. Auskunft des Vorvermieters bei Abschluss eines Mietvertrages, dass Mietverbindlichkeiten nicht bestehen		
Haben Sie darauf geachtet, dass Ihre Allgemeinen Geschäftsbedingungen (AGB) gelten oder haben Sie die AGB der Gegenseite geprüft, wenn diese einbezogen werden sollen? ▪ Besonderheiten hinsichtlich der Einbeziehung von AGB beachten ▪ auf unwirksame Klauseln achten ▪ Problem kollidierender AGB im Auge behalten		

	ja	nein
Gelten für den Vertragsschluss Besonderheiten, weil Verbraucher beteiligt sind? (z. B. Vorschriften für Haustürgeschäfte, Verbraucherkreditgeschäfte, Fernabsatzgeschäfte sowie Versicherungsgeschäfte)		
Haben Sie Vorsorge für den Fall von Forderungsausfallrisiken getroffen? ▪ z. B. Vereinbarung von Eigentumsvorbehalten (ggf. verlängerte oder erweiterte Eigentumsvorbehalte). ▪ ggf. Stellung einer Bankbürgschaft		
Arbeiten Sie mit Forderungsausfall- bzw. Warenkreditversicherungen sowie mit Akkreditiven im internationalen Geschäft?		
Vereinbaren Sie bei Bedarf Sicherungsübereignungen (wichtige Dokumente stets bis zur vollständigen Bezahlung zurückbehalten, wie z. B. Kfz-Brief)?		
Vereinbaren Sie, wenn nötig, Sicherungsabtretungen (= Forderungszession)?		
Verlangen Sie – sofern durchsetzbar – die Stellung einer Kaution, bzw. Vereinbarung eines Sicherheitseinbehalts von der Gegenseite, um z. B. Gewährleistungsrisiken abzudecken.		
Haben Sie sichergestellt, dass Sie Ihre eigene Leistung ordnungsgemäß erfüllen können? ▪ Sicherstellung einer entsprechenden Organisation ▪ Verwaltung der einzuhaltenden Termine, Zeitmanagement ▪ von vornherein Vereinbarung von ausreichenden Terminen ▪ Eintreten in Nachverhandlungen, sobald absehbar ist, dass Termine nicht eingehalten werden können ▪ Vereinbarung eines Selbstbelieferungsvorbehalts ▪ Vereinbarung eines Rücktrittsrechts, ggf. gegen Erstattung entstandener Aufwendungen		
Haben Sie für eine optimale Qualitätssicherung gesorgt, damit Gewährleistungsrisiken minimiert werden können?		
Haben Sie die Warenendkontrolle effektiv organisiert?		
Haben Sie sichergestellt, dass Produktrückrufe jederzeit erfolgen können?		
Ist die ordnungsgemäße Erfüllung der Leistung des Vertragspartners sichergestellt?		
Haben Sie die zur Verfügung gestellte Leistung – sei es ein Werk-, Dienste oder eine Ware – durch geschultes Personal geprüft?		
Werden die Gewährleistungsansprüche durch unverzügliche Untersuchung der Ware und Anzeige etwaiger Mängel beim Lieferanten gesichert?		
Ist sichergestellt, dass bei Vertragsverstößen des Vertragspartners alle vertraglich vereinbarten bzw. gesetzlich bestehenden Rechtsbehelfe ausgeschöpft werden?		

	ja	nein
Vereinbaren Sie Vertragsstrafen und nutzen Sie diese aus?		
Vereinbaren Sie dort, wo Sie auf die termingerechte Erfüllung angewiesen sind, Fixklauseln? Beachten Sie aber, dass zwar sofort Schadensersatz verlangt werden kann, jedoch Erfüllung des Vertrages ausgeschlossen ist.		
Treffen Sie mit ihren Lieferanten Qualitätssicherungsvereinbarungen?		
Haben Sie das Forderungsmanagement bzw. Mahnwesen und die Forderungsbeitreibung effektiv organisiert?		
Wird die Debitorenbuchhaltung gut geführt?		
Wird die Offene-Posten-Liste turnusmäßig geprüft?		
Wird der Forderungseingang überwacht? ▪ Standardisierung von Mahnungen ▪ mindestens zwei Mahnungen ▪ ggf. dritte Mahnung mit Sicherung des Zugangs, damit Anspruch auf Verzugszinsen gewährleistet ist ▪ bei wichtigen Kunden ggf. Spezialbehandlung durch individuell formulierte Schreiben ▪ ggf. telefonische Mahnungen bzw. Nachfragen veranlassen		
Werden die offenen Forderungen ggf. gerichtlich geltend gemacht? ▪ Abgabe an Fachabteilung bzw. eingeschaltetes Inkassobüro bzw. Rechtsanwalt wegen der Einleitung des gerichtlichen Mahnverfahrens ▪ Festlegung einer Bagatellgrenze ▪ vorab bei größeren Forderungen Bonitätsauskünfte einholen, um Kostenrisiken zu minimieren ▪ vor Einleitung von gerichtlichen Mahnverfahren prüfen, ob Gegenforderungen bestehen, die eine gerichtliche Durchsetzung wirtschaftlich riskant oder unsinnig werden lassen		
Haben Sie bei der prozessualen Geltendmachung darauf geachtet, dass der Anspruch exakt beziffert und begründet wird? ▪ Begründung des Anspruchs vorbereiten, durch Zusammenstellung der Vertragsunterlagen ▪ der Nachweis des Vertragsschlusses muss geführt werden können ▪ der Nachweis der Erbringung der eigenen Leistung muss ebenso geführt werden können ▪ auf Fälligkeit des Anspruchs achten ▪ Beweise zum Beginn des Verzugs sichern		
Prüfen Sie nach Widerspruch gegen den Mahn- bzw. Vollstreckungsbescheid nochmals die Erfolgsaussichten und die Zahlungsfähigkeit des Gegners, um zu entscheiden, ob weitere Gerichtskosten eingezahlt und das Verfahren fortgesetzt oder der Vorgang beendet werden soll.		

	ja	nein
Haben Sie entschieden, wem die Prozessführung obliegt? Einschaltung einer Anwaltskanzlei Anwaltszwang bei Zuständigkeit des Landgerichts (ab 5.000 EUR Streitwert)		
Haben Sie nach Abschluss einer Instanz im Falle einer (teilweisen) Niederlage geprüft, ob Berufung eingelegt werden kann und soll?		
Prüfen Sie bei Prozessen, die zu einem klageabweisenden Urteil führten, ob die Prozesserfahrung in den betrieblichen Ablauf umgesetzt werden kann, indem durch Veränderungen zukünftig derartige Niederlagen vermieden werden können, z. B. durch Änderung der AGB.		

1.2.2 Checkliste: Arbeitsrechtliche Risiken vermeiden

	ja	nein
Haben Sie sich bei Dienstantritt einen Überblick über die personelle Situation verschafft?		
Haben Sie alle Arbeitsverträge erfasst?		
Verwalten Sie die Verträge/Personalakten ordnungsgemäß? ▪ Anlage von Personalakten ▪ auf Vollständigkeit der Unterlagen achten ▪ Einsichtsrechte der Arbeitnehmer wahren und Verfahren hierfür anordnen		
Haben Sie im Blick, welche Betriebsvereinbarungen gelten? (Kündigungsmöglichkeiten prüfen)		
Gelten für Ihr Unternehmen Tarifverträge? (Tarifgebundenheit/Allgemeinverbindlichkeitserklärung)		
Ist eine Urlaubsplanung installiert? (Überwachung der Urlaubsansprüche der Arbeitnehmer)		
Ist sichergestellt, dass die Arbeitnehmer die vertraglich vereinbarte Arbeitszeit erfüllen?		
Haben Sie überprüft, ob vereinbarte Arbeitszeiten im Unternehmensinteresse liegen? ▪ ggf. Einführung flexibler Arbeitszeiten (Zeitkonten) ▪ Engpässe an Arbeitsplätzen bei Ableistung der Arbeitszeit vermeiden ▪ Leerläufe hinsichtlich einzelner Arbeitnehmer vermeiden.		
Haben Sie den Ausbildungsstand aller Arbeitnehmer erfasst?		

	ja	nein
Haben Sie ermittelt, ob Abhängigkeiten von einzelnen Arbeitnehmern (Schlüsselarbeitnehmer) bestehen?		
Haben Sie Vertretungsregelungen installiert? ▪ Aufbau von mehreren gleichqualifizierten Arbeitnehmern oder ▪ Sicherstellung externen Sachverstands im Vertretungsfall		
Erhalten die Arbeitnehmer erfolgsabhängige Vergütungsbestandteile? (Zielvereinbarungen/ Gewinntantiemen)		
Haben Sie einen Überblick über die Krankenstände, insgesamt und bezogen auf einzelne Mitarbeiter bzw. Abteilungen?		
Prüfen Sie, ob der einzelne Mitarbeiter effektiv arbeitet? (Analyse der Tätigkeit einzelner Mitarbeiter)		
Existieren in Ihrem Betrieb Stellenbeschreibungen? (Anforderungen an die Stelle und Erfüllung der Anforderungen durch die/den jeweiligen Mitarbeiter/in, Über-/Unterforderung)		
Ermitteln Sie Fehlerquoten einzelner Mitarbeiter bzw. Abteilungen (häufig wiederkehrende Versäumnisse)		
Haben Sie den Personalbedarf ermittelt? (Personalüberhang oder Personalengpässe)		
Ist sichergestellt, dass Gehaltsabtretungen bzw. Gehaltspfändungen unter Wahrung der Pfändungsfreigrenzen beachtet werden?		
Wird geprüft, inwieweit die Kunden mit dem Service bezüglich einzelner Mitarbeiter/Abteilungen zufrieden sind?		
Wird ermittelt, ob die Arbeitnehmer zufrieden bzw. motiviert sind? (anonymisierte Befragungen, Kummerkasten, Fluktuationsquote)		
Werden neue Mitarbeiter nach anerkannten Grundsätzen ausgewählt? ▪ Auswahlverfahren/Bewerberauslese ▪ Assessment-Center ▪ Einstellungstest		

1.2.3 Weitere Aufgaben des Geschäftsführers neben der Leitung der Gesellschaft

Die Leitungsaufgabe ist die Kernaufgabe des Geschäftsführers. Daneben hat er dennoch eine Reihe weiterer Pflichten, insbesondere aus dem Gesellschaftsrecht und aus dem Bereich der Rechnungslegung. Zu nennen sind hier:

- Pflichten gegenüber dem Handelsregister, nämlich die notwendigen Anmeldungen beim Registergericht (= zuständiges Amtsgericht am Sitz der Gesellschaft) vorzunehmen.
- Funktionen im Rahmen der gesellschaftsrechtlichen Organisation. So ist der Geschäftsführer dafür zuständig, die Gesellschafterversammlung einzuberufen und zu organisieren.
- Schließlich ist der Geschäftsführer für die Buchhaltung der Gesellschaft verantwortlich (§ 41 GmbHG).
- Der Geschäftsführer ist für weitere Aufgaben im Bereich der Rechnungslegung verantwortlich. Dies betrifft insbesondere die Aufstellung des Jahresabschlusses, der sich aus der Bilanz, der Gewinn- und Verlustrechnung und dem Anhang zusammensetzt.

1.3 Pflichten des Geschäftsführers gegenüber dem Handelsregister

Jede Gesellschaft mit beschränkter Haftung ist im Handelsregister einzutragen. In das Handelsregister kann jedermann Einsicht nehmen. Nicht alle Fakten, die die GmbH betreffen, werden auch tatsächlich im Handelsregister eingetragen. Eingetragen werden bei der GmbH vielmehr die Firma, der Unternehmensgegenstand, die Geschäftsführer und Prokuristen sowie unter anderem Satzungsänderungen.

Der Geschäftsführer ist dafür verantwortlich, die notwendigen Anmeldungen zum Handelsregister vorzunehmen. Die Anmeldungen werden durch die Geschäftsführer in vertretungsberechtigter Zahl vorgenommen. Lediglich bei der Anmeldung der Gesellschaft zur Eintragung im Handelsregister, einer Kapitalerhöhung und Kapitalherabsetzung müssen sämtliche Geschäftsführer mitwirken.

Die Anmeldung zum Handelsregister bedarf der öffentlich-beglaubigten Form, d. h. der Gang zum Notar zwecks Beglaubigung der Unterschrift ist unerlässlich.

Deklaratorische und konstitutive Tatsachen

Wir unterscheiden deklaratorische und konstitutive Tatsachen. Bei den deklaratorischen Tatsachen ist die Rechtsänderung bereits in der Außenwelt geschehen. Bei konstitutiven Tatsachen tritt die Rechtsänderung erst durch die Handelsregistereintragung ein. Eine Satzungsänderung, d. h. eine Änderung des Gesellschaftsvertrags beispielsweise wird erst mit Eintragung im Handelsregister wirksam. Dies betrifft etwa auch eine Kapitalerhöhung, für die die Satzung zwingend geändert werden muss, denn im Gesellschaftsvertrag ist der Betrag des Stammkapitals anzugeben. Die Kapitalerhöhung wird also erst mit Eintragung im Handelsregister wirksam. Gleiches gilt für die Gründung der GmbH selbst: Die GmbH als juristische Person entsteht erst mit der Handelsregistereintragung.

Sämtliche konstitutiven Tatsachen unterliegen nicht der öffentlichen Anmeldepflicht. Das Register gibt die gegenwärtige rechtliche und tatsächliche Situation wieder und ist demnach nicht falsch, da die Rechtsänderung erst durch die Eintragung selbst eintritt. Insofern darf das Gericht auch nicht mit Zwangsgeld gegen den Geschäftsführer darauf hinwirken, dass dieser die notwendigen Anmeldungen vornimmt. Wird beispielsweise eine GmbH, die vor dem Notar gegründet ist, nicht beim Handelsregister angemeldet, so interessiert sich hierfür das Handelsregister grundsätzlich nicht. Der Geschäftsführer selbst hat wegen seiner Handelndenhaftung ein Interesse daran, die Gesellschaft möglichst schnell zum Handelsregister anzumelden, damit diese Haftung erlischt.

Anders ist die Situation bei den sogenannten deklaratorischen Tatsachen, bei denen also die Rechtsänderung bereits stattgefunden hat und das Register, solange die bereits eingetretene Rechtsänderung noch nicht eingetragen ist, insofern unrichtig ist. Hat beispielsweise die Gesellschafterversammlung einen weiteren Geschäftsführer bestellt, so ist diese Maßnahme in dem Moment wirksam, in dem der neue Geschäftsführer die Bestellung annimmt. Er kann sofort als Geschäftsführer schalten und walten, ohne dass es darauf ankommt, ob er schon im Handelsregister als solcher verzeichnet ist. Hier ist das Registergericht daran interessiert, dass das Handelsregister berichtigt wird.

Wird die notwendige Anmeldung nicht vorgenommen, muss das Handelsregister mit **Zwangsgeld** auf die notwendige Anmeldung, d.h. auf eine Berichtigung des Handelsregisters hinwirken. Das Zwangsgeld wird gegenüber dem Geschäftsführer selbst verhängt.

Weitere deklaratorische Tatsachen sind:

- die Errichtung und die Aufhebung von Zweigniederlassungen
- die Erteilung und der Widerruf von Prokura
- Änderungen in der Person des Geschäftsführers oder in seiner Vertretungsbefugnis
- die Abberufung von Geschäftsführern
- die Auflösung der Gesellschaft durch Beschluss der Gesellschafter
- die Bestellung von Liquidatoren durch die Gesellschafterversammlung

2 Die Zusammenarbeit mit den Gesellschaftern

2.1 Wie muss der Geschäftsführer die Gesellschafterversammlung einberufen?

Insbesondere bei kleineren Gesellschaften findet häufig nur einmal jährlich eine Gesellschafterversammlung statt. Diese ordentliche Gesellschafterversammlung wird in der Regel dann einberufen, wenn der Geschäftsführer den Jahresabschluss aufgestellt hat. Auf dieser Gesellschafterversammlung stellt die Gesellschafterversammlung den Jahresabschluss fest, sie beschließt über die Verwendung des Jahresergebnisses und erteilt in der Regel dem Geschäftsführer Entlastung für seine Geschäftsführertätigkeit im abgelaufenen Geschäftsjahr.

Der Geschäftsführer beruft die Gesellschafterversammlung ein, wobei er eine Tagesordnung beifügt. Dabei hat er die Frist nach dem GmbHG bzw. gegebenenfalls abweichende und damit vorrangige Fristen aus dem Gesellschaftsvertrag zu beachten. Nach § 51 GmbHG erfolgt die Einladung der Gesellschafter zur Gesellschafterversammlung mittels eingeschriebener Briefe. Hierbei ist mindestens eine Frist von einer Woche einzuhalten. Leider sagt das Gesetz nicht, wann diese Frist beginnt. Es wird vertreten, dass diese Frist dann beginnt, wenn mit dem Zugang der Einschreibebriefe bei den Gesellschaftern zu rechnen ist. Hierbei ist im Inland von einer Postlaufzeit von höchstens zwei Tagen auszugehen. Die Frist zur Ladung zur Gesellschafterversammlung beginnt also mit der Aufgabe des eingeschriebenen Briefs zur Post zuzüglich der üblicherweise zu erwartenden Postlaufzeit von zwei Tagen, während es auf den eigentlichen Zugang des Briefs nicht ankommt. Die Tagesordnung muss ebenfalls mit eingeschriebenem Brief und unter den gleichen Formalien wie die Einladung versandt werden. Üblich ist es, dass die Tagesordnung sogleich der Einladung beigefügt wird. Das Gesetz sieht hier eine Drei-Tages-Frist vor, d. h. die Tagesordnung muss mindestens drei Tage vor der Versammlung angekündigt worden sein.

In der Praxis leitet häufig der Geschäftsführer selbst die Gesellschafterversammlung, das Recht hierzu hat er jedoch nicht. Vielmehr entscheiden die Gesellschafter, wer die **Versammlungsleitung** übernimmt bzw. kann die Satzung hierzu Regelungen enthalten. Der Geschäftsführer, der gleichzeitig nicht auch Gesellschafter ist, hat noch nicht einmal das Recht, auf der Gesellschafterversammlung anwesend zu sein. Möchten die Gesellschafter beispielsweise gerade die Geschäftsführung des Geschäftsführers kritisch diskutieren, kann es sinnvoll sein, den Geschäftsführer von der Teilnahme an der Gesellschafterversammlung auszuschließen. In der Praxis wird hingegen der Geschäftsführer präsent sein, gerade um die Fragen der Gesellschafter zu einzelnen Positionen des Jahresabschlusses oder zu der aktuellen Situation der Gesellschaft zu beantworten.

2.2 Kann die Gesellschafterversammlung dem Geschäftsführer Weisungen erteilen?

Die Gesellschafterversammlung ist das oberste **Willensbildungsorgan** der GmbH. Sie ist dem Geschäftsführer übergeordnet. Sie bestellt ihn, beruft ihn ab, kontrolliert ihn und darf ihm auch in jeder Hinsicht Weisungen erteilen. Die Gesellschafterversammlung entscheidet, ob sie dem Geschäftsführer eigenverantwortliche Handlungsspielräume eröffnet oder ob sie ihm selbst bis ins Tagesgeschäft hinein Direktiven erteilt. Der Geschäftsführer ist verpflichtet, den **Weisungen der Gesellschafter** Folge zu leisten.

Führt der Geschäftsführer eine Weisung nicht aus, macht er sich sogar gegenüber der Gesellschaft schadensersatzpflichtig. Gleichzeitig stellt dies einen Grund dar, den Geschäftsführer mit sofortiger Wirkung von seinem Amt als Geschäftsführer abzuberufen. Lediglich Weisungen, die **rechtswidrig** sind, muss und darf der Geschäftsführer nicht umsetzen. Dazu gehören Weisungen, die gegen steuerrechtliche oder sozialversicherungsrechtliche Vorschriften verstoßen, z.B. die Weisung, die Umsatzsteuer nicht zu zahlen, weil die Gesellschafter mit dem Geld andere Pläne haben oder die Weisung, Mitarbeiter entgegen den gesetzlichen Vorschriften als Scheinselbstständige, d.h. außerhalb des Sozialversicherungsrechts, zu beschäftigen.

! **Beispiel: Rechtswidrige Weisung**

Erteilt die Gesellschafterversammlung dem Geschäftsführer die Weisung, er möge die neue Sekretärin als freie Mitarbeiterin – zwecks Einsparung von Lohnnebenkosten – beschäftigen, so ist diese Weisung für den Geschäftsführer nicht bindend, weil es sich bei der Sekretärin zweifelsfrei um eine Arbeitnehmerin und nicht um eine selbstständige freie Mitarbeiterin handelt.

Ebenfalls sind Weisungen nicht maßgeblich, die gegen zwingendes Insolvenzrecht verstoßen. Ist die Gesellschaft beispielsweise insolvenzreif, muss der Geschäftsführer unverzüglich Insolvenzantrag stellen. Einer entgegenstehenden Weisung der Gesellschafterversammlung ist unbeachtlich.

Auch Weisungen, die gegen die Grundsätze der Kapitalerhaltung verstoßen, sind unbeachtlich. Erteilt beispielsweise die Gesellschafterversammlung dem Geschäftsführer die Weisung, er möge 10.000 EUR an den Gesellschafter Müller ausbezahlen, ist diese Auszahlung jedoch unzulässig, weil freies Kapital hierfür nicht zur Verfügung steht. In einem solchen Fall muss der Geschäftsführer die Ausführung der Weisung verweigern. Hält er sich an die Weisung, macht er sich sogar selbst gemäß § 43 Abs. 3 GmbHG schadensersatzpflichtig. Gerät also die Gesellschaft später in die Insolvenz, wird der Insolvenzverwalter, wenn er den Verstoß aufdeckt, den Geschäftsführer in die Haftung nehmen, sofern er sich nicht an den bzw. die Gesellschafter hält.

Soweit allerdings die Gesellschafterversammlung von ihrem Weisungsrecht in zulässiger Weise Gebrauch macht und der Geschäftsführer die Weisung ausführt, **entfällt seine persönliche Haftung** gegenüber der GmbH. Weist beispielsweise die Gesellschafterversammlung den Geschäftsführer an, ein Betriebsgrundstück unter Wert zu verkaufen, so ist der Geschäftsführer grundsätzlich verpflichtet, dieser Weisung Folge zu leisten. Gelangt dann später die Gesellschafterversammlung zu der Überzeugung, der Geschäftsführer sei zum Schadensersatz verpflichtet, weil er ein Betriebsgrundstück unter Wert verschleudert habe, so kann sie ihn deswegen nicht in die Haftung nehmen, da dieser auf Weisung gehandelt hat. Insbesondere bei wechselnden Mehrheiten auf der Gesellschafterversammlung ist die Gefahr nicht von der Hand zu weisen, dass Maßnahmen der Geschäftsführung nachträglich abweichend beurteilt werden.

Wenn sich der Geschäftsführer unsicher ist, ob er ein bestimmtes Geschäft vornehmen soll, insbesondere weil damit Haftungsrisiken verbunden sind, so sollte er auf eine Weisung der Gesellschafterversammlung pochen. Weist diese ihn an, das Geschäft in einer bestimmten Weise zu tätigen, so ist er von seiner persönlichen Verantwortlichkeit gegenüber der GmbH befreit.

2.3 Auskunfts- und Einsichtsrechte der Gesellschafter

Wir müssen zwischen der Gesellschafterversammlung und dem einzelnen Gesellschafter unterscheiden. Die Gesellschafterversammlung ist das oberste Willensorgan und damit das Machtzentrum der GmbH. Der einzelne Gesellschafter hingegen hat außerhalb der Gesellschafterversammlung weit weniger Rechte. Die Gesellschafterversammlung bestellt den Geschäftsführer und beruft ihn ab. Sie kontrolliert ihn, sie erteilt ihm Weisungen. Dieses Recht hat der einzelne Gesellschafter nicht.

Ein Minderheitsgesellschafter, d.h. derjenige, der nicht über die Mehrheit der Stimmen verfügt, kann häufig kaum seine Interessen durchsetzen. Zu beachten ist jedoch, dass jeder Gesellschafter ein umfassendes **Einsichts- und Auskunftsrecht** hat (§ 51a GmbHG). Der Geschäftsführer ist verpflichtet, den

Gesellschafter auf Wunsch ausführlich zu informieren und ihm Einblick in alle Geschäftsunterlagen zu gewähren. Verweigert der Geschäftsführer die notwendige Auskunft, so kann dies sogar einen Abberufungsgrund darstellen. Ist der Geschäftsführer allerdings im Zweifel, ob die begehrten Informationen nicht zum Schaden der Gesellschaft verwendet werden, darf der Geschäftsführer die Auskunft und die Einsicht verweigern, wobei er hierfür einen Beschluss der Gesellschafterversammlung herbeizuführen hat, der dieser Verweigerung zustimmt.

2.4 Darf der Geschäftsführer Zahlungen an die Gesellschafter vornehmen?

Bei der GmbH können sich die Gesellschafter grundsätzlich unter Wahrung der Gleichbehandlung aus dem Gesellschaftsvermögen bedienen. Beschließt die Gesellschafterversammlung eine **Entnahme**, dass beispielsweise alle Gesellschafter aus den Rücklagen eine Zahlung von 10.000 EUR erhalten, so ist dieser Beschluss wirksam und muss vom Geschäftsführer umgesetzt werden. Hier besteht ein fundamentaler Unterschied zur Aktiengesellschaft, bei der außerhalb der ordentlichen Gewinnverteilung keine Ausschüttungen an die Aktionäre statthaft sind.

Bei der GmbH ist der Abzug von finanziellen Mitteln jedoch erlaubt. Eine Grenze wird erst dann gezogen, wenn das **Stammkapital** betroffen ist. Demnach dürfen die Gesellschafter Gelder der Gesellschaft dann nicht abziehen, wenn dadurch das Vermögen unter die Stammkapitalziffer fällt.

! **Beispiel: Ermittlung des Reinvermögens**

Wenn eine Gesellschaft über ein Stammkapital von 25.000 EUR verfügt, dürfen die Gesellschafter nur dann Kapital entziehen, wenn danach mindestens ein Reinvermögen in Höhe von 25.000 EUR verbleibt. Dieses ermittelt man, indem man von den Vermögenswerten nach Bilanz, d.h. den Aktiva, die Schulden und die Rückstellungen abzieht. Existieren z.B. Aktiva in Höhe von 70.000 EUR und Schulden bzw. Rückstellungen in Höhe von 40.000 EUR, so beträgt das Reinvermögen 30.000 EUR (70.000 abzüglich 40.000). Bei einem Mindeststammkapital von 25.000 EUR dürfen somit Auszahlungen an die Gesellschafter bis zu 5.000 EUR erfolgen. Zu prüfen ist, inwieweit Steuern abzuführen sind, vorrangig sind Entnahmen aus den Gewinnrücklagen zu entnehmen, was die entsprechenden Abgeltungssteuern auslöst.

Der Gesetzgeber hat das **Auszahlungsverbot** in § 30 Abs. 1 GmbHG verankert. Danach darf das zur Erhaltung des Stammkapitals erforderliche Vermögen an die Gesellschafter nicht ausbezahlt werden. Erhält ein Gesellschafter dennoch eine entsprechende Zahlung, so ist er zur Rückzahlung verpflichtet. Die Mitgesellschafter müssen für einen etwaigen Ausfall des Gesellschafters, der die Zahlung erhielt, jedoch zur Rückzahlung außerstande ist, aufkommen.

Besonders bedeutsam ist, dass auch der **Geschäftsführer** im Falle einer verbotenen Auszahlung persönlich der Gesellschaft für die Rückzahlung **haftet**. Der Geschäftsführer ist Hüter des Kapitals. Er hat darauf zu achten, dass das Stammkapital zusammen gehalten wird. Lässt er Auszahlungen an die Gesellschafter zu, so muss er persönlich für die Rückzahlung einstehen.

Diese Haftung wird in der Regel erst bei Insolvenz der Gesellschaft relevant, wenn der Insolvenzverwalter Verstöße gegen die Kapitalerhaltung aufspürt und die Beteiligten zur Rückzahlung auffordert. Ist der Anspruch gegen den Gesellschafter, der die Zahlung empfangen hat, nicht durchsetzbar, wird sich der Insolvenzverwalter an den Geschäftsführer halten. Der Geschäftsführer ist also durchaus einem erheblichen Haftungsrisiko in dieser Beziehung ausgesetzt.

Das Auszahlungsverbot betrifft nicht nur unmittelbare Auszahlungen durch Entnahmen, sondern auch den **Entzug von Gesellschaftsvermögen mittels nachteiliger Geschäfte** durch Gesellschafter. Verschleudert der Geschäftsführer beispielsweise Waren der GmbH an einen Gesellschafter zu Dumpingpreisen oder kauft die Gesellschaft Waren umgekehrt von einem Gesellschafter zu überhöhten Preisen ein, so fließt jeweils Liquidität aus der Gesellschaft ab. Wird dadurch eine Unterbilanz verursacht oder vergrößert, findet durch das Geschäft insoweit eine verbotene Auszahlung statt. Hierfür wird auch der Begriff der **verdeckten Gewinnausschüttung** verwendet.

2.5 Was gilt bei Darlehen oder Nutzungsüberlassungen der Gesellschafter?

Komplett abgeschafft hat der GmbH-Gesetzgeber per 1.11.2008 das Recht der eigenkapitalersetzenden Leistungen. Keinesfalls bleiben jedoch Darlehen, die ein Gesellschafter seiner GmbH gewährt, ohne Konsequenzen. Vielmehr greifen nunmehr insolvenzrechtliche Regelungen: Danach ist der Insolvenzverwalter berechtigt, an den Gesellschafter zurückbezahlte Darlehen zur Masse zu verlangen, wenn die Rückzahlung innerhalb eines Jahres vor oder nach dem Insolvenzantrag erfolgte (§ 135 InsO). Hierbei kommt es nicht darauf an, ob das Darlehen zu einem Zeitpunkt abgezogen wurde, zu dem der Gesellschafter die Krise hätten erkennen können bzw. zu dem die Gesellschaft bereits kreditunwürdig war. Auch der Abzug in der Blüte ist mit der Konsequenz der **Rückforderung in der Insolvenz** behaftet, wenn es zu einem Insolvenzverfahren kommt.

! **Beispiel: Rückforderung**

Die Autohaus GmbH betreibt drei Autohäuser. Ihr Gesellschafter Kurt K hat ihr einen Kredit von 1.000.000 EUR gewährt, mit dem das Büro- und Geschäftshaus sowie das Ausstellungsgebäude errichtet wurden. Nunmehr verkauft die GmbH eines der drei Autohäuser ebenfalls für 1.000.000 EUR und zahlt daraufhin den Kredit an den Gesellschafter zurück. Ein halbes Jahr später werden die beiden restlichen Autohäuser verkauft. Aufgrund eines Fehlers bei der Abfassung der Verträge wird die Kaufpreiszahlung nicht gesichert, die Kaufpreisforderung fällt aus, die Gesellschaft kann das Geschäft nicht mehr vollständig rückgängig machen und gerät in die Insolvenz. Der Erwerber hat bereits sämtliche Liquidität und das Anlagevermögen beiseite geschafft. Der Insolvenzverwalter verlangt Rückzahlung des zurück gezahlten Kredits von 1.000.000 EUR in die Masse. Zu Recht, da die Rückführung ein Jahr vor Stellung des Insolvenzantrages erfolgte, auch wenn der Gesellschafter keinerlei Fehlverhalten bei der Rückzahlung des Darlehens begangen hat.

Die bisher von der Rechtsprechung entwickelte eigenkapitalersetzende **Nutzungsüberlassung** hat nicht mehr die einschneidenden nachteiligen Konsequenzen. Bisher war es so, dass der Gesellschafter, der beispielsweise seiner GmbH Grundstücke oder Geschäftsräume überlassen hat und die Mietverträge in der Krise nicht kündigte, Gefahr lief, dass er weiterhin auch nach Eröffnung des Insolvenzverfahrens die Nutzungen in der Masse belassen musste, ohne dass er hierfür eine Entschädigung bekam. Sein Anspruch wurde bisher nur als nachrangige Insolvenzforderung behandelt. Er bekam die Grundstücke nicht heraus, der Verwalter konnte sie weiter nutzen.

Inzwischen hat der Gesetzgeber in § 135 Abs. 3 geregelt, dass der Gesellschafter zwar für die Dauer von einem Jahr ab Eröffnung des Insolvenzverfahrens seinen Aussonderungsanspruch nicht geltend machen kann. Er kann also die Mietsache zunächst für ein Jahr nicht zurück fordern, wenn der Gegenstand für die Fortführung des Unternehmens von erheblicher Bedeutung ist, also der Insolvenzverwalter den Betrieb fortführt und hierfür auf die Mietsache angewiesen ist. Der Gesetzgeber hat jedoch geregelt, dass dem Gesellschafter ein **Ausgleich** für die **Nutzungsüberlassung** in dem Jahr nach Eröffnung zu zahlen ist, wobei der Durchschnitt der im letzten Jahr vor Verfahrenseröffnung geleisteten Nutzungsvergütung bzw. Miete in Ansatz zu bringen ist. Bisher ging die Rechtsprechung sehr weit. Hatte beispielsweise der Mietvertrag eine Restnutzungsdauer von zehn Jahren ermöglicht, musste im Extremfall der Gesellschafter die Nutzung noch für diesen Zeitraum in der Masse überlassen und konnte seinen Mietanspruch lediglich als Insolvenzforderung geltend machen. Dieses Szenario gibt es seit dem 1.11.2008 nicht mehr.

3 Der Jahresabschluss der GmbH

Der Geschäftsführer ist verantwortlich dafür, dass der Jahresabschluss der GmbH erstellt, geprüft und den Gesellschaftern zur Feststellung vorgelegt wird. Er ist dazu **verpflichtet**, den Jahresabschluss unverzüglich nach der Aufstellung den Gesellschaftern zur Feststellung vorzulegen (§ 42a GmbHG). Ist der Jahresabschluss durch einen Abschlussprüfer zu prüfen, haben die Geschäftsführer den Jahresabschluss prüfen zu lassen und den geprüften Jahresabschluss zusammen mit dem Lagebericht und dem Prüfungsbericht unverzüglich vorzulegen. Hat die GmbH einen Beirat/Aufsichtsrat, dann sind diese Unterlagen auch diesem Gremium vorzulegen.

Als Geschäftsführer sind Sie zur Aufstellung des GmbH-Jahresabschlusses verpflichtet. Der Jahresabschluss der kleinen GmbH muss in den ersten drei Monaten nach Abschluss des Geschäftsjahres für das vergangene Geschäftsjahr aufgestellt werden, für eine kleine GmbH beträgt die Frist maximal sechs Monate.

3.1 Delegation an die Fachabteilung Rechnungswesen

In der Regel wird die Aufgabe, einen Jahresabschluss aufzustellen, einem kaufmännischen Geschäftsführer übertragen. Dann hat der ressortfremde Geschäftsführer sich von der ordnungsgemäßen Erledigung zu überzeugen und regelmäßige Kontrollen vorzunehmen, ob der damit beauftragte Geschäftsführer dieser Verpflichtung nachkommt.

Der Geschäftsführer muss den Jahresabschluss nicht selbst erstellen, er hat aber für die ordnungsgemäße Erledigung zu sorgen. Dazu genügt es, wenn der kaufmännische Geschäftsführer eine Bilanzbuchhaltung einrichtet und personell besetzt, diese anleitet und überwacht. Der dafür verantwortliche Geschäftsführer muss jederzeit in der Lage sein, in die Bilanzierung einzugreifen und Mängel abzustellen. Diese Grundsätze gelten auch, wenn die Buchhaltung, Bilanzierung, Vorbereitung und Erstellung des Jahresabschlusses außerhalb – etwa durch einen Steuerberater – erledigt wird. Dieser hat regelmäßig zu berichten und auf Probleme hinzuweisen, die bei der Erledigung dieser Aufgaben entstehen.

3.2 Geschäftsführer-Gesamtverantwortung

Die Geschäftsführer tragen insgesamt die Verantwortung für die Erstellung, Prüfung und Vorlage des Jahresabschlusses. Bei ihnen liegt die Entscheidung darüber,

- welcher Vorschlag zum Jahresabschluss den Gesellschaftern vorgelegt wird und
- wie Bilanzierungswahlrechte ausgeübt werden.

Alle Geschäftsführer müssen den Jahresabschluss (Bilanz, Gewinn- und Verlustrechnung, Lagebericht) **unterzeichnen**. Ist der Geschäftsführer nicht von der ordnungsgemäßen Vorlage überzeugt, muss er sich weigern, den Jahresabschluss zu unterzeichnen. Die Verantwortlichkeit für die Erfüllung dieser Pflichten obliegen allen Geschäftsführern. Diese kann nicht durch Gesellschaftsvertrag, Ressortverteilung oder Geschäftsordnung auf einen Geschäftsführer übertragen werden.

Bei Zweifeln an der ordnungsgemäßen Erstellung des Jahresabschlusses hat sich jeder Geschäftsführer selbst um die ordnungsgemäße Erfüllung dieser Pflichten zu kümmern und gegebenenfalls sachverständige Dritte einzuschalten. Pflichtverletzungen können Schadensersatzansprüche gegen die Geschäftsführer auslösen und Grund zur Abberufung aus wichtigem Grund sein.

Checkliste: Gesamtverantwortung für Buchführung und Bilanzierung der GmbH wahrnehmen

Ressortaufteilung	▪ Ist die Verantwortlichkeit aus §§ 41, 42a GmbHG dem kaufmännisch verantwortlichen Geschäftsführer eindeutig zugewiesen? ▪ Falls nein: Es liegt keine echte Ressortdelegation vor. Sie sollten sich selbst um die Erledigung dieser Aufgaben kümmern (Gespräch mit dem Steuerberater, Bericht durch den Abteilungsleiter Rechnungswesen usw.).
Es besteht echte Ressortdelegation	▪ Regelmäßige Berichterstattung zum Rechnungswesen durch den kaufmännisch verantwortlichen Geschäftsführer an die anderen Geschäftsführer (Buchführung, Bilanzierung, Steuerangelegenheiten). ▪ Auch wenn keine berichtenswerten Besonderheiten vorliegen, lassen Sie dies regelmäßig im Geschäftsführungs-Protokoll vermerken (»TOP ReWe«: Keine besonderen Sachverhalte und Vorkommnisse). ▪ Offene TOPs dazu systematisch ansprechen und – bei Nicht-Erledigung – zu terminieren und vortragen.

	▪ Haben Sie den Eindruck, dass die Aufgabe nicht ordnungsgemäß erledigt wird, sollten Sie – nach Rücksprache mit den anderen Kollegen und Vortrag in der GF-Sitzung – das Gespräch mit dem Abteilungsleiter bzw. dem Steuerberater suchen. ▪ Informieren Sie die Gesellschafter, dass Sie Anzeichen für eine nicht-ordnungsgemäße Erledigung der Verpflichtungen aus §§ 41, 42a GmbHG haben. ▪ Werden Ihre Bedenken nicht ausgeräumt, schalten Sie – nach Rücksprache mit ihren GF-Kollegen – einen externen Sachverständigen ein und beauftragen Sie diesen mit der Prüfung der offenen Sachverhalte.
Erstellung und Vorlage des Jahresabschlusses	▪ Lassen Sie sich vom kaufmännisch verantwortlichen Geschäftsführer bzw. Abteilungsleiter den gesamten Jahresabschluss ausführlich erörtern. ▪ Bei Prüfungspflicht: Warum wird welcher Prüfer vorgeschlagen? ▪ Lassen Sie sich zusätzlich den Jahresabschluss von Ihrem Steuerberater (Prüfer) erörtern. ▪ Vergleichen Sie das Zahlenwerk unmittelbar mit den Vorjahres- und Planzahlen und lassen sich Abweichungen und ungeplante Veränderungen erläutern – positive wie negative. ▪ Gleichen Sie den Vorschlag über die Gewinnverwendung mit Ihren Ressortplänen ab.

3.3 Jahresabschluss und GmbH-Größe

Nach Handelsrecht werden Unternehmen in der Rechtsform GmbH je nach Größe unterschiedlich behandelt. Man unterscheidet kleine, mittelgroße und große GmbH und seit dem 28.12.2012 sog. Kleinstkapitalgesellschaften

GmbH-Größenklassen gemäß § 267 HGB	
kleine GmbH	Bilanzsumme bis 6.000.000 EUR
	Umsatzerlöse bis 12.000.000 EUR
	Mitarbeiter bis 50
mittelgroße GmbH	Bilanzsumme bis 20.000.000 EUR
	Umsatzerlöse bis 40.000.000 EUR
	Mitarbeiter 51 bis 250
große GmbH	Bilanzsumme mehr als 20.000.000 EUR
	Umsatzerlose mehr als 40.000.000 EUR
	Mitarbeiter mehr als 250

Die Zuordnung einer GmbH als klein, mittelgroß oder groß richtet sich danach, ob jeweils zwei der drei genannten Kriterien an zwei Abschlussstichtagen hintereinander über- oder unterschritten werden. Bei Umwandlung oder Neugründung wird nicht auf zwei hintereinanderfolgende Stichtage abgestellt. Die Gesellschaft wird dann bereits als klein oder mittelgroß eingestuft, wenn die entsprechenden Voraussetzungen zum Abschlussstichtag vorliegen.

Kleinstkapitalgesellschaften

Kleinstkapitalgesellschaften sind gemäß § 267a HGB kleine Kapitalgesellschaften, die mindestens zwei der drei nachstehenden Merkmale nicht überschreiten:

1. 350.000 Euro Bilanzsumme nach Abzug eines auf der Aktivseite ausgewiesenen Fehlbetrags;
2. 700.000 Euro Umsatzerlöse in den zwölf Monaten vor dem Abschlussstichtag;
3. im Jahresdurchschnitt zehn Arbeitnehmer.

Für Kleinstkapitalgesellschaften wurden aufgrund einer EU-Richtlinie Sonderregelungen geschaffen. Es gelten grundsätzlich alle Regelungen der kleinen GmbH sowie zusätzlich weitere Erleichterungen bei der Rechnungslegung und Offenlegung. So muss eine Kleinstkapitalgesellschaft unter bestimmten Voraussetzungen keinen Anhang zum Jahresabschluss erstellen, die Gewinn- und Verlustrechnung und die Bilanz können mit verkürzter Gliederung aufgestellt werden. Beim Bundesanzeiger müssen die Abschlüsse nicht veröffentlich werden, vielmehr kann von der Regelung Gebrauch gemacht werden, dass lediglich eine Bilanz (ohne die Gewinn- und Verlustrechnung) in elektronischer Form hinterlegt wird. Diese Bilanz kann von jedermann kostenpflichtig heruntergeladen werden.

3.4 Vorlage und Feststellung des Jahresabschlusses

Der Jahresabschluss der GmbH wird vom Geschäftsführer den Gesellschaftern zur Feststellung vorgelegt. Dazu müssen folgende internen **Abstimmungsprozesse** beachtet werden:

- In der kleinen GmbH ohne Beirat/Aufsichtsrat muss der Geschäftsführer den Jahresabschluss den Gesellschaftern unmittelbar vorlegen.
- In kleinen Gesellschaften mit Beirat/Aufsichtsrat muss der Geschäftsführer den Jahresabschluss zunächst dem Aufsichtsgremium vorlegen. Der Beirat/Aufsichtsrat leitet dann den Jahresabschluss zusammen mit einem Prüfungsbericht wieder den Geschäftsführern zu, damit Sie die Beschlussunterlagen dann den Gesellschaftern vorlegen können.
- In mittelgroßen und großen GmbH ohne Beirat/Aufsichtsrat muss der Geschäftsführer den Jahresabschluss zunächst dem Abschlussprüfer vorlegen.

Dieser legt den Jahresabschluss und seinen Prüfungsbericht den Geschäftsführern vor, die sie dann den Gesellschaftern vorlegen.
- In mittelgroßen und großen GmbH mit Beirat/Aufsichtsrat muss der Geschäftsführer den Jahresabschluss zunächst dem Abschlussprüfer vorlegen. Dieser übergibt den Jahresabschluss mit seinem Prüfungsbericht dem Beirat/Aufsichtsrat. Dieser leitet an die Geschäftsführung weiter, die die gesamten Unterlagen den Gesellschaftern vorlegt.

3.5 Woraus besteht der Jahresabschluss?

Den Gesellschaftern ist der gesamte Jahresabschluss vorzulegen. Er besteht aus
- der Bilanz,
- der Gewinn- und Verlustrechnung (GuV),
- dem Anhang sowie
- dem Lagebericht.

Prüfungspflichtige GmbH müssen zusätzlich den Prüfungsbericht des Abschlussprüfers vorlegen. Vorzulegen sind auch freiwillige Prüfungsberichte.

3.5.1 Anforderungen an den Jahresabschluss

Für kleine, mittelgroße und große GmbH gelten **unterschiedliche Anforderungen** hinsichtlich der Rechnungslegung, der Prüfung und der Publizität (§ 267 HGB).

Große GmbH müssen einen Jahresabschluss (Bilanz, GuV, Anhang) und einen Lagebericht aufstellen und prüfen zu lassen. Jahresabschluss, Lagebericht, Vorschlag für sowie Beschluss über die Ergebnisverwendung und der Bestätigungsvermerk oder der Vermerk über dessen Versagung sind beim Betreiber des elektronischen Bundesanzeigers bekanntzumachen. Für die Bilanz und die Gewinn- und Verlustrechnung ist ein gesetzlich einheitliches Gliederungsschema vorgeschrieben.

Für **mittelgroße GmbH** gelten Erleichterungen: Sie müssen lediglich eine verkürzte Gewinn- und Verlustrechnung aufstellen. Umsatzerlöse können mit bestimmten Aufwendungen saldiert werden. Der Anhang kann in verkürzter Form aufgestellt werden. Zusätzliche Erleichterungen gelten für die Offenlegung. Es ist lediglich die verkürzte Bilanz und der zusätzlich verkürzte Anhang offenzulegen.

Für **kleine GmbH** gelten noch weitergehende Erleichterungen:

- Aufstellung einer stark verkürzten Bilanz (§ 266 HGB)
- Aufstellung eines stark verkürzten Anhangs (§ 288 HGB)
- Es entfallen (§ 274a HGB): Aufstellung eines Anlagengitters, Erläuterung bestimmter Forderungen im Anhang, Erläuterung bestimmter Verbindlichkeiten im Anhang, Erläuterungen zu außerordentlichen Aufwendungen und Erträgen
- keine Abschlussprüfung
- ein Lagebericht ist nicht aufzustellen
- Die Gewinn- und Verlustrechnung ist nicht offenzulegen (§ 326 HGB)

3.5.2 Gliederung der Bilanz einer kleinen GmbH

Maßgeblich für die Gliederung der Bilanz einer kleinen GmbH ist § 266 Abs. 1 Satz 3 HGB.

Gliederung der Bilanz einer kleinen GmbH			
Aktiva		**Passiva**	
A.	**Anlagevermögen**	**A.**	**Eigenkapital**
I.	Immaterielle Vermögensgegenstände	I.	Gezeichnetes Kapital
II.	Sachanlagen	II.	Kapitalrücklage
III.	Finanzanlagen	III.	Gewinnrücklagen
B.	**Umlaufvermögen**	IV.	Gewinnvortrag/ Verlustvortrag
I.	Vorräte	V.	Jahresüberschuss/ Jahresfehlbetrag
II.	Forderungen und sonstige Vermögensgegenstände	**B.**	**Rückstellungen**
III.	Wertpapiere	**C.**	**Verbindlichkeiten**
IV.	Kassenbestand, Bundesbank-Guthaben, Guthaben bei Kreditinstituten und Schecks	**D.**	**Rechnungsabgrenzungsposten**
C.	**Rechnungsabgrenzungsposten**	**E.**	**Passive latente Steuern**
D.	**Aktive latente Steuern**		
E.	**Aktiver Unterschiedsbetrag aus der Vermögensverrechnung**		

Bewährte Gliederung des Anhangs

Der Anhang hat die Aufgabe, ergänzende Angaben zur Bilanz und zur Gewinn- und Verlustrechnung zu machen (§§ 284 bis 288 HGB). Die Gliederung des Anhangs ist gesetzlich nicht vorgeschrieben. In der Praxis hat sich folgende Darstellung bewährt und durchgesetzt:

- Allgemeines
- Bilanzierungs- und Bewertungsgrundsätze
- Erläuterungen zur Bilanz
- Erläuterungen zur Gewinn- und Verlustrechnung
- sonstige Angaben

Die Einzeldarstellung ist in der Praxis Aufgabe der Fachabteilung bzw. des Steuerberaters, der die Bilanz erstellt. Der Geschäftsführer hat die Aufgabe, die wesentlichen Grundlagen zu prüfen und sich die Vollständigkeit und Richtigkeit der Angaben und Erläuterungen bestätigen zu lassen.

Bei der mittleren und großen GmbH (nicht bei der kleinen GmbH) sind im Anhang Angaben über die Gesamtbezüge (Vergütungen) der Mitglieder der Geschäftsführung, der Aufsichtsorgane, des Beirats und ähnlicher Einrichtungen, sowie die Gesamtbezüge der früheren Mitglieder der oben bezeichneten Organe und ihrer Hinterbliebenen dazustellen (Altersvergütung, Hinterbliebenenrenten usw.) (§ 285 Nr. 9a und b HGB). Bei Kleinstkapitalgesellschaften (siehe auch oben unter Teil 2, Kapitel 3.3) kann der Anhang entfallen, wenn bestimmte Angaben unter der Bilanz erfolgen (§ 264 I 5 HGB).

Der Lagebericht der GmbH – Teil des Anhangs

Nach § 264 Abs. 1 HGB müssen *mittelgroße und große GmbH* neben der Bilanz, der Gewinn- und Verlustrechnung und dem Anhang einen Lagebericht vorlegen. Sie müssen den Lagebericht in den ersten drei Monaten des Geschäftsjahres für das vorangegangene Geschäftsjahr erstellen. Kleinen GmbH ist es freigestellt, einen Lagebericht aufzustellen.

Lagebericht und Anhang dürfen nicht miteinander verwechselt werden. Während der Anhang die Aufgabe hat, Bilanz und Gewinn- und Verlustrechnung durch zusätzliche Angaben zu erläutern, soll der Lagebericht den Geschäftsverlauf und die Lage der GmbH abbilden. Gemäß § 289 HGB muss der Lagebericht den Geschäftsverlauf und die Lage der GmbH so darzustellen, dass ein den tatsächlichen Verhältnissen entsprechendes Bild vermittelt wird. Außerdem muss der Lagebericht eingehen auf:

- Vorgänge von besonderer Bedeutung, die nach Schluss des Geschäftsjahres eingetreten sind (sofern vorhanden)
- die voraussichtliche Entwicklung der GmbH

- den Bereich Forschung und Entwicklung (sofern vorhanden)
- bestehende Zweigniederlassungen der GmbH (sofern vorhanden)

Insgesamt soll es aufgrund der Daten und Fakten möglich sein, eine Gesamtbeurteilung der wirtschaftlichen Situation der GmbH vorzunehmen.

Ein Tipp aus der Praxis: Alle Informationen, die im Lagebericht enthalten sind, sind hervorragend dazu geeignet, als Texte für eine Image-Broschüre über das Unternehmen verwendet zu werden. Damit können Banken, Gemeinde und Behörden, aber auch potenzielle neue Mitarbeitern und Investoren umfassend, sachlich und professionell informiert werden.

3.6 Prüfung des Jahresabschlusses

Der Geschäftsführer muss den Jahresabschluss der großen und mittelgroßen GmbH unverzüglich nach der Aufstellung zur Prüfung vorlegen. Die Gesellschafter wählen die **Abschlussprüfer**. Bevor die Gesellschafter den Jahresabschluss feststellen, muss dieser ordnungsgemäß auf Richtigkeit und Vollständigkeit geprüft und entsprechend attestiert sein. Dies gilt uneingeschränkt für den Jahresabschluss der mittelgroßen und großen GmbH.

Der Gesetzgeber schreibt vor, »dass ein Wirtschaftsprüfer oder vereidigter Buchprüfer nicht Abschlussprüfer sein kann, wenn er bei der Führung der Bücher oder der Aufstellung des zu prüfenden Jahresabschlusses der Kapitalgesellschaft über die Prüfungstätigkeit hinaus mitgewirkt hat« (§ 319 Abs. 2 Nr. 5 HGB).

Ohne Prüfung des Jahresabschlusses kann der Jahresabschluss durch die Gesellschafterversammlung nicht festgestellt werden. Geprüft wird, ob die gesetzlichen Bestimmungen und die Vorgaben aus dem Gesellschaftsvertrag eingehalten sind. Der Lagebericht ist daraufhin zu prüfen, inwieweit er sich mit den Angaben aus dem Jahresabschluss deckt und inwieweit ein den Tatsachen entsprechendes Bild über die Gesellschaft vermittelt wird. Die Buchführung ist in die Prüfung mit einzubeziehen.

Der Abschlussprüfer erteilt den **Bestätigungsvermerk**. Die Prüfer haben der GmbH in einem schriftlichen Prüfungsbericht zu berichten. Mit dem Bestätigungsvermerk attestiert der Prüfer die Richtigkeit der geprüften Unterlagen.

Beispiel: Bestätigungsvermerk (Auszug):

»Die Buchführung und der Jahresabschluss entsprechen nach pflichtgemäßer Prüfung den gesetzlichen Vorschriften. Der Jahresabschluss vermittelt unter Beachtung der Grundsätze ordnungsgemäßer Buchführung ein den tatsächlichen Verhältnissen entsprechendes Bild der Vermögens-, Finanz- und Ertragslage der Kapitalgesellschaft. Der Lagebericht steht im Einklang mit dem Jahresabschluss«.

!

Der Geschäftsführer einer kleinen GmbH muss beachten: Für Kredite über 750.000 EUR muss sich die Bank grundsätzlich den geprüften Abschluss vorlegen lassen, wenn das Unternehmen prüfungspflichtig ist oder eine freiwillige Prüfung erfolgte. Liegt kein geprüfter Jahresabschluss vor, muss die Bank sich die wirtschaftlichen Verhältnisse ebenfalls offenlegen lassen und eigenständig die Kreditwürdigkeit prüfen (siehe § 18 KWG).

3.7 Feststellung und Beschlussfassung

Sämtliche Unterlagen müssen den Gesellschaftern vorgelegt werden. Das gilt auch für den Konzernabschluss. Die Gesellschafter können verlangen, dass einzelne Unterlagen vorab bereitgestellt werden, z.B. den Prüfungsbericht unmittelbar nach Zugang.

Mit dem Jahresabschluss kann der Geschäftsführer den Gesellschaftern einen **Vorschlag zur Gewinnverwendung** unterbreiten.

Für die Vorlage besteht eine so genannte **Vorlagepflicht**, d.h. die Geschäftsführung muss von sich aus ohne Verzögerung tätig werden. Liegt der Abschlussbericht des Prüfers vor, so sind die gesamten Unterlagen innerhalb einer Woche (d.h. Abschicken der Unterlagen nach einer Bearbeitungszeit von einer Woche), bei aufwändiger Zusammenstellung der Unterlagen angemessen länger, den Gesellschaftern zuzuleiten. Die Vorlage des Jahresabschlusses kann von den Gesellschaftern mit Leistungsklage erzwungen werden, ggf. auch per einstweilige Verfügung.

In der Einpersonen GmbH oder wenn die GmbH-Gesellschafter einen Sprecher oder Gesellschafterausschuss mit Sprecher gebildet haben, müssen Sie den Jahresabschluss dem alleinigen Gesellschafter bzw. dem Sprecher zuschicken. Bei mehreren Gesellschaftern genügt es, wenn die Geschäftsführung die Unterlagen in den Geschäftsräumen der GmbH zur **Einsichtnahme** auslegt und jeden Gesellschafter über die Auslegung informiert (brieflich, unverzüglich).

Gesellschafter-Versammlung und Beschlussfassung zum Jahresabschluss der GmbH

Mit der Feststellung des Jahresabschlusses genehmigen die Gesellschafter die vorgelegten wirtschaftlichen Zahlen und Fakten zur Geschäftsführung der GmbH. Die Beschlussfassung erfolgt in der Regel mit einfacher Mehrheit. Der Gesellschafter-Geschäftsführer ist dabei stimmberechtigt.

Außerdem beschließen die Gesellschafter über die **Gewinnverwendung**. Ob das im festgestellten Jahresabschluss ausgewiesene Jahresergebnis an die Gesellschafter verteilt oder in der GmbH einbehalten werden kann, richtet sich dabei nach den Bestimmungen des Gesellschaftsvertrages bzw. den gesetzlichen Vorschriften des § 29 GmbHG.

Hat ein Abschlussprüfer den Jahresabschluss geprüft, so hat dieser auf Verlangen der Gesellschafter an den Verhandlungen über die Feststellung des Jahresabschlusses teilzunehmen. Ist die Gesellschaft zur Aufstellung eines Jahresabschlusses und eines Konzernlageberichtes verpflichtet, so ist dieser entsprechend vorzulegen.

Jahresabschluss und Prüfungsbericht sind – soweit sie nicht offenlegungspflichtig sind (siehe sogleich) – hochsensible Informationen über die Gesellschaft. Der Geschäftsführer kann einem Missbrauch vorbeugen, indem er die Gesellschafter zu einem Weitergabe- und Vervielfältigungsverbot und einer Rückgabe der Unterlagen nach der Beschlussfassung verpflichtet.

Besteht Anlass der Befürchtung der missbräuchlichen Verwendung der vertraulichen Unterlagen (z.B. Weitergabe an Konkurrenten, unkontrolliertes Ausplaudern usw.) kann die Aushändigung der Unterlagen zum Jahresabschluss verweigert werden. Voraussetzung dazu ist ein Gesellschafter-Beschluss. Der Gesellschafter kann dagegen das Erzwingungsverfahren beantragen bzw. Leistungsklage erheben.

3.8 Offenlegung des Jahresabschlusses

Die GmbH ist dazu verpflichtet, den Jahresabschluss im elektronischen **Unternehmensregister** zu veröffentlichen (§ 325 GmbHG, www.unternehmensregister.de). Dabei richtet sich der Umfang der Veröffentlichungs- bzw. Offenlegungspflichten nach der Größenklasse der GmbH.

Der Geschäftsführer einer **kleinen GmbH** muss lediglich die Bilanz und den Anhang – bereinigt um die Anmerkungen zur GuV-Rechnung –, nicht jedoch die GuV-Rechnung selbst innerhalb von 12 Monaten nach dem Bilanzstichtag offenlegen. Diese Regelungen gelten grundsätzlich auch für Kleinstkapitalgesellschaften. Teilt diese GmbH allerdings dem Bundesanzeiger mit, dass sie die Kriterien für Kleinstkapitalgesellschaften erfüllt, kann sie statt der Veröffentlichung, die für jedermann einsehbar ist, auch nur eine Bilanz in elektronischer Form hinterlegen, die nur auf Anforderung von registrierten Nutzern heruntergeladen werden kann.

Checkliste: Offenlegung in der kleinen GmbH !

Aufstellung des Jahresabschluss	▪ verkürzte Bilanz ▪ keine GuV-Rechnung ▪ verkürzter Anhang ▪ kein Lagebericht ▪ keine Angaben zu den Geschäftsführer- und Beiratsvergütungen

Der Geschäftsführer einer **mittelgroßen GmbH** muss den Jahresabschluss, also Bilanz und Gewinn- und Verlustrechnung, spätestens innerhalb von 12 Monaten nach dem Bilanzstichtag einschließlich des Bestätigungsvermerkes des Abschlussprüfers beim Unternehmensregister einstellen. Außerdem sind der Lagebericht und der Beschluss über die Ergebnisverwendung vorzulegen. Für mittlere GmbH gelten gemäß § 327 HGB zahlreiche Erleichterungen.

Der Geschäftsführer einer **großen GmbH** muss der vollen Offenlegungspflicht nach HGB nachkommen. Danach sind Jahresabschluss, einschließlich Anhang und Lagebericht, Bestätigungsvermerk, Bericht des Aufsichtsrates und Gewinnverwendungsvorschlag binnen 12 Monaten nach dem Bilanzstichtag offen zu legen.

Ordnungsgelder

Die Sanktion bei Verstoß gegen die Offenlegungspflichten von Kapitalgesellschaften lautet wie folgt:

- Ein Ordnungsgeld (mindestens 2.500 EUR maximal 25.000 EUR) droht bei Nicht-Offenlegung.
- Dieses Ordnungsgeldverfahren leitet das Bundesamt für Justiz routinemäßig ein, wobei es eine Frist von sechs Wochen für die Erfüllung der Offenlegungspflicht setzt. Bereits die Androhung des Ordnungsgeldes verursacht Kosten von ca. 50 EUR zuzüglich Zustellungskosten, die in jedem Fall bezahlt werden müssen. Wenn die Offenlegung nicht innerhalb der Frist erfolgt, wird das Ordnungsgeld verhängt.

Die Offenlegungsfrist beträgt einheitlich 12 Monate nach dem letzten Bilanzstichtag (bei börsennotierten Unternehmen vier Monate).

4 In welchen Fällen haftet der Geschäftsführer?

4.1 Generelle Haftungs- und Strafbarkeitsrisiken

Als GmbH-Geschäftsführer sind Sie im Gegensatz zum bloßen GmbH-Gesellschafter erheblichen haftungsrechtlichen und strafrechtlichen Risiken ausgesetzt. Die Risiken in der Gründungsphase sind bereits erläutert worden (siehe Teil 1, Kapitel 5.1). Eine besondere Gefahrsituation tritt für den Geschäftsführer in der Krise der Gesellschaft ein. Der Geschäftsführer sollte sich daher unbedingt mit den ihn treffenden Risiken beschäftigen.

Haftungsrisiken in der Krise

Die Risiken in der Krise sind vielfältig. Bereits vorab sei darauf hingewiesen, dass der Geschäftsführer insbesondere bei verspäteter Einleitung des Insolvenzverfahrens sowohl mit strafrechtlichen als auch mit haftungsrechtlichen Konsequenzen zu rechnen hat. Da in der Krise der Gesellschaft das Vermögen der GmbH nicht mehr ausreicht, um alle Verbindlichkeiten abzudecken, läuft der Geschäftsführer Gefahr, selbst in die Haftung für Gesellschaftsverbindlichkeiten zu gelangen. Zwar haftet der Geschäftsführer pauschal nicht für alle Schulden der Gesellschaft, doch gibt es Sonderfälle, z.B. die Haftung des Geschäftsführers für Steuerschulden oder für Arbeitnehmerbeiträge zur Sozialversicherung, bei denen eine Haftung bestehen kann.

Stellt der Geschäftsführer nicht unverzüglich Insolvenzantrag, kann ihn eine Einstandspflicht für die Verbindlichkeiten der Gesellschaft treffen.

Aber auch bei der GmbH, die sich noch nicht in der Krise befindet, kann der Geschäftsführer haftbar gemacht werden. Auch hier muss er sich darüber im Klaren sein, dass er als Topmanager für alle Schäden, die er am Gesellschaftsvermögen durch seine schuldhafte Geschäftsführung verursacht, grundsätzlich einstehen muss. Insofern haftet der Geschäftsführer wesentlich stärker als ein gewöhnlicher Arbeitnehmer.

4.2 Wie haftet der Geschäftsführer gegenüber der GmbH?

Das GmbH-Gesetz regelt die Haftung des Geschäftsführers außerordentlich streng. In § 43 GmbHG ist angeordnet, dass der Geschäftsführer für alle Schäden aufkommen muss, die er durch seine schuldhafte Pflichtverletzung am Vermögen der Gesellschaft anrichtet.

! **Beispiel: Verschulden wegen vorsätzlich oder fahrlässigen Handelns**

Verkauft der Geschäftsführer ein Grundstück der Gesellschaft unter Wert, so entsteht der Gesellschaft hierdurch ein Schaden. Diesen Schaden muss der Geschäftsführer ersetzen, wenn ihm ein Verschulden vorzuwerfen ist. Dies ist etwa dann der Fall, wenn er vorsätzlich oder fahrlässig das Verkaufsgeschäft zu ungünstigen Konditionen getätigt hat. Vorsätzlich handelt der Geschäftsführer, wenn er bewusst und gewollt das Grundstück unter Wert verschleudert. Fahrlässig handelt der Geschäftsführer, wenn ihm der Sorgfaltsverstoß nicht bewusst war, ihm jedoch bei sorgfältiger Prüfung hätte klar sein müssen, dass hier ein schlechtes Geschäft getätigt wird.

Liegt eine Pflichtverletzung vor?

Zunächst müssen Sie immer genau untersuchen, ob tatsächlich eine Pflichtverletzung des Geschäftsführers vorliegt. So kann durchaus argumentiert werden, dass nicht jeder Verkauf eines Grundstücks unter Wert eine Pflichtverletzung darstellt. Auch muss man hier dem Geschäftsführer ein unternehmerisches Ermessen einräumen, damit seine Entscheidungsfreudigkeit erhalten bleibt und er nicht bei jedem Geschäft befürchten muss, hierfür in die Haftung genommen zu werden. Die bloße Realisierung von unternehmerischen Risiken stellt daher keinesfalls eine Pflichtverletzung dar. Das hier erwähnte Grundstücksgeschäft könnte ebenfalls pflichtgemäß sein, wenn der Geschäftsführer diesen Verkauf tätigen musste, weil die Gesellschaft in Liquiditätsschwierigkeiten war, dringend Geld benötigte und der Verkauf des Grundstücks die Liquiditätsschwierigkeiten beendete. Gleiches würde gelten, wenn der Geschäftsführer das Geschäft getätigt hat, weil der Verkehrswert aktuell nicht zu erzielen war. Hat sich schlichtweg kein Käufer gefunden, der bereit war, den etwa von einem Gutachter ermittelten Verkehrswert zu entrichten, ist es nicht pflichtwidrig, wenn mit dem Preis herunter gegangen wird.

Dieses Beispiel zeigt, wie schwer es im **Einzelfall** ist, den Geschäftsführer tatsächlich wegen pflichtwidriger Geschäftsführung in die Haftung zu nehmen. Hier müssen in jedem Einzelfall die Voraussetzungen sehr kritisch geprüft werden.

Das GmbH-Gesetz ordnet generalklauselartig an, dass der Geschäftsführer für alle schuldhaft verursachten Schäden am Gesellschaftsvermögen einzustehen hat. Damit trifft den Geschäftsführer eine wesentlich **schärfere Haftung** als den gewöhnlichen Arbeitnehmer, der etwa für leichtere Fahrlässigkeit nicht einzustehen hat.

4.3 Wie haftet der Geschäftsführer gegenüber dem Finanzamt?

Die Steuern schuldet zwar grundsätzlich die GmbH, dennoch hat der Gesetzgeber in der Abgabenordnung festgelegt, dass die Geschäftsführer als gesetzliche Vertreter für die Erfüllung der steuerrechtlichen Pflichten einer GmbH verantwortlich sind. Erfüllen sie diese Verpflichtungen grob fahrlässig oder vorsätzlich nicht, können sie persönlich in die Haftung genommen werden.

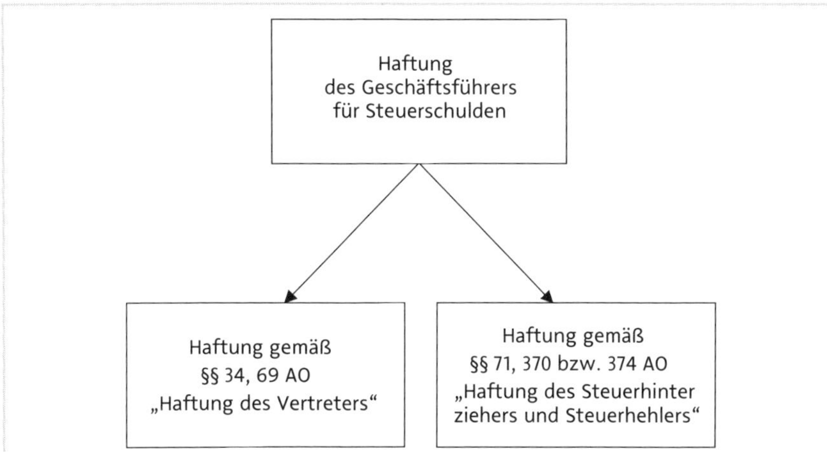

Abb. 2: Haftung des Geschäftsführers für Steuerschulden

Haftung für Steuerschulden

In der Krise wird für den Geschäftsführer vor allem die Haftung für Steuerschulden relevant (§ 69 AO). Gegen ihn kann ein Haftungsbescheid wegen der rückständigen Steuern ergehen. Grundsätzlich gilt der **Grundsatz der anteiligen Tilgung**. Demnach darf das Finanzamt lediglich verlangen, so gestellt zu werden, wie es stünde, wenn sämtliche Verbindlichkeiten gleichmäßig getilgt worden wären. Hier ist eine überschlägige Betrachtung anzustellen und die entsprechende Tilgungsquote zu ermitteln. Ergibt sich, dass die Steuerschulden in geringerem Umfang getilgt worden sind, so haften Sie für die Differenz. Besonderheiten gelten bei der Lohnsteuer. Diese ist grundsätzlich bei der Auszahlung der Nettolöhne einzubehalten und abzuführen, hier gilt der Grundsatz der anteiligen Tilgung nicht.

Das Finanzamt setzt seinen Anspruch per **Haftungsbescheid** durch. Es muss den Geschäftsführer nicht verklagen. Vielmehr erlässt das Finanzamt einen Haftungsbescheid, aus dem es vollstrecken kann.

Haftung des Geschäftsführers für Steuerschulden als Vertreter

Der Geschäftsführer ist für die Einhaltung der steuerrechtlichen Pflichten kraft Gesetzes zuständig. Dies betrifft alle betrieblichen Steuern, so die Lohn-, Umsatz-, Gewerbe- und Körperschaftsteuer.

! **Steuerschuldnerin ist die GmbH, Haftungsschuldner der Geschäftsführer.**

Es gilt der **Grundsatz der Gesamtverantwortung**. Demnach besteht für die Erfüllung der steuerrechtlichen Pflichten eine Generalzuständigkeit.

- Eine Einschränkung der Verantwortlichkeit durch Ressortaufteilung ist möglich. Die Ressortaufteilung muss schriftlich und im Voraus geregelt worden sein. Dennoch besteht auch nach der Ressortaufteilung eine Überwachungspflicht des nicht zuständigen Geschäftsführers.
- Eine Amtsniederlegung schützt nur vor einer Inanspruchnahme wegen künftig fällig werdender Steuern, nicht jedoch für bereits eingetretene Steuerverbindlichkeiten.
- Weisungen der Gesellschafterversammlung entlasten den Geschäftsführer nicht. Die gesetzlichen Pflichten sind zu erfüllen.
- Die Haftung setzt eine Verletzung steuerrechtlicher Pflichten, die sich aus den einschlägigen Steuergesetzen ergeben, voraus.
- Durch die Pflichtverletzung muss ein Haftungsschaden entstanden sein. Die Steuer muss also nicht gezahlt oder festgesetzt worden sein. Es besteht auch eine Haftung für zu Unrecht erfolgte Steuererstattungen.
- Ferner muss ein Verschulden vorliegen, wobei dem Geschäftsführer jedoch nur Vorsatz oder grobe Fahrlässigkeit, nicht jedoch einfache Fahrlässigkeit schadet.

Die Einschaltung eines Steuerberaters kann haftungsentlastend wirken, jedenfalls dann, wenn der Geschäftsführer keinerlei Veranlassung hat, daran zu zweifeln, dass die Einhaltung der steuerrechtlichen Pflichten sichergestellt ist.

Grundsätzlich gilt das **Prinzip der anteiligen Tilgung**. Das Finanzamt ist nicht besser, aber auch nicht schlechter zu behandeln als die übrigen Gläubiger. Lediglich in der Höhe der prozentualen Quote, in der die sonstigen Verbindlichkeiten getilgt worden sind, besteht auch eine Haftung des Geschäftsführers. Lediglich bei den Abzugssteuern, d.h. der Lohnsteuer oder etwa der Künstler- oder Aufsichtsratssteuer, gilt der Grundsatz der anteiligen Tilgung nicht. Die Inanspruchnahme aufgrund der Haftungsschuld kann gegebenenfalls bei dem Geschäftsführer zu Werbungskosten führen, die er seinerseits absetzen kann.

Haftung des Geschäftsführers als Steuerhinterzieher bzw. Steuerhehler
Der Geschäftsführer kann Täter, Anstifter oder Gehilfe einer Steuerhinterziehung sein. Nach § 71 AO haftet der Steuerhinterzieher (§ 370 AO) oder der Steuerhehler (§ 374 AO) für die hinterzogenen Steuern. Gegen ihn kann ein Haftungsbescheid ergehen.

- Steuerhinterziehung bzw. Steuerhehlerei könnten nur vorsätzlich verwirklicht werden
- Die Haftung erstreckt sich auf die verkürzten Steuern, die zu Unrecht gewährten Steuervorteile sowie die Hinterziehungszinsen.
- Der Grundsatz der anteiligen Tilgung findet Anwendung.
- Der Kreis der haftenden Personen ist nicht auf die Geschäftsführer beschränkt, an einer Steuerhinterziehung können sich auch Dritte beteiligen.
- Die Festsetzungsfrist für hinterzogene Steuern beträgt zehn Jahre.

4.4 Haftung für nicht abgeführte Sozialversicherungsbeiträge

Die **GmbH ist Arbeitgeberin**. Damit hat sie auch die Pflichten nach dem Arbeits- und Sozialversicherungsrecht zu erfüllen. Dazu gehört es, dass die Sozialversicherungsbeiträge bei Fälligkeit abgeführt werden. Dies betrifft Beiträge zur Renten-, Kranken-, Pflege- und Arbeitslosenversicherung. Grundsätzlich sind diese Beiträge für einen laufenden Kalendermonat bis zum drittletzten Bankarbeitstag abzuführen. In der Krise kommt es häufig zu Zahlungsrückständen.

Der Geschäftsführer macht sich jedoch strafbar, wenn Arbeitnehmerbeiträge zur Sozialversicherung nicht oder nicht rechtzeitig abgeführt werden. Diese **Strafbarkeit** ist in § 266a Strafgesetzbuch geregelt.

Zusätzlich wird in ständiger Rechtsprechung gemäß § 823 II BGB in Verbindung mit § 266a StGB eine Schadensersatzverpflichtung des Geschäftsführers gegenüber dem Sozialversicherungsträger bejaht, wenn dieser bei Fälligkeit Sozialversicherungsbeiträge nicht abführt. Diese Strafbarkeit und die **Haftung** betreffen allerdings lediglich die Arbeitnehmerbeiträge, nicht jedoch die Arbeitgeberbeiträge zur Sozialversicherung. Bei Arbeitgeberbeiträgen kann sich eine haftungs- und strafrechtliche Relevanz bei falschen bzw. unterlassenen Meldungen an die Sozialversicherungsträger ergeben.

Reichen die finanziellen Mittel nicht aus, um sowohl die Arbeitgeber- als auch die Arbeitnehmerbeiträge abzufuhren, so tut der Geschäftsführer zur Vermeidung seiner Strafbarkeit und seiner Haftung gut daran, wenigstens die Arbeitnehmerbeiträge an die zuständigen Krankenkassen abzuführen. Hierbei ist es wichtig, dass er bei der Zahlung im Verwendungszweck angibt, dass es sich um Arbeitnehmerbeiträge handelt. Ansonsten wird aufgrund einer Rechtsverordnung das eingehende Geld grundsätzlich hälftig auf offene Arbeitgeber- und Arbeitnehmerbeiträge verrechnet.

Die Strafbarkeit bzw. Haftung für nicht abgeführte Sozialversicherungsbeiträge tritt selbst dann ein, wenn der Geschäftsführer die Nettogehälter an die Arbeitnehmer nicht auszahlt. Die Sozialversicherungsbeiträge werden nämlich unabhängig davon geschuldet, ob das Gehalt ausbezahlt worden ist oder nicht. Wenn allerdings die Gesellschaft schon bei Fälligkeit der Gehälter insolvenzreif gewesen ist und der Geschäftsführer Insolvenzantrag gestellt hat, darf der Geschäftsführer keinerlei Zahlungen mehr, auch nicht an Sozialversicherungsträger, bewirken. In dieser Konstellation macht sich der Geschäftsführer dann grundsätzlich nicht strafbar bzw. schadensersatzpflichtig.

In der Praxis ist es jedoch häufig so, dass der Geschäftsführer noch andere Zahlungen tätigt und die Sozialversicherungsbeiträge zurückhält. In dieser Konstellation wird daher der Geschäftsführer sehr häufig strafrechtlich verurteilt. Dies gilt auch dann, wenn der Geschäftsführer die Nettogehälter an die Arbeitnehmer ausbezahlt hat und ihm erst einige Wochen später, bei Fälligkeit der Sozialversicherungsbeiträge, die Mittel fehlen, diese zu entrichten. Hier wird ihm meist vorgeworfen, dass er bei Auszahlung der Nettogehälter nicht ausreichend Vorsorge getroffen hat, dass später auch die Sozialversicherungsbeiträge abgeführt werden können.

5 Wie handelt der Geschäftsführer im Insolvenzfall?

5.1 Wann muss der Geschäftsführer den Insolvenzantrag stellen?

Das deutsche Insolvenzrecht ist streng. Bei Zahlungsunfähigkeit oder Überschuldung muss der Geschäftsführer für die GmbH unverzüglich Insolvenzantrag stellen (§ 15a InsO). Dann liegt eine sogenannte **Insolvenzreife** vor.

Eine **Zahlungsunfähigkeit** wird bejaht, wenn die Gesellschaft ihre fälligen Verbindlichkeiten nicht oder überwiegend nicht mehr begleichen kann. Beträgt die Liquiditätslücke der GmbH 10 % oder mehr, ist regelmäßig von Zahlungsunfähigkeit auszugehen, jedenfalls dann, wenn dieser Zustand absehbar in den nächsten drei Wochen nicht ausgeräumt werden kann. Mahnen bereits zahlreiche Gläubiger ihre Forderung an, ist die Gesellschaft mit den Gehältern im Verzug, zahlt sie die Miete für die gemieteten Geschäftsräume schon seit einigen Monaten nicht, so liegt in solchen Situationen typischerweise eine Zahlungsunfähigkeit vor.

Von einer **Überschuldung** spricht man, wenn die Gesellschaft mehr Schulden als Vermögen hat, wobei bei der Ermittlung der Überschuldung grundsätzlich die Vermögenswerte bzw. Schulden angesetzt werden, die bei der Zerschlagung des Unternehmens realistisch sind. Die Bilanzwerte sind also nur der Ausgangspunkt, entscheidend sind die tatsächlichen Werte.

Beispiel: Verkehrswert ist maßgeblich !

Hat eine GmbH ein Grundstück, das mit 100.000 EUR in der Bilanz steht, obwohl es einen Verkehrswert von 300.000 EUR hat, so ist der tatsächliche Verkehrswert maßgeblich. Die sogenannte stille Reserve, hier in Höhe von 200.000 EUR wird also berücksichtigt.

Infolge der Wirtschafts- und Finanzkrise hat der Gesetzgeber reagiert und mit Wirkung seit dem 18.10.2008 zunächst befristet bis zum 31.12.2013, inzwischen jedoch unbefristet geregelt, dass die Überschuldung kein Insolvenzgrund darstellt, wenn die Fortführung des Unternehmens nach den Umständen überwiegend wahrscheinlich ist (sogenannte positive Fortbestehensprognose). Dadurch kann bei einem entsprechenden Sanierungskonzept ein Insolvenzantrag vermieden werden.

Drei-Wochen-Frist

Der Geschäftsführer hat bei Eintritt der Insolvenzreife unverzüglich, spätestens innerhalb von drei Wochen, Insolvenzantrag zu stellen. Unverzüglich bedeutet ohne schuldhaftes Zögern.

Die Drei-Wochen-Frist darf der Geschäftsführer nicht ohne weiteres ausnutzen, vielmehr dient diese lediglich dazu, um Sanierungsbemühungen zu honorieren. Das heißt, wird diese Zeit tatsächlich genutzt, um eine Sanierung der Gesellschaft etwa durch die Gewinnung neuer Investoren zu versuchen, so begeht der Geschäftsführer noch keine Insolvenzverschleppung. Zu den Rechtsfolgen der Insolvenzverschleppung siehe unten.

Checkliste: Befindet sich Ihr Unternehmen in der Krise?

	ja	nein
Haben Sie ein System installiert, mit dem eine Früherkennung der Krise möglich ist? (z. B. durch Beobachtung der Entwicklung der wichtigen Kennzahlen der GmbH/Vergleich mit Vorjahresperiode)		
Ist die Auftragslage rückläufig?		
Fällt der Umsatz?		
Steigen die Kosten? (aufgeschlüsselt nach Kostenarten wie Personalkosten, Miete, Finanzierungskosten usw.)		
Ist der Gewinn rückläufig bzw. entstehen Verluste?		
Wachsen die offenen, fälligen Forderungen an?		
Geraten wichtige Vertragspartner in die Insolvenz bzw. Krise?		
Gibt es nachteilige Entwicklungen, die die gesamte Branche betreffen?		
Erhöhen sich die Verbindlichkeiten?		
Schmelzen die Rücklagen ab?		
Gibt es Veränderungen hinsichtlich der Konkurrenzsituation unter Berücksichtigung der Wettbewerbsfähigkeit der eigenen Produkte/Leistungen?		
Beruht die Krise auf punktuellen Ereignissen, wie einem nicht versicherten großen Schadensfall oder der Insolvenz eines Vertragspartners?		
Haben Sie Maßnahmen zur Bewältigung der Krise getroffen?		
Haben Sie eine außerordentliche Gesellschafterversammlung einberufen?		

	ja	nein
Haben Sie ein Sanierungskonzept aufgestellt?		
Kommt eine Beschränkung auf rentable Bereiche/Kerngeschäft in Betracht?		
Werden Potenziale zum Abbau von Kosten, ggf. mit Einsparung von Stellen genutzt? (Mitwirkung des Betriebsrats beachten, ggf. Interessenausgleich und Sozialplan vereinbaren)		
Werden defizitäre Betriebsteile verkauft?		
Erwägen Sie Kapitalerhöhungen zur Zuführung frischen Kapitals? (ggf. mit Kapitalherabsetzung [Kapitalschnitt]), um anschließend durch Kapitalerhöhung wiederum frisches Kapital zu erlangen.		
Ergreifen Sie Maßnahmen zur Ausräumung der Insolvenzreife zur Vermeidung des Insolvenzantrags?		
Können stille Reserven aus einzelnen Bilanzpositionen des Anlagevermögens (z. B. in unterbewerteten Grundstücken) mobilisiert werden?		
Können Sie zur Ausräumung der Insolvenzreife Forderungsverzichte mit Besserungsklausel vereinbaren oder Rangrücktrittserklärungen einholen?		
Soll den Gläubigern ein Sanierungsplan vorgelegt werden? (ggf. Insolvenzplan ausarbeiten, um Sanierung im Insolvenzverfahren zu erreichen, falls sich Insolvenzantrag nicht vermeiden lässt)		
Haben Sie Ihre persönlichen Haftungs- und Strafbarkeitsrisiken erfasst und minimiert?		
Haben Sie die Gefahr der Strafbarkeit und haftungsrechtlichen Verantwortung bei Verschleppung des Insolvenzantrags trotz Insolvenzreife (Zahlungsunfähigkeit/Überschuldung) bedacht? (Bei Insolvenzreife muss unverzüglich, spätestens aber innerhalb von drei Wochen Insolvenzantrag gestellt werden.)		
Ist Ihnen das Verbot der Masseschmälerung geläufig? (Nach § 64 GmbHG dürfen bei Insolvenzreife keinerlei Auszahlungen aus der Masse getätigt werden, sonst droht persönliche Inanspruchnahme.)		
Haben Sie die Haftung für nicht abgeführte Steuern im Blick?		
Ist Ihnen geläufig, dass Geschäftsführer für Arbeitnehmeranteile zur Sozialversicherung persönlich haften und sogar strafrechtlich zur Verantwortung gezogen werden können?		
Haben Sie sich über den Katalog der Insolvenzstraftaten informiert? (Strafbar z. B. sind Bankrott, Verletzung der Buchführungspflicht und verspätete Bilanzerstellung [drei Monate, bei kleiner Kapitalgesellschaft max. sechs Monate].)		

	ja	nein
Haben Sie die Auswirkungen der Insolvenz für Ihre Vergütung und Versorgung abgeschätzt? (Habe ich Anspruch auf Arbeitslosengeld? Ist meine Pensionszusage oder Direktversicherung insolvenzfest?)		
Bekomme ich Insolvenzgeld? (nur bei sozialversicherungspflichtiger Tätigkeit)		

5.2 Welche besonderen Risiken treffen den Geschäftsführer bei Insolvenz?

Nach Eintritt der Insolvenzreife muss der Geschäftsführer unverzüglich Insolvenzantrag stellen. Tut er dies nicht, so begeht er eine **Insolvenzverschleppung**, die strafrechtliche und haftungsrechtliche Konsequenzen nach sich zieht. Insolvenzverschleppung ist nach § 15a IV, V InsO strafbar. Dies gilt nicht nur für die vorsätzliche, d.h. die bewusste und gewollte Verschleppung des Insolvenzantrags, sondern auch für die fahrlässige Insolvenzverschleppung.

Außerdem hat der Geschäftsführer im Falle einer Insolvenzverschleppung den Gläubigern unter bestimmten Voraussetzungen den dadurch entstandenen Schaden zu ersetzen. Insbesondere gegenüber den Gläubigern, die überhaupt erst mit der Gesellschaft in Kontakt kommen, nachdem diese insolvenzreif ist, besteht eine Einstandspflicht.

!

Beispiel: Warenlieferung bei Insolvenzreife

Ein Lieferant liefert der Gesellschaft nach Eintritt der Insolvenzreife Waren. Die Gesellschaft ist jedoch nicht mehr in der Lage, den Kaufpreis zu bezahlen. In diesem Fall kann der Lieferant den Geschäftsführer persönlich in Anspruch nehmen, indem er folgendermaßen argumentiert: Hätte der Geschäftsführer rechtzeitig Insolvenzantrag gestellt, wären keine Waren geliefert worden und damit hätte auch der Forderungsausfall nicht stattgefunden.

Die sogenannten Altgläubiger, d.h. diejenigen, die bereits Forderungen gegen die GmbH hatten, als diese insolvenzreif wurde, könnten argumentieren, dass sie im Falle der rechtzeitigen Insolvenzantragstellung mehr aus der Insolvenzmasse erhalten hätten, als dies nunmehr in Folge der Insolvenzverschleppung der Fall ist. Es ist nämlich häufig so, dass während der Insolvenzverschleppung Gesellschaftsvermögen abfließt, etwa weil die defizitären Geschäfte fortgesetzt werden und dadurch weitere Verluste auflaufen oder indem laufende Kosten zu Gunsten einzelner Gläubiger entrichtet werden. Im Falle der Insolvenzreife soll jedoch das noch vorhandene Gesellschaftsvermögen für die Gesamtgläubiger reserviert werden. Es ist dem Geschäftsführer nicht erlaubt, hier einzelne Forderungen zu begleichen.

Schmälerung der Insolvenzmasse

Zahlt der Geschäftsführer trotz Insolvenzreife an einzelne Gläubiger Gelder aus, so haftet er für diese Auszahlungen persönlich gegenüber der Gesellschaft. Auch diesen Anspruch macht der Insolvenzverwalter geltend.

Beispiel !

Hat der Geschäftsführer an den Systemadministrator der GmbH, mit dem er freundschaftlich verbunden ist, noch 10.000 EUR rückständige Honorare ausbezahlt, obwohl die GmbH zu diesem Zeitpunkt bereits insolvenzreif war, muss der Geschäftsführer diese Zahlung in die Insolvenzmasse persönlich erstatten. Rechtsgrundlage ist § 64 Satz 1 GmbHG.

Hier besteht also ein erhebliches haftungsrechtliches Risiko für den Geschäftsführer. Er sollte daher **keinerlei Auszahlungen aus der Insolvenzmasse** nach Eintritt der Insolvenzreife zulassen.

5.3 Wie kann sich der Geschäftsführer gegen Risiken versichern?

Aufgrund der haftungsrechtlichen Risiken, die den Geschäftsführer treffen, ist dieser typischerweise daran interessiert, sich durch entsprechende Versicherungen abzusichern. Üblich sind Topmanager-Rechtsschutzversicherungen und Geschäftsführer-Haftpflichtversicherungen.

Rechtsschutzversicherungen decken lediglich die Kosten ab, die bei einem Verfahren entstehen, bei dem es um die Haftung bzw. Strafbarkeit des Geschäftsführers geht. Wird also beispielsweise der Geschäftsführer wegen fahrlässiger Körperverletzung strafrechtlich verfolgt, springt die Topmanager-Rechtsschutz-Versicherung für die Kosten des Strafverfahrens ein, wenn es sich um ein Delikt handelt, das im Zusammenhang mit der Geschäftsführertätigkeit steht.

Wird beispielsweise dem Geschäftsführer vorgeworfen, er habe Sicherheitsvorschriften nicht eingehalten, wodurch ein Brand in den Geschäftsräumen der GmbH entstehen konnte und sind hierbei Personen verletzt worden, so kann dies ein Verfahren wegen fahrlässiger Körperverletzung nach sich ziehen.

5.3.1 Der Topmanager-Rechtsschutzversicherungsvertrag

Folgende Bausteine können im Topmanager-Rechtsschutzversicherungsvertrag versichert werden:

- Im **Anstellungsvertragsrechtsschutz** geht es um Streitigkeiten aus dem Geschäftsführer-Dienstvertrag zwischen der GmbH und dem Geschäftsführer.
- Beim **Strafrechtsschutz** sind die bereits erwähnten Kosten von Strafverfahren gegen den Geschäftsführer versichert.
- Beim **Vermögensschadens-Rechtsschutz** erstattet der Versicherer die Kosten, die bei zivilrechtlichen Verfahren gegen den Geschäftsführer entstehen. Dies sind solche Kosten, die etwa dann entrichtet werden müssen, wenn der Geschäftsführer in einem Haftungsprozess wegen fehlerhafter Geschäftsführung verwickelt wird.

5.3.2 Haftpflichtversicherung

Wesentlich wichtiger für den Geschäftsführer ist allerdings nicht nur die Erstattung der Kosten, sondern die Regulierung des Schadens selbst. Wird der Geschäftsführer beispielsweise wegen fehlerhafter Geschäftsführung in Anspruch genommen, z.B. weil er eine Forderung der GmbH hat verjähren lassen, so sind für ihn die Kosten sekundär. Wird dem Geschäftsführer etwa vorgeworfen, er habe eine Forderung der Gesellschaft in Höhe von 500.000 EUR verjähren lassen, so kann ein Haftungsprozess den Geschäftsführer existenziell treffen, wenn nunmehr er selbst diese Forderung an die GmbH gegebenenfalls zuzüglich Zinsen zahlen soll.

Solche Risiken deckt im Grundsatz die **Vermögensschadenhaftpflichtversicherung** für Geschäftsführer, Vorstände und Aufsichtsräte ab. Dieses Versicherungsprodukt wird häufig auch **als D & O-Police** bezeichnet. D & O steht für Directors & Officers Liability, also für die Verantwortlichkeit von aufsichtsführenden und geschäftsführenden Organen. Versicherungsnehmerin einer Vermögensschadenhaftpflichtversicherung ist die GmbH, versicherte Personen sind alle Geschäftsführer, grundsätzlich auch jene der Tochtergesellschaften.

Erwähnenswert ist zudem, dass über die **Betriebshaftpflichtversicherung** eine Reihe von Risiken im Bereich der Personen- und Sachschäden abgesichert sind. Entsteht durch die Tätigkeit der Gesellschaft ein solcher Personen- oder Sachschaden, so ist dies grundsätzlich eine Angelegenheit für den Betriebshaftpflichtversicherer. Die D & O-Police hingegen deckt grundsätzlich nur sogenannte Vermögensschäden ab, die am Vermögen der Gesellschaft oder am

Vermögen Dritter entstehen. In dem angeführten Beispiel, in dem der Geschäftsführer eine Forderung der Gesellschaft hat verjähren lassen, ist keine Person oder keine Sache beschädigt worden, der Schaden trat vielmehr unmittelbar am Vermögen der Gesellschaft ein (sogenannter reiner Vermögensschaden). In der Betriebshaftpflichtversicherung ist der Geschäftsführer grundsätzlich wie jeder Arbeitnehmer mitversichert. In der Haftpflichtversicherung ist Vorsatz nicht versichert. Werden die Schäden also bewusst und gewollt herbeigeführt, so gibt es hierfür keinen Versicherungsschutz. Jede Form der Fahrlässigkeit, auch die grobe Fahrlässigkeit, ist jedoch grundsätzlich mitversichert. Vor dem Abschluss einer D & O-Versicherung sind die Ausschlüsse in den jeweiligen Bedingungswerken sehr genau zu analysieren.

5.4 Die sieben häufigsten Ursachen für Insolvenz

Auf ein junges GmbH-Unternehmen kommt eine Vielzahl an Anforderungen zu. Kunden müssen gewonnen und gehalten, Produkte entwickelt, Lieferanten ausgewählt, die Finanzierung sichergestellt, die eigene Organisationsstruktur entsprechend aufgebaut, Mitarbeiter gefunden und motiviert, steuerliche und rechtliche Rahmenbedingungen umgesetzt werden und vieles mehr. Da bleibt es nicht aus, dass gerade in den ersten Jahren eine ganze Reihe von Neugründungen ins Schlingern gerät und manches Unternehmen sogar wieder schließen muss. In vielen Fällen hätte das Aus vermieden werden können, wenn Probleme und deren Ursachen rechtzeitig erkannt und mit Unterstützung von außen entsprechend gehandelt worden wäre.

Die folgenden Fehler sind bei kleinen und mittleren Unternehmen die häufigsten Ursachen für die Insolvenz:

Fehler 1: Managementfehler
Die Person des Gründers und Unternehmers ist der dominierende Faktor in einem Unternehmen. Sein Wissen und Können entscheiden über die Existenz eines Unternehmens. Er muss sich und seine Leistungen realistisch und kritisch einschätzen. Konjunkturelle Abwärtsbewegungen und Krisen im Unternehmen muss er rechtzeitig erkennen und dagegen steuern. Wächst das Unternehmen, sollte er seinen Betrieb entsprechend umstellen und führenden Mitarbeitern Eigenverantwortung übertragen.

Fehler 2: Vernachlässigung des Rechnungswesens
Manche Jungunternehmer haben von kaufmännischen und betriebswirtschaftlichen Dingen nicht genug Ahnung. Daher werden Entscheidungen nicht selten intuitiv und nicht nach vorliegendem Zahlenmaterial zur Unternehmenssitua-

tion getroffen. Existenzgründer sollten immer die aktuellen Kennzahlen aus dem Rechnungswesen kennen, um drohende Schieflagen frühzeitig zu bemerken und schnell Abhilfe zu schaffen.

Fehler 3: Zu geringes Eigenkapital
Eine zu dünne Eigenkapitaldecke ist oft das Ergebnis einer falschen Unternehmenspolitik: Privatentnahmen des Unternehmers sind zu hoch, die Produktpalette ist nicht mehr wettbewerbsfähig, Verluste werden durch Eigenkapital ausgeglichen. Auch zu hohe Fixkosten und dadurch zu geringe Gewinne können zu einem Mangel an Eigenkapital führen.

Fehler 4: Schwaches Forderungsmanagement
Schleppende Zahlungsweise der Kunden und lange Wartezeiten führen zu Liquiditätsengpässen und enden immer wieder in der Zahlungsunfähigkeit. In vielen kleinen Unternehmen ist Forderungsmanagement noch ein Fremdwort.

Fehler 5: Veraltete Produktpaletten
Wer ein bestehendes Unternehmen übernimmt und die Produkte und Dienstleistungen nicht auf neue Markttrends einstellt, geht ein hohes Risiko ein.

Fehler 6: Fehler im Personalmanagement
Zu hohe Lohn- und Sozialkosten, häufige Fluktuation und vor allem die unzureichende Qualifikation der Mitarbeiter können nicht nur zu Kostensteigerungen, sondern auch zu Umsatzeinbußen führen.

Fehler 7: Zu wenig Markterfahrung
Jungunternehmern fehlt es häufig an der Erfahrung für ein zielgruppenorientiertes Marketing. So werden Risiken in einer problematischen Kundenstruktur – beispielsweise die plötzliche Veränderung des Konsumentenverhaltens in trendabhängigen Branchen – falsch eingeschätzt.

Teil 3:
Erfolgreiches Wirtschaften mit der GmbH

1 Der Businessplan als Wegweiser

1.1 Wie nutzt Ihnen ein Businessplan?

Der Businessplan ist das entscheidende Planungsinstrument für Sie als Unternehmer und dient Ihnen sowie Kooperationspartnern zur Zielkontrolle.

Im Businessplan werden die folgenden zentralen Fragen beantwortet:

- Was kann ich – wer bin ich? (Unternehmerpersönlichkeit)
- Was sind meine Kernkompetenzen?
- Wie kann ich mich, meine Idee bzw. mein Angebot verkaufen?

Im Businessplan führen Sie Ihre Überlegungen und Annahmen zum Markt zusammen und erarbeiten Szenarien, wie und wohin sich Ihr Unternehmen entwickeln kann. Ein wichtiger Zusatznutzen für viele Unternehmer besteht in der Tatsache, dass durch die Strukturierung und das schriftliche Dokumentieren der Businessplan zur eigenen Klärung von Überlegungen und damit zur Entscheidungsfindung beiträgt.

Businessplan und Kreditvergabe

Für Kapitalgeber wie z. B. Banken und Sparkassen ist der Businessplan ein äußerst wichtiges Entscheidungsinstrument bei der Kreditvergabe. Oft werden beim Bankgespräch die Annahmen des Businessplanes mit Ihnen als möglichem Kreditnehmer intensiv diskutiert, um auszuloten, wie gut Sie sich mit dem Markt (Positionierung, Wettbewerber, Preisfindung etc.) auseinandergesetzt haben und wie fundiert damit Ihr Geschäftsmodell ist.

Beispiel

!

Udo Ungestüm will ein Unternehmen gründen. Seine bisherige Tätigkeit als angestellter Software-Entwickler will er nun in der eigenen GmbH ausführen. Udo Ungestüm erinnert sich an einige Kunden, die ihn in der Vergangenheit immer wieder mal auf eine direkte Zusammenarbeit angesprochen haben. Eigentlich müsste er nur die Kundenkontakte reaktivieren, da käme bestimmt der eine oder andere Auftrag bei raus. Udo Ungestüm hat schon den Telefonhörer in der Hand, als ihm Zweifel kommen: Was will er eigentlich am Telefonat konkret anbieten? Ob die Aufträge wohl auf Dauer reichen werden, um alle privaten finanziellen Verpflichtungen zu decken? Und wird seine Familie ihn bei dem Projekt »Eigene GmbH« unterstützen? Diese und andere Fragen gehen ihm durch den Kopf und Udo Ungestüm erkennt, dass er zunächst Ordnung in seine Gründungsidee bringen muss. Dazu bietet sich die Systematik eines Geschäftsplans (Businessplan) an.

1.2 Was sollte ein Businessplan enthalten?

Die Anforderungen an einen Geschäftsplan sind **nicht gesetzlich vorgeschrieben**, jedoch sollte er einige wichtige Elemente und Mindestanforderungen enthalten. In der Rohfassung werden üblicherweise folgende Komponenten erwartet:

- Beschreibung der Geschäftsidee
- Markteinschätzung
- Marketingstrategie
- Unternehmensorganisation
- Kapitalbedarfsplanung
- Umsatzplanung
- Liquiditätsplanung
- Lebenslauf

Die Planungsrechnungen erscheinen bereits in der Rohfassung, da sie die Basis für die weiteren Schritte der Finanzierung bilden.

! **Beispiel**

Udo Ungestüm überlegt, welche Informationen er in seinem Geschäftsplan aufnehmen soll. Zunächst will er die Frage beantworten, ob und unter welchen Umständen sich seine Geschäftsidee rechnet. Vielleicht ergibt sich aus diesen Überlegungen, dass er z.B. Fremdkapital für die Erstinvestitionen benötigt oder dass er zusammen mit einem Geschäftspartner viel erfolgreicher agieren kann. Udo Ungestüm möchte erstmal seine Gedanken geordnet zu Papier bringen.

1.2.1 Form und Umfang eines Businessplanes

Der Businessplan sollte ansprechend gestaltet und klar gegliedert sein, weil er die Funktion einer inhaltlichen Visitenkarte des Unternehmens hat. Als Umfang hat sich eine Seitenzahl von ca. 25 bis 40 Seiten einschließlich Anlagen (Schriftgröße 12 Punkt) bewährt. Dies reicht in der Regel aus, um das Geschäftsmodell und Ihre Markteinschätzung schlüssig darzustellen und die sich hieraus ergebenden Planzahlen nachvollziehbar zu entwickeln.

Die Glaubwürdigkeit und Stringenz Ihrer Überlegungen können Sie dadurch unterstreichen, dass Sie konkrete, verständliche und sachliche Formulierungen wählen.

Nach dem Aufbau einer ersten Rohfassung gilt es, die einzelnen Komponenten des Businessplanes danach zu hinterfragen, ob die Geschäftsidee eine realistische Chance hat im Zusammenspiel von Marketingstrategie, Standort, Markt- und Branchengeschehen und den eigenen Qualifikationen, Fähigkeiten und Neigungen. Arbeiten Sie Ihren Plan immer wieder durch und ergänzen Sie die Lücken.

Bevor Sie den Businessplan an Kooperationspartner oder Kapitalgeber herausgeben, empfiehlt es sich, zusammen mit Fachleuten wie z.B. Ihrem Steuerberater oder den Beratern der Kammern zu prüfen, ob die Darstellung schlüssig ist und ob das Zahlenwerk mit Ihren Ausführungen zusammenpasst.

Die Bestandteile des Geschäftsplanes sollten parallel zur Entwicklung Ihres Geschäftsmodells weitergeführt und aktualisiert werden. Mit der Klärung Ihrer Finanzierung kommt als wichtige Komponente der Finanzierungsplan zur bisherigen Fassung hinzu.

Der **Finanzierungsplan** begründet die notwendigen Verpflichtungen gegenüber Ihren Kapitalgebern (Bank, Beteiligung, Leasing), also die Zahlung von Zinsen und Tilgung oder die Rückgabe einer Beteiligung etc.

Wichtig ist, dass alle Planzahlen – und natürlich die hierzu dargestellten Vorgehensweisen – aufeinander abgestimmt sind. Nur so behält der Businessplan gegenüber Kapitalgebern seine Glaubwürdigkeit und kann Ihnen zur Positionsbestimmung und als Planungsinstrument dienen. Der Finanzierungsplan sollte daher in das bestehende Zahlenwerk eingepflegt werden.

Dynamische Unternehmen verändern und entwickeln sich permanent. Daher sollten Sie die Aktualisierung des Businessplans als Chance für eine regelmäßige Überprüfung der Entwicklung nutzen. Es hat sich bewährt, das Fortschreiben dieser Entwicklungen in einem festen Zeitraster vorzunehmen (z.B. immer zu Beginn eines neuen Quartals). Durch das Hinzuziehen von externen Beratern kann dieser Prozess noch zusätzlich institutionalisiert werden.

1.2.2 Checkliste: Aufbau des Businessplans

1. Zusammenfassung

Tipp: Schreiben Sie die Zusammenfassung erst, wenn Sie Ihren Businessplan komplett erstellt haben. Damit haben Sie die Gewähr, dass Sie Ihr Geschäftsvorhaben kurz, übersichtlich und in sich schlüssig darstellen können.

- Name des zukünftigen Unternehmens, Standort, Adresse?
- Wann wollen Sie mit Ihrem Vorhaben starten?
- Name(n) des/der Gründer(s), des Gründerteams?
- Was qualifiziert Sie/das Gründerteam für das geplante Gründungsvorhaben?
- Was bietet Ihr Unternehmen an? Was bewegt Sie, genau das anzubieten?
- Was ist das Besondere an diesem Angebot?
- Welche Kunden kommen für Ihr Angebot in Frage?
- Welche Bedürfnisse haben diese Kunden? Welche Lösungen suchen sie?
- Wie soll Ihr Angebot Ihre Kunden erreichen?
- Wer sind die wichtigsten Wettbewerber?
- Welche Vorteile und Chancen hat Ihr Gründungsvorhaben gegenüber den bestehenden Wettbewerberangeboten?
- Welchen Gesamtkapitalbedarf benötigen Sie für Ihr Vorhaben?
- Welches Umsatzvolumen wollen Sie realisieren?
- Welche Unternehmensziele haben Sie sich gesteckt?
- Welche Risiken birgt Ihr Geschäftsvorhaben?

2. Geschäftsidee

- Was genau wollen Sie machen?
- Was ist an Ihrer Geschäftsidee ungewöhnlich und erfolgversprechend?
- Wodurch unterscheidet sich Ihre Geschäftsidee von denen der Wettbewerber?

3. Unternehmen

- Stellen Sie Ihr geplantes Unternehmen vor!
  (Gründungsdatum, Gesellschafter, Geschäftsführer, Mitarbeiter, Sitz, Geschäftszweck, strategische Allianzen. Falls vorhanden: Patente, Rechte, Lizenzen, Verträge)
- Was ist Ihr Unternehmenszweck? Was sind die Leitlinien Ihres unternehmerischen Handelns? (Corporate Identity)
- In welcher konkreten Phase befindet sich Ihr Unternehmen (vor/während der Gründung, Markteinführung, Wachstumsphase, Relaunch)?
- Wie sind Ihre Unternehmensziele definiert (kurz-, mittel-, langfristig; quantitativ und qualitativ)?

4. Produkt/Dienstleistung

- Welches (Haupt-)Produkt/welche (Haupt-)Leistung wollen Sie herstellen bzw. verkaufen?
- Welche anderen Produkte/Dienstleistungen benötigen Sie ab wann zum Abrunden Ihres Leistungsangebotes?
- Was ist das Besondere an Ihrem Angebot (heute und in Zukunft)?
- Wie ist der Entwicklungsstand Ihres Produktes/Ihrer Leistung?
- Welche Voraussetzungen müssen bis zum Start noch erfüllt werden? (z.B. Schutzrechte, Genehmigungen, Umbauten)
- Wie werden Sie produzieren (z.B. Maschinenausstattung, In-/Ausland)?
- Mit welchen Lieferanten wollen Sie Handelsbeziehungen aufnehmen?
- Wie stellen Sie Ihre Leistungen zur Verfügung?
- Welche gesetzlichen Formalitäten (z.B. Zulassungen, Genehmigungen) sind (noch) zu erledigen?
- Ab wann kann das Produkt vermarktet werden?

Für entwicklungsintensive Vorhaben (ggf. unterstützt durch ein technischen Gutachten)

- Welche Entwicklungsschritte sind für Ihr Produkt noch notwendig?
- Welche gewerblichen Schutzrechte (z.B. Patent, Gebrauchs- oder Geschmacksmuster, Marke) besitzen Sie bzw. haben Sie beantragt?
- Wie sieht der weitere Terminplan aus: Null-Serien-Fertigung, Testmarkt, Referenzkunde, Produktionsreife, Anmeldung und Nutzung gewerblicher Schutzrechte?
- Wer führt das Testverfahren durch?
- Welche technischen Zulassungen sind (noch) notwendig?
- Wie könnten sich die technologischen Möglichkeiten unter welchen Voraussetzungen im Idealfall entwickeln?
- Wie wird sich der Standort zukünftig entwickeln?

5. Markt und Wettbewerb

Kunden

- Wie definieren Sie Ihre Zielgruppe/n? Wer sind Ihre möglichen Kunden (kurz- und langfristig)?
- Wo finden Sie Ihre Kunden (lokal, regional, national, international, weltweit)?
- Wie setzen sich die einzelnen Kundensegmente zusammen (z.B. Privatkunden mit Alter, Geschlecht, Wohnort, Beruf, Einkommensklasse, Einkaufsverhalten; Geschäftskunden mit Branche, Firmengröße, Standort)?
- Welche Bedürfnisse/Probleme haben Ihre Kunden?

- Welche/s Problem/e Ihrer Kunden lösen Sie mit Ihrem speziellen Angebot?
- Welches Umsatzpotential ergibt sich je Kundensegment?
- Haben Sie bereits Referenzkunden? Wenn ja, welche?
- Welches kurz- und langfristige Umsatzpotenzial ist damit verbunden?
- Sind Sie (zum Start/auf Dauer) von wenigen Großkunden abhängig?

Konkurrenz

- Wie wird das Problem/Bedürfnis Ihrer Kunden auch noch gelöst? Welche anderen Entwicklungen, die in die Richtung Ihres Angebotes gehen, gibt es auch noch?
- Wer sind Ihre direkten/indirekten Konkurrenten?
- Welche Marktbedeutung haben diese Konkurrenten?
- Was kosten Ihre Produkte bei der Konkurrenz? Welches Preis-Leistungs-Verhältnis bieten Ihre Wettbewerber an?
- Welches sind die größten Stärken und Schwächen Ihrer (Haupt-) Konkurrenten?
- Welche Schwächen hat Ihr Unternehmen gegenüber Ihrem wichtigsten Konkurrenten?
- Wie begegnen Sie diesen Schwächen?

Standort

- Von wo aus bieten Sie Ihr Angebot an (z.B. Firmensitz, Filiale/n, Verwaltung, Lager)?
- Warum haben Sie sich für diesen Standort entschieden?
- Welche weiteren Vorteile bietet Ihnen der Standort?
- Welche Nachteile hat der Standort (aktuell/zukünftig)?
- Wie gleichen Sie diese Nachteile aus?
- Wie wird sich der Standort entwickeln?

6. Marketing

Angebot

- Welchen Nutzen hat Ihr Angebot für potenzielle Kunden?
- Was ist (aus Kundensicht) bei Ihrem Angebot besser als bei dem Angebot der Konkurrenz?
- Wie beweisen Sie Ihre Qualität gegenüber den Kunden?
- Welche Serviceleistungen bieten Sie an?

Preis

- Zu welchem Verkaufspreis wollen Sie Ihr Produkt/Ihre Dienstleistung anbieten?
- Welche Kalkulation liegt diesem Preis zugrunde?
- Welche Preisnachlässe/Rabatte werden Sie unter welchen Bedingungen gewähren?
- Welche Preisstrategie verfolgen Sie?

Vertrieb

- Welche Absatzwege nutzen Sie: Verkaufen Sie direkt an Ihre Kunden (z.B. auch über einen Onlineshop) oder arbeiten Sie mit dem Handel?
- Wie ist Ihre Logistik aufgebaut (Lager, Transport)? Wie kommt das Produkt/die Dienstleistung zum Kunden?
- Welche Absatzgrößen steuern Sie in welchen Zeiträumen an?
- Welche Zielgebiete bearbeiten Sie?
- Welche Vertriebspartner werden Sie nutzen?
- Welche Kosten entstehen durch den Vertrieb?

Werbung

- Wie erfahren Ihre Kunden von Ihrem Produkt bzw. Ihrer Dienstleistung?
- Welche Werbemaßnahmen planen Sie? Zu welchem Zeitpunkt? Zu welchen Kosten?
- Wie messen Sie den Erfolg Ihrer Werbeaktivitäten?

7. Unternehmensorganisation

- Über welche Qualifikationen, Berufserfahrungen und ggf. Zulassungen verfügen Sie/Ihr Gründerteam?
- Welcher der Gründer verfügt über nähere Branchenkenntnisse?
- Über welche kaufmännischen Kenntnisse verfügen Sie selbst?
- Welche besonderen Stärken gibt es bei Ihnen/Ihrem Gründerteam?
- Welche persönlichen Lücken/Defizite sind festzustellen? Wie werden diese ausgeglichen?

Rechtsform

- Für welche Rechtsform haben Sie sich entschieden? Aus welchen Gründen?
- Berücksichtigt die Rechtsform Ihre Interessen und die Ihrer Partner/Gesellschafter?
- Unter welchen Voraussetzungen planen Sie ggf. einen Wechsel der Rechtsform?

Organisation

- Wer ist für was zuständig (Stellenbeschreibung, Aufbau-/Ablauforganisation)?
- Wie können Sie ein aussagekräftiges Controlling/Management-Informationssystem sicherstellen?

Mitarbeiter

- Wann bzw. in welchen zeitlichen Abständen wollen Sie wie viele Mitarbeiter in welchem Arbeitsverhältnis (z.B. Vollzeitjob, befristetes Arbeitsverhältnis) einstellen?
- Welche Qualifikationen sollten Ihre Mitarbeiter haben?
- Welche Schulungsmaßnahmen sehen Sie ab wann für Ihre Mitarbeiter/Ihre Führungskräfte vor?

Tipp: Legen Sie ggf. ein Unternehmens-Organigramm bei und ergänzen Sie dieses mit den Angaben zu den einzelnen Führungspersonen (Alter, Firmenzugehörigkeiten, Qualifikationen, Ausbildung).

8. Risiken/Chancen

- Welches sind die drei größten Chancen, die die weitere Entwicklung Ihres Unternehmens positiv beeinflussen könnten? (Best-Case-Betrachtung)
- Welches sind die drei wichtigsten Probleme, die eine erfolgreiche Entwicklung Ihres Unternehmens behindern könnten? (Worst-Case-Betrachtung)
- Wie wollen Sie eventuellen Risiken/Problemen begegnen?

9. Finanzierung

Investitionsplan/Kapitalbedarfsplan

- Wie hoch ist der Gesamtkapitalbedarf für Anschaffungen (z.B. Anschaffung, Installation und Inbetriebnahme von Maschinen, Umbaumaßnahmen, Büroinfrastruktur) und Vorlaufkosten (z.B. Lizenzen, Konzessionen, Ausstattung des Waren-/Materiallagers) für Ihren Unternehmensstart?
- Wie hoch ist der Kapitalbedarf für eine Liquiditätsreserve während der Anlaufphase (ausreichend für eine Zeit von 6 Monaten nach Gründung; bei innovativen Science-Unternehmen für ca. 2 Jahre)?
- Liegen Ihnen Kostenvoranschläge/nachvollziehbare aktuelle Marktpreise vor, um Ihre Investitionsplanung zu belegen?

Finanzierungsplan

- Wie hoch ist Ihr Eigenkapitalanteil?
- Wie hoch ist Ihr Fremdkapitalbedarf?
- Welche Sicherheiten können Sie für Kredite einsetzen?
- Welche Förderprogramme könnten für Sie in Frage kommen?
- Welche Beteiligungskapitalgeber könnten für Sie interessant sein?
- Können Sie bestimmte Objekte leasen? Zu welchen Konditionen?

Liquiditätsplan

- Mit welchen monatlichen Einzahlungen rechnen Sie (verteilt auf die ersten drei Jahre Ihrer Unternehmensgründung)?
- Welche monatlichen Kosten (Material, Personal, Miete, Beiträge u.a.) sind zu berücksichtigen?
- Wie hoch schätzen Sie die Investitionskosten (verteilt auf die ersten zwölf Monate)?
- Wie hoch schätzen Sie den monatlichen Kapitaldienst (Tilgung und Zinszahlung)?
- Welche monatliche Liquiditätsreserve haben Sie eingeplant?

Ertragsvorschau/Rentabilitätsrechnung

- Wie hoch schätzen Sie den Umsatz für die nächsten drei Jahre (Monatsumsatz, Jahresumsatz)? Welche Produkte/Dienstleistungen, welche Kunden stehen hinter dem geplanten Umsatz?
- Wie hoch schätzen Sie die Kosten für die nächsten drei Jahre?
- Wie hoch schätzen Sie den Gewinn für die nächsten drei Jahre?

2 Finanzierung der GmbH

2.1 Wie viel Geld benötigen Sie für Ihr Unternehmen?

Eine solide Unternehmensfinanzierung lässt genügend Handlungsspielraum und berücksichtigt eine Reserve für Unvorhergesehenes. Sie sollten also die Planung so gestalten, dass die unter realistischen Umständen prognostizierten Umsätze den Aufwand für Zins und Tilgung eher großzügig abdecken können.

2.1.1 Finanzplanung als effektives Kontrollinstrument

Die Finanzplanung ist ein wichtiger und unerlässlicher Bestandteil Ihres Geschäftsplanes. Die Planungsrechnungen liefern Argumente gegenüber Banken/Kreditinstituten, Kapitalgebern, Lieferanten u. v. m. Gleichzeitig bildet die Finanzplanung ein Planungs- und Steuerungsinstrument für Sie als Unternehmer.

Durch die Planungsrechnungen werden Ziele gesteckt, die es zu erreichen und zu verteidigen gilt. Somit werden die Planungsrechnungen im laufenden Betrieb zu einem Instrument der **Zielkontrolle**. Dies nicht nur für Sie selbst, sondern auch für Kapitalgeber, z.B. Ihre Bank.

In regelmäßigen Abständen wird Ihr Kapitalgeber Sie und Ihre abgegebenen Planzahlen überprüfen. Lassen Sie sich davon nicht überraschen, sondern kontrollieren Sie sich selbst zuerst.

Wie viel Geld benötigen Sie zum Start?
Bei der Neugründung einer GmbH sollten Sie ermitteln, wie viel Kapital erforderlich ist, um Ihre Unternehmensziele erreichen zu können. Neben den Investitionen z.B. in Maschinen, Geschäftsausstattung, Ladeneinrichtung oder EDV-Anlage planen Sie auch die Betriebsmittel, wie z.B. Miete für die ersten drei bis sechs Monate, mit ein. Schließlich gilt es, die Anlaufphase zu überbrücken, bis die ersten Rechnungsbeträge auf Ihrem Konto eingegangen sind.

Beispiel: Banktermin vorbereiten !

Udo Ungestüm benötigt Fremdkapital für seine Unternehmensgründung. Dazu hat er Termine mit verschiedenen Banken vereinbart, die zur Vorbereitung des gemeinsamen Gespräches nach seinem Businessplan gefragt haben.

Udo Ungestüm überarbeitet seinen Geschäftsplan inhaltlich und formal. Schließlich soll das Papier den externen Banker davon überzeugen, dass es sich lohnt, in ihn – Udo Ungestüm als geschäftsführenden Gesellschafter der neuen GmbH – zu investieren.

Nur mit einer fundierten **Kapitalbedarfsplanung** können Sie jederzeit Liquidität sicherstellen und damit das »Aus« durch Zahlungsunfähigkeit vermeiden

Der Kapitalbedarf sollte großzügig berechnet sein und »Reserven für Unvorhergesehenes« beinhalten. Denken Sie auch an mögliche Gründungskosten wie z.B. Eintrag in das Handelsregister, Maklercourtagen, Gebühren für Anmeldung oder Sachkundenachweise etc.

Übersicht: Kapitalbedarfsplan/Investitionsplan

1. Investitionen (langfristig)	**Kapitalbedarf in EUR**
Grundstück	
Kosten für Bauplanung/Erschließung etc.	
Maschinen, Werkzeuge	
Betriebsausstattung, Geschäftseinrichtung	
EDV/IT	
Fahrzeuge	
Reserve für Folgeinvestitionen und Unvorhergesehenes	
= Zwischensumme Investitionen	
2. Kurzfristiger Kapitalbedarf (für die ersten sechs Monate)	**Kapitalbedarf in EUR**
Warenerstausstattung	
unfertige Erzeugnisse/Leistungen	
Roh-, Hilfs- und Betriebsstoffe	
Miete/Raumkosten	
Versicherungen/Steuern	
Kfz-Kosten	
Reparaturen, Instandhaltung	
Leasingraten	
Bürobedarf	
Telefon, Fax, Internet	

Werbung/Marketing/Reisekosten	
lfd. Rechts- und Unternehmensberatung extern	
Zinsaufwendungen	
Betriebliche Steuern	
Personalkosten	
Reserve für besondere Belastungen in der Anlaufphase	
= Zwischensumme Kurzfristiger Kapitalbedarf	
3. Sonstige Kosten	**Kapitalbedarf in EUR**
Gründungskosten (Eintragung HR, Anmeldungen, Genehmigungen etc.)	
+ Beratungskosten	
+ Sonstiges	
= Zwischensumme Sonstige Kosten	
4. Vorfinanzierungsbedarf	
$\frac{\text{Zwischensumme kurzfristiger Kapitalbedarf}}{365}$	= Kurzfristiger Kapitalbedarf pro Tag
Kurzfristiger Kapitalbedarf pro Tag	x Anzahl der Vorfinanzierungstage
= Vorfinanzierungsbedarf	
5. Gesamter Kapitalbedarf (ohne Mehrwertsteuer)	
Zwischensumme Investitionen	
+ Zwischensumme Kurzfristiger Kapitalbedarf	
+ Zwischensumme Sonstige Kosten	
= Gesamter Kapitalbedarf	

2.1.2 So führen Sie eine Rentabilitätsvorschau durch

In der Rentabilitätsvorschau werden den erwarteten Umsätzen die kalkulierten betrieblichen Kosten gegenübergestellt. Die Umsatzplanung wird jeweils auf Jahreswerte berechnet, um einen Orientierungswert zu erhalten, der umsatzstarke ebenso wie umsatzschwache Zeiten während des laufenden Geschäftsjahres (z.B. »saisonbedingtes Sommerloch«) berücksichtigt.

! **Beispiel**

»Umsatzplan, Kapitalbedarfsplan, Liquiditätsplan, Investitionsplan ... Was kommt denn noch?«, fragt Udo Ungestüm seine ehemaligen Kollegin Bärbel Bedächtig. »Na, willst Du nicht wissen, ob sich Deine Geschäftsidee auch rechnet? Dir fehlt noch die Rentabilitätsvorschau, aus der Du erkennen kannst, ob Dir Dein zukünftiges unternehmerisches Handeln genügend Geld für Dein Geschäftsführergehalt und einen Gewinn übriglässt!«

Der in der Rentabilitätsvorschau dargestellte Gewinn sollte so hoch sein, dass sich aus diesem Betrag ein angemessener **Unternehmerlohn** für die private Haushalts- und Lebensführung, die persönliche soziale **Vorsorge** von Ihnen und Ihrer Familie und die **Einkommensteuer** tragen lässt.

Sofern Sie ein Darlehen für den Start Ihres Unternehmens in Anspruch nehmen, muss aus diesem Betrag auch die zu erwartende Tilgung des Kredits zu erbringen sein. Eine vorausschauende und trotzdem realistische Planung sollte auf zwei, besser noch drei Jahre angelegt sein.

Übersicht: Rentabilitätsvorschau

Umsatzerlöse
./. Material/Wareneinsatz
= Rohertrag
./. Kostenarten:
Personalkosten (ohne Unternehmerlohn)
Raumkosten (Mieten)
Energiekosten (Strom, Wasser, Heizung; Abfall)
Bürokosten (Bürobedarf, Telefon, Porto, EDV, Internet)
Werbe-/Reisekosten
Rechtsberatung/Steuerberatung
Sonstige Kosten einschl. Versicherung, Kfz
= erwirtschafteter Cashflow
./. Zinsen
= Cashflow
./. Abschreibungen
= Betriebsergebnis

Der Anteil für den Lebensunterhalt

Beispiel: Lebensunterhalt !

Schon vor einiger Zeit hat sich Udo Ungestüm eine Übersicht über seine privaten finanziellen Verpflichtungen erstellt, die er regelmäßig aktualisiert. Für sein geplantes neues Unternehmen klopft er alle einzelnen Positionen ab. Schnell ist ihm klar, dass er sich Gedanken machen muss über seine zukünftige Krankenversicherung und seine Altersabsicherung. Auch die anderen privaten Versicherungen stellt er auf den Prüfstand: Was kann ruhen? Wo kann man mit niedrigeren Beiträgen operieren? Was kann womöglich gekündigt werden?

Um festzustellen, ob der zu erwartende Gewinn für den Lebensunterhalt ausreicht, sollte im Vorfeld ermittelt werden, welche notwendigen privaten Ausgaben unbedingt erwirtschaftet werden müssen.

Übersicht: Beispielberechnung des »Unternehmerlohns«

Einkommensteuer	3.500,00
Kranken- und Pflegeversicherung	3.000,00
Altersvorsorge	4.000,00
Lebensversicherung	3.000,00
sonstige private Versicherungen	1.000,00
private Miete + Nebenkosten	4.500,00
Lebensunterhalt	12.000,00
benötigte private Ausgaben (= Summe private Ausgaben)	31.000,00
zzgl. sonstige private Ausgaben	4.000,00
Summe aller privaten Ausgaben pro Jahr, die mindestens erwirtschaftet werden müssen	**35.000,00**

2.1.3 So führen Sie eine Liquiditätsplanung durch

Bärbel Bedächtig und Udo Ungestüm sprechen über den Geschäftsplan von Udo Ungestüm. »Weißt Du, was mir auffällt? Du brauchst zum Start eigene PCs und Software, und für Dein Büro musst Du auch sofort eine Dreimonats-Kaution hinterlegen. Wenn sich nur einer Deiner Aufträge verschiebt oder gar ausfällt, hast Du nach dieser Aufstellung keine finanziellen Reserven, um all Deine definitiv anfallenden Erstausgaben zu begleichen! Bist Du sicher, dass Deine zukünftigen Kunden pünktlich zahlen? Ich empfehle Dir: Überprüfe nochmals Deine Finanz- und Liquiditätsplanung und rechne bewusst Reserven ein, die Du gesondert für solche Fälle ausweist.«

Die Umsatz- und Rentabilitätsvorschau erlaubt einen Überblick über die zu erwartende Umsatz- und Gewinnsituation Ihres Betriebes, der Rückschlüsse auf die generelle Realisierbarkeit und Wirtschaftlichkeit der Unternehmensgründung zulässt.

Da diese Planung Jahreswerte berücksichtigt, ist jedoch noch nichts darüber ausgesagt, ob das Unternehmen auch im Geschäftsalltag über genügend flüssige Mittel verfügt, um die Verbindlichkeiten fristgerecht begleichen zu können. Liquidität bedeutet, dass ein Betrieb seine fälligen Verbindlichkeiten bedienen kann.

Die **Liquiditätsplanung** stellt dar, zu welchem Zeitpunkt mit Einnahmen gerechnet werden kann und zu welchem Zeitpunkt welche Ausgaben zu tätigen sind. Bei dieser Gegenüberstellung wird sich zeigen, wann die Einnahmen die Ausgaben übersteigen und umgekehrt. Denken Sie z.B. an das Saisongeschäft: Hier übersteigen vor allem in der Saison die Einnahmen die Ausgaben; außerhalb der Saison müssen Sie berücksichtigen, dass die Höhe der aktuellen Einnahmen möglicherweise nicht mehr ausreicht, um alle Kosten abzudecken.

Mithilfe der Liquiditätsplanung lässt sich relativ genau ermitteln, welche kurzfristigen Finanzierungsmöglichkeiten in welcher Höhe über die Hausbank benötigt werden (Kontokorrentkredit). Die Liquiditätsplanung erstreckt sich idealerweise über ein Geschäftsjahr und berücksichtigt die Ein- und Ausgaben monatsweise.

Übersicht: Liquiditätsplanung

Anfangsbestand Banken und Kasse	
+ Einnahmen aus Forderungen	
+ Einzahlung Zinseinnahmen	
+ Einnahmen aus Desinvestition/Anlagenverkauf	
+ Einzahlung: Neuaufnahme von Darlehen	
+ Einzahlungen: sonstige Forderungen	
+ Außerordentlicher Ertrag	
+ Eigenkapitalveränderungen/Einzahlung Beteiligung	
= Summe Cash-in	

./. Auszahlung Personalaufwand	
./. Auszahlung Material- und sonst. Aufwand	
./. Auszahlung Zinsaufwand	
./. Auszahlung Investitionen	
./. Auszahlung Tilgung	
./. Auszahlung Steuern, Versicherungen, Abgaben	
./. Auszahlung Umsatzsteuersaldo	
./. Sonstige Auszahlungen	
./. Ausschüttungen (Privatentnahmen)	
= Summe Cash-out	
Überdeckung bzw. Unterdeckung (Cash-in ./. Cash-out)	
Noch verfügbare Kreditlinien	
= Liquidität (Über-/Unterdeckung + verfügbare Kreditlinien)	

2.1.4 Liquidität gewinnen mit Forderungsmanagement

Ein aktives Forderungsmanagement erhöht Ihre Liquidität und gibt Ihnen damit auch in schwierigen Situationen einen größeren finanziellen Handlungsspielraum.

Fünf Tipps für ein aktives Forderungsmanagement
Tipp 1: Großzügige Zahlungsziele meiden

Vereinbaren Sie bei Aufträgen immer Zahlungstermine. Ansonsten kommt der Käufer erst in Verzug, nachdem Sie ihn ausdrücklich gemahnt haben. Vermeiden Sie nach Möglichkeit großzügige oder branchenunübliche Zahlungsziele. Belohnen Sie Ihre Kunden vielmehr bei schnellen Zahlungen, indem Sie beispielsweise Skonto einräumen.

Tipp 2: Rechnungen schnell stellen
Sobald Sie Ihre vereinbarte Leistung erbracht haben, sollten Sie Ihre Rechnung stellen. Achten Sie darauf, dass Sie die erbrachten Leistungen korrekt und vollständig darstellen. Stellen Sie sicher, dass Sie die vereinbarten Preise verlangen. Denn der Kunde könnte Fehler in der Rechnung nutzen, um die Zahlung hinauszuschieben oder zu verweigern.

Tipp 3: Zahlungseingänge überwachen
Stellen Sie sicher, dass Zahlungstermine und Zahlungsbeträge eingehalten werden. Ggf. vereinbaren Sie mit Ihren Kunden eine Anzahlung und einen Zahlungsplan. Denken sie daran: Wenn Sie Ihre Leistungen pünktlich und vollständig erbracht haben, dürfen Sie von Ihrem Kunden dasselbe bei der Zahlung erwarten.

Tipp 4: Mahnwesen organisieren
Bevor Sie Ihren Kunden an die Zahlung erinnern, sollten Sie prüfen, ob Ihre Leistung korrekt erbracht und abgerechnet wurde. Hat auf Ihrer Seite alles seine Richtigkeit, können Sie beispielsweise Ihren Kunden fragen, ob er mit Ihren Leistungen zufrieden war – und dann um Ausgleich der Forderung bitten.

Auch wenn eine förmliche Mahnung aus rechtlichen Gründen eigentlich nicht erforderlich ist, ist es aus Gründen der Kundenpflege durchaus sinnvoll, Mahnschreiben zu versenden. Vielleicht hat Ihr Kunde (»Schuldner«) die abgelaufene Zahlungsfrist ja nur übersehen.

Der in der Praxis übliche Ablauf des Mahnwesens beginnt mit einer freundlichen Erinnerung und verschärft sich dann mit der ersten und zweiten Mahnung bis zur Drohung mit rechtlichen Schritten in der dritten Mahnung. Bei allen Schreiben sollten Sie immer eine angemessene **Frist** setzen (ca. sieben bis zehn Tage) und das genaue Datum (Werktag) angeben, bis wann die Forderung zu bezahlen ist. Für die Erinnerung können Sie noch keine Kosten ansetzen. Ihre Kosten für die Mahnungen dagegen lassen sich als Verzugsschaden geltend machen.

Tipp 5: Rechtsanwalt, Mahnbescheid oder Inkassounternehmen
Bei einem hartnäckigen Nichtzahler können Sie über einen Anwalt mahnen lassen, einen Mahnbescheid bewirken oder die Forderung durch ein Inkassounternehmen beibringen lassen. Häufig ist die Zusammenarbeit mit einem Inkassounternehmen der schnellste Weg, da sich (wie z.B. bei Creditreform) bei Nichtzahlung das Bonitätsrating des Schuldners deutlich verschlechtert.

2.2 Möglichkeiten der Kapitalbeschaffung

Eine gute Unternehmensfinanzierung setzt sich im Idealfall aus einer ausgewogenen Mischung von **Eigenkapital und Fremdkapital** zusammen. Wünschenswert ist ein Eigenkapitalanteil von 15 bis 20 % des Kapitalbedarfes. Der Anteil der Fremdfinanzierung sollte bedarfsgerecht und liquiditätsschonend aufgestellt werden. Hierfür gibt es verschiedene öffentliche Förderprogramme, die in der Regel auf zinsverbilligten Darlehen beruhen, sowie Darlehensvarianten Ihrer Hausbank. Alle Varianten sollten Sie zusammen mit fachkundigen Beratern (Kammern, Steuerberater etc.) sowie dem Kundenberater der Bank sorgfältig prüfen.

Bedarfsgerecht heißt, dass die Finanzierung auf die zu finanzierenden Güter abgestimmt sein muss. Die üblichen Regeln hierfür sind:

- Langfristiges Kapital (z.B. Anlagevermögen wie Maschinen, Geschäftsausstattung, gegebenenfalls Gebäude oder Umbauten) soll langfristig finanziert werden. Die Laufzeit der Darlehen sollte sich hierbei an der betriebsgewöhnlichen Nutzungsdauer des zu finanzierenden Gutes orientieren (fristenkongruent).
- Im Umkehrschluss soll kurzfristiges Kapital (z.B. Betriebsmittel sowie die Vorfinanzierung laufender Kosten) auch kurzfristig finanziert werden.
- Der Kontokorrentrahmen sollte tatsächlich nur für »Notfälle« eingerichtet werden und nicht als Gründungsfinanzierung dienen, denn der Kontokorrentkredit verursacht in der Regel sehr hohe (Zins-)Kosten.

Führen Sie mehrere Bankgespräche und holen Sie Vergleichsangebote von verschiedenen Banken ein.

Verfügen Sie selbst nicht über genügend Mittel, die Sie in die GmbH als Eigenkapital einlegen können, so müssen Sie durch weitere Personen Eigenkapital oder aber Fremdkapital beschaffen. Die Beschaffung von weiterem Eigenkapital kann z.B. dadurch erfolgen, dass weitere Gesellschafter in die GmbH aufgenommen werden. Dadurch geben Sie allerdings auch einen Teil Ihrer Macht auf, da die neuen Gesellschafter jeweils auch über Stimmrechte verfügen werden.

2.2.1 Aufnahme von stillen Gesellschaftern

Eine Möglichkeit, die Macht in der GmbH weitgehend zu behalten, bietet die Aufnahme von stillen Gesellschaftern, die sich an der GmbH beteiligen, ohne jedoch auf der Gesellschafterversammlung der GmbH stimmberechtigt zu sein.

Welche Rechte haben stille Gesellschafter?
Die Rechte der stillen Gesellschafter werden individuell ausgehandelt. Hier kommt es auf Ihr Verhandlungsgeschick an. Viele stille Gesellschafter möchten nichts anderes, als ihr Geld mit Gewinn anlegen, andere hingegen wollen auch maßgeblichen Einfluss auf die Geschäftspolitik nehmen. Insbesondere VC-Geber (VC = **Venture Capital** = Wagnis- bzw. Risiko-Kapital) lassen sich eine Vielzahl von Rechten einräumen. Sie bestehen häufig sogar auf einer Garantieverzinsung, die unabhängig vom entstandenen Gewinn zahlbar ist. Dies ist jedoch gerade nicht typisch für einen stillen Gesellschafter, vielmehr bekommt der Stille gewöhnlich nur dann eine Ausschüttung, wenn tatsächlich auch Gewinn entsteht.

Auch sogenannte Business-Angel (BA) lassen sich als stille Gesellschafter gern aufnehmen. Es handelt sich häufig um Privatpersonen, die einen Teil ihres Vermögens in eine Existenzgründung stecken möchten, ohne dass sie jedoch selbst am Aufbau des Unternehmens tagtäglich mitwirken wollen. Sie beschränken sich in der Regel auf die Rolle des reinen Kapitalanlegers, gegebenenfalls noch ergänzt um die Funktion des Ratgebers des Gründers.

Stille Einlagen werden in der Bilanz der GmbH übrigens als Fremdkapital bilanziert. Dies kann, wenn z.B. die klassische GmbH nur mit dem Mindeststammkapital von 25.000 EUR ausgestattet ist und sonst über kein weiteres Eigenkapital verfügt, zur Folge haben, dass die GmbH bald nach der Aufnahme ihres Geschäftsbetriebs überschuldet ist. Bei einer **Überschuldung** sind die Geschäftsführer verpflichtet, unverzüglich Insolvenzantrag zu stellen.

In der Praxis können Sie den Insolvenzantrag vermeiden, indem die stillen Gesellschafter einen sogenannten Rangrücktritt erklären. Das heißt, sie erklären, dass sie mit ihren Forderungen im Rang hinter die sonstigen Gläubiger zurücktreten. Das bedeutet, dass die stillen Gesellschafter im Insolvenzverfahren nur nachrangig nach den sonstigen Gläubigern befriedigt werden. Die nachrangig gegenüber den stillen Gesellschaftern zu bedienenden Schulden werden daher bei der Ermittlung der Überschuldung nicht berücksichtigt. Dadurch kann eine Insolvenzreife ausgeräumt werden.

2.2.2 Finanzierung durch Bankkredite

Die klassische Finanzierung erfolgt nach wie vor über Banken und Sparkassen sowie die Förderinstitute des Bundes und des Landes. Die Berater der Banken und Sparkassen können gemeinsam mit dem GmbH-Gründer eine maßgeschneiderte Finanzierung erstellen, die die Angebote der Förderinstitute berücksichtigt.

Besonderheiten für GmbH-Gründer
Nimmt der Gründer persönlich Kredit auf, so muss er darauf achten, wie er die Kreditmittel in die Gesellschaft einbringt. Er kann sie als Eigenkapital, z.B. zur Begleichung seiner Stammeinlage oder als Fremdkapital einbringen.

Bei der Einbringung der Darlehensmittel als Fremdkapital muss das Innenverhältnis zwischen dem Existenzgründer und seiner Gesellschaft geregelt werden. Hier wird meist ein **Kreditvertrag** zwischen Gründer und GmbH abgeschlossen, der inhaltsgleich mit dem Kreditvertrag ist, den der Gründer mit seinem Geldgeber abgeschlossen hat. In der Folgezeit werden die Kreditraten – zur Verkürzung des Zahlungswegs – aus dem Gesellschaftsvermögen an den Kreditgeber entrichtet. Fehlt ein (schriftlicher) Kreditvertrag, besteht die Gefahr, dass dann, wenn der Gründer ausscheidet, etwa weil er sich mit seinen Mitgesellschaftern überwirft, diese die Zahlung der Raten an die Bank einstellen und den Ausgeschiedenen darauf verweisen, die Kreditraten nunmehr allein zurückzuzahlen. Hat der Existenzgründer nicht von Anfang an klar geregelt, dass die GmbH, die schließlich auch den Kreditbetrag bekommen hat, sämtliche Zahlungen, d.h. sowohl Tilgung als auch Zins übernimmt, wird es schwierig, den Anspruch durchzusetzen. Im Extremfall kann es passieren, dass der ausgeschiedene Gesellschafter seinen Kredit allein zurückführen muss, ohne Erstattung aus dem Gesellschaftsvermögen zu erhalten. Hat der Gründer hingegen seinen Kreditbetrag als Eigenkapital, z.B. für die Aufbringung des Stammkapitals zugeführt, muss er die Raten selbst zahlen. Verwendet er hierfür das Gesellschaftsvermögen, stellt dies grundsätzlich eine Entnahme dar.

2.2.3 Finanzierung mit öffentlicher Förderung

Für Existenzgründer gibt es je nach Ihrer persönlichen Situation weitere Finanzierungsmöglichkeiten z.B. über die Bundesagentur für Arbeit oder über die nach Bundesländern organisierten Integrationsämter. Diese öffentlichen Transferzahlungen unterliegen abhängig von den politischen Rahmenbedingungen starken Veränderungen, so dass hier nur ein erster Überblick gegeben werden kann.

- Die **Agentur für Arbeit** bietet die Möglichkeit der Existenzgründungsförderung (»Gründungszuschuss«). Voraussetzung für die Beantragung des Zuschusses ist das Bestehen eines Anspruchs auf Leistungen bei der Agentur für Arbeit (i.d.R. Arbeitslosengeld). Informationen erhalten Sie bei der für Sie zuständigen Agentur für Arbeit.
- Für **Schwerbehinderte**, die sich selbstständig machen möchten, sieht das Sozialgesetzbuch ebenfalls bestimmte Förderungen und Hilfen vor. Diese können in Form von Zuschüssen oder in Form von Darlehen gewährt werden. Sollten Sie zu diesem Personenkreis gehören, ist ein Gespräch mit dem für Sie zuständigen Integrationsamt sehr nützlich und hilfreich.

! **Beispiel**

Udo Ungestüm hat auf einer Gründermesse erfahren, dass es für Unternehmensgründer finanzielle Zuschüsse vom Staat gibt. Sogar nach der Gründung werden Jungunternehmer mit sogenannten Existenzfestigungskrediten gefördert. Udo Ungestüm prüft nun sorgfältig, welches Förderprogramm für ihn sinnvoll sein könnte. Und obwohl er weiß, dass er selber die Kreditanträge nicht direkt bei der KfW-Bank stellen kann (dazu ist nur die Hausbank befugt), will er gemeinsam mit seiner Hausbank ein gutes Förderprogramm aussuchen.

Der **Bund und die Länder** verfügen über zahlreiche Förderprogramme zur Existenzgründung und -festigung. Die Anträge für diese öffentlichen Finanzierungshilfen werden grundsätzlich über Ihre Hausbank gestellt: Sie selbst können zur Antragstellung keinen Kontakt mit den Förderinstituten aufnehmen.

Wichtig bei der Beantragung von öffentlichen Fördermitteln ist, dass das **Vorhaben bei der Antragstellung noch nicht begonnen wurde**. Dies bedeutet, dass Sie sich noch nicht rechtsverbindlich zu etwas verpflichtet haben, was über die öffentlichen Finanzierungshilfen gefördert werden soll (z.B. dürfen Bestellungen für ein Warenlager oder Maschinen noch nicht aufgegeben worden sein, Verträge dürfen noch nicht unterschrieben sein). Sie dürfen aber beispielweise Kostenvoranschläge einholen. Zu diesem Zweck benötigt man oft die Gewerbeanmeldung. Die Gewerbeanmeldung ist nicht förderschädlich.

Das zentrale Förderinstitut des Bundes ist die **KfW-Bankengruppe** – Die Mittelstandsbank mit Sitz in Frankfurt und Niederlassungen in Bonn und Berlin. Sie verfügt über ein großes Angebot an Förderprogrammen – größtenteils aus ERP-Geldern (= European Recovery Program).

Gefördert werden z.B. alle Formen der Existenzgründung im Rahmen des »ERP-Kapitals für Gründung« oder des »ERP-Gründerkredits«. Welches dieser Programme oder welche der Kombinationsmöglichkeiten für Ihre konkrete Finanzierung die optimale Lösung bietet, muss am Einzelfall anhand des jeweiligen Kapitalbedarfs und seiner Zusammensetzung entschieden werden.

Häufig ist nicht die GmbH Kreditnehmer, sondern der Existenzgründer selbst. Die Darlehensmittel werden aber oftmals direkt in das Gesellschaftsvermögen bezahlt.

Die einzelnen Bundesländer verfügen über unterschiedliche Förderinstitute des Landes, die ihrerseits ein recht großes Angebot an Fördermöglichkeiten bieten. Diese sind in der Regel mit Fördermitteln des Bundes kombinierbar. Welches dieser Förderinstitute für Sie in Frage kommt, erfahren Sie bei der Industrie- und Handelskammer oder der Handwerkskammer.

2.2.4 Absicherung durch Bürgschaften

Ländersache ist auch die **Bürgschaftsbank** als ein weiteres Förderinstitut. Die Bürgschaftsbank kann jeweils dann in die Finanzierung mit einbezogen werden, wenn die vorhandenen Sicherheiten nicht ausreichen. Die Bürgschaftsbank sichert bis zu 80 % des Kapitalbedarfes auf Antrag und gegen weitere Gebühren im Wege einer Ausfallbürgschaft ab.

Eine Voraussetzung, damit Sie die zinsverbilligten Darlehen erhalten können, ist – wie bei herkömmlichen Bankkrediten – die Stellung von bankküblichen Sicherheiten, gegebenenfalls ergänzt durch Bürgschaften wie z.B. der Bürgschaftsbank.

2.2.5 Finanzierung über Beteiligungskapital oder Leasing

Die Aufnahme eines Darlehens ist die häufigste Variante der Kapitalbeschaffung. Es gibt jedoch noch weitere Möglichkeiten, die im Folgenden exemplarisch vorgestellt werden.

Beteiligungskapital

Die Möglichkeit der Aufnahme von Beteiligungskapital ist eine weitere Finanzierungsmöglichkeit. Hierbei wird von dritter Seite für einen bestimmten zu vereinbarten Zeitraum dem Unternehmen Kapital zur Verfügung gestellt. Nach Ablauf der definierten Zeit wird die Beteiligung an den Beteiligungsgeber zurückgegeben. Hierbei kann z.B. dem Beteiligungsgeber ein Mitspracherecht bei der Unternehmensführung eingeräumt oder seine Beteiligung an Gewinn und Verlust vereinbart werden. Eine andere Möglichkeit besteht darin, das eingelegte Kapital mit einem angemessenen Zinssatz zu belegen.

Der Beteiligungsnehmer muss sich in seiner Planung bewusst sein, dass der Beteiligungsgeber seine Einlage zu einem festgelegten Zeitpunkt wieder aus dem Betrieb herausnehmen wird. Der Unternehmer sollte dafür Sorge tragen, dass für die wegfallende Beteiligung ein adäquater Ersatz vorhanden sein muss. Dieser Ersatz sollte möglichst nicht in der Aufnahme eines neuen Darlehens erfolgen.

Auch im Rahmen von öffentlichen Finanzierungshilfen wird Beteiligungskapital angeboten. Dies sind meist Fördermittel des Landes.

Informationen über Beteiligungskapital im Rahmen öffentlicher Finanzierungshilfen erhalten Sie bei Ihrer zuständigen Industrie- und Handelskammer oder Handwerkskammer; Informationen über private Beteiligungsgesellschaften finden Sie beim Bundesverband Deutscher Kapitalbeteiligungsgesellschaften.

Leasing
Anstatt z.B. Maschinen, EDV-Anlagen oder Firmenfahrzeuge zu kaufen, könnte auch das Leasen deutliche Vorteile bringen. Charakteristisch ist, dass der Leasinggeber, der das Leasingobjekt finanziert, juristischer und wirtschaftlicher Eigentümer des Objektes bleibt. Er überträgt jedoch dem Nutzer des Leasingobjektes alle Rechte, Risiken und Pflichten, die bei der traditionellen Miete üblicherweise der Vermieter trägt.

Sie haften als Leasingnehmer für Beschädigungen und gegebenenfalls für den Ausfall des Produkts und müssen unter Umständen Reparaturen ausführen und das Objekt instand halten.

Leasing ist liquiditätsschonend, da Sie ab der ersten Leasingrate über etwas verfügen können, für das Sie noch wenig bezahlt haben. Die dadurch verfügbaren Geldmittel können Sie anderweitig einsetzen und benötigen dafür kein zusätzliches Eigenkapital.

Bevor Sie sich für Leasing oder Finanzierung entscheiden, sollten Sie den Vertrag eingehend auf seine Bedingungen insbesondere hinsichtlich des Vertragsablaufes prüfen und auch mit den Bedingungen der klassischen Kreditfinanzierung vergleichen.

2.3 Die Bank als Geschäftspartner der GmbH

Die Finanzierung einer Unternehmensgründung kommt in der Regel ohne den Partner Bank nicht aus. Meist ist die eine oder andere Investition zu tätigen oder aber auch die Anlaufzeit finanziell zu überbrücken. Nicht zuletzt ist auch das Führen eines Geschäftskontos erforderlich. Das Gespräch mit der Bank ist also in vielen Fällen unumgänglich.

! **Tipp**

Wählen Sie den Partner Bank mit Bedacht aus und pflegen Sie diese Beziehung. Sinnvoll ist es, die Bank von Anfang an in Ihr Vorhaben mit einzubeziehen und mit möglichst vielen Informationen zu Ihrem Unternehmen zu versorgen. Die Vertrauensbeziehung zwischen Ihnen und Ihrem Bankbetreuer ist ein entscheidender Grundstein für eine dauerhaft gute Zusammenarbeit.

2.3.1 Vorbereitung des Bankgesprächs

Es empfiehlt sich, das Bankgespräch – vor allem das erste – gründlich vorzubereiten. Die folgende Vorgehensweise hat sich in der Praxis bewährt. Auf http://mybook.haufe.de finden Sie Checklisten und einen Gesprächsleitfaden für die Vorbereitung eines Bankgesprächs.

Beispiel !

»Sag mal, Bärbel, sollte ich nächste Woche zum Bankgespräch eigentlich meinen Steuerberater mitnehmen?«, fragt Udo Ungestüm die befreundete Unternehmerin Bärbel Bedächtig. »Natürlich kannst Du noch jemanden zum Bankgespräch mitnehmen. Und ein Steuerberater ist für ein Kreditgespräch sicher üblich. Aber es kommt darauf an, wer den Geschäftsplan gegenüber der Bank vertritt. Wenn der Eindruck im Gespräch entsteht, dass Du Deine Zahlen nicht kennst und damit Dein Vorhaben nicht selber überzeugend darstellen kannst, dann nutzt Dir auch der anwesende Steuerberater nichts. Meiner Meinung nach solltest Du ein Bankgespräch alleine durchführen können: Du bist schließlich der geschäftsführende Gesellschafter und der zukünftige Geschäftspartner der Bank.«

2.3.2 Checkliste: Bankgespräch

Was ist vor dem Bankgespräch zu regeln?	
Vereinbaren Sie rechtzeitig einen Termin.	
Reichen Sie einige Tage vor dem Termin den Geschäftsplan bei der Bank ein, damit sich der Bankberater auf das Gespräch vorbereiten kann.	
Lesen Sie den Geschäftsplan vorher selbst noch einmal genau durch und bereiten Sie sich thematisch vor.	
Kleiden Sie sich dem Anlass angemessen und erscheinen Sie pünktlich zum Bankgespräch.	
Wie sollten Sie persönlich auftreten?	
Stellen Sie Ihr Vorhaben prägnant und sachlich und nicht selbstverliebt und euphorisch vor.	
Präsentieren Sie sich überzeugend, nicht fordernd.	
Treten Sie selbstsicher, keinesfalls aggressiv auf. Der erste Eindruck ist wichtig. Das Bankgespräch soll ja dazu dienen, eine Partnerschaft zwischen Ihnen und der Bank zu begründen.	

Stellen Sie Ihr Licht nicht unter den Scheffel. Stehen Sie zu Ihren Fähigkeiten, aber auch zu Ihren Schwächen. Für die Schwächen, die Sie vielleicht im Rahmen Ihrer Unternehmertätigkeit vermuten, sollten Sie eine Lösung vorbereitet haben.	
Beziehen Sie den Bankberater in Ihr Vorhaben mit ein.	
Nehmen Sie auch Kritik an Ihrem Vorhaben oder der Darstellung an. Sie kann Ihnen nur hilfreich sein.	
Wie begegnet Ihnen die Bank?	
Grundsätzlich sind Sie ein potenzieller Kunde!	
Um Kreditentscheidungen zu treffen, benötigt der Berater zusätzliche Informationen, die über den Geschäftsplan hinausgehen, z.B. über Ihre Vermögenslage, mögliche Sicherheiten usw. Dieser Austausch von weiteren Informationen ist völlig normal.	
Der Bankberater muss sich im Gespräch einen Eindruck von Ihrem Vorhaben und von Ihnen selbst machen können. Nur wenn er Ihr Vorhaben nachvollziehen kann, wird er es auch begleiten.	

Die Bedeutung des Geschäftsplans im Bankgespräch

Der Geschäftsplan ist der Dreh- und Angelpunkt für die Entscheidung über Ihren Darlehenswunsch. Bewertet wird einerseits die Darstellung, andererseits die schriftliche Argumentation und Nachvollziehbarkeit der Zahlenwerke. Fassen Sie Ihren Geschäftsplan als erste Werbemaßnahme für Ihr Vorhaben auf.

Im Fall einer Absage fragen Sie unbedingt nach den Gründen. Nutzen Sie diese, um Ihr **Konzept zu überprüfen**, und bessern Sie Schwachstellen aus.

Proben Sie das Bankgespräch mit Freunden oder Bekannten. Sie werden dabei sicherer in Ihrem Auftritt und können die eine oder andere Situation im Bankgespräch vorwegnehmen und Lösungen auf schwierige Fragen in Ruhe entwickeln.

Damit Sie die Bank für Ihr Vorhaben gewinnen können, müssen Sie den Banker von der Rentabilität Ihres Unternehmensplanes überzeugen. Wie (gut) werden Sie darstellen können, dass es sich lohnt, in Sie und Ihr Geschäftsvorhaben zu investieren? Die folgenden Punkte helfen Ihnen, sich optimal auf das Bankgespräch vorzubereiten.

- Im Gespräch werden sicher die wirtschaftlichen Erfolgsaussichten Ihres Unternehmens sowie Ihre persönliche finanzielle Lage besprochen. Welche Unterlagen nehmen Sie in das Gespräch mit, um Ihre Argumentation zu unterstützen? Denken Sie an: Lebenslauf, Arbeits- und Prüfungszeugnisse, Unternehmenskonzept, Umsatz- und Kostenplan, Liquiditätsplan, Finanzierungsplan, Rentabilitätsvorschau, Nachweis über vorhandenes Eigenkapital, Verträge, Liste über Sicherheiten usw.

- Wenn Sie einen Berater (z.B. Steuer-, Unternehmensberater, Geschäftspartner oder auch Lebensgefährten) zum Bankgespräch mitnehmen, achten Sie darauf, dass Sie selbst das Gespräch mit dem Banker führen und den Geschäftsplan erläutern. Sie müssen alle Ihre Zahlen genau kennen, herleiten und begründen können. Der Berater sollte nur zur Sicherheit dabei sein. Überlegen Sie vorab, welche Rollen Sie und Ihr Begleiter während des Bankgesprächs einnehmen werden.
- Wenn Sie nicht von Ihrem Konzept überzeugt sind, wird es Ihnen kaum gelingen, den Banker zu überzeugen. Stehen Sie selbst voll und ganz hinter Ihrem Vorhaben?
- Überlegen Sie vor dem Gespräch, welche Schwierigkeiten der Banker in Ihrem Konzept sehen könnte. Welche Lösungsvorschläge haben Sie für diese Situation parat?
- Wenn Sie Fördermittel für Existenzgründer von Ihrer Bank haben wollen, sollten Sie sich über die entsprechenden Programme vorher erkundigen. Welche Förderprogramme würden Sie gerne nutzen?
- Wenn das Finanzierungsgespräch erfolgreich verläuft, halten Sie den persönlichen Kontakt zu Ihrem Bankberater.

3 Der Standort als zentraler Erfolgsfaktor

3.1 Wie finden Sie den passenden Standort für Ihre GmbH?

Da der Standort den Erfolg eines Unternehmens nachhaltig beeinflusst, er sich andererseits aber kaum kurzfristig ändern lässt, sollten Sie sich die Frage nach dem optimalen Standort frühzeitig stellen. Es gilt, den Standort zu finden, der die Zielsetzung des Unternehmens am besten unterstützt.

Beispiel !

Udo Ungestüm macht sich Gedanken über seinen Firmensitz. Ein Büro zu Hause mag am Anfang noch funktionieren, schließlich wird er zur Akquise potentielle Kunden vor Ort besuchen. Aber was wäre, wenn er sein Unternehmen doch zusammen mit Hans Harding, dem Hardware-Spezialisten, gründet? Wie sollen sie dann zusammen in seinem 10 m2 großen Büro arbeiten? Was sagt eigentlich sein Vermieter zu einer gewerblichen Teilnutzung der Privatwohnung? Und wo soll so ein Büro sinnvollerweise angesiedelt sein? In einem Industriegebiet? In einem Gründerzentrum? Oder mitten in der Stadt? Neben der Miete spielen da sicher auch noch andere Rahmenbedingungen eine Rolle.

Die richtige Lage entscheidet oft über die Konkurrenzfähigkeit Ihres Angebots. Der Unternehmensstandort bestimmt nämlich einen großen Teil der Kosten, der Flexibilität und der Kundennähe sowie des möglichen Wachstums Ihres jungen Unternehmens.

Welcher Standort der richtige ist, hängt von den Besonderheiten des Unternehmens ab: Beispielsweise benötigt ein Einzelhandelsgeschäft Laufkundschaft; ein Dienstleistungsunternehmen kann seinen Firmensitz fast frei wählen; ein Produktionsunternehmen muss meistens ins Industriegebiet.

Der optimale Standort lässt sich nicht allgemeingültig beschreiben. Vielmehr müssen Sie als Unternehmensgründer genau den Zusammenhang zwischen Standort und Unternehmenserfolg herausarbeiten und diese Erkenntnisse als Grundlage für die Standortwahl nutzen.

Fragen zur Klärung der Wahl des Standorts

Welche Faktoren bestimmen den Standort? Allgemein gesagt ist die Standortwahl abhängig von:

- den im Einzugsgebiet erreichbaren potentiellen und tatsächlichen Kunden und deren Kaufkraft
- der Belieferungsmöglichkeit mit Roh-, Hilfs-, Betriebsstoffen, Handelswaren etc.
- der Verfügbarkeit von Immobilien, Gewerberäumen, Lagerflächen, Erweiterungsflächen usw.
- dem Zustand der Betriebsräume
- der Art und Menge der »gewerblichen Nachbarn«, des Umfeldes
- der Verfügbarkeit qualifizierten Personals
- den Kosten (z.B. Grundmiete, Nebenkosten, Umlagen, Energie- und Entsorgungspreise, öffentliche Auflagen, Gewerbesteuer)
- den öffentlichen Transferleistungen (Förderprogramme, günstige Gewerbegrundstücke usw.)
- den weichen Standortfaktoren (Wohnumfeld, Freizeitwert, Image usw. mit Einfluss auf die Personalbeschaffung und Arbeitsmotivation)

Oft erhalten Sie mehrere Standortangebote. Bewerten Sie alle Standorte mit denselben, objektiven Kriterien, um zu einer optimalen Entscheidung zu kommen.

Die folgende Checkliste unterstützt Sie bei Ihrer Standortsuche:

3.1.1 Checkliste: Den optimalen Standort finden

Adresse des Standorts: (Wohngebiet, Mischgebiet, Gewerbegebiet, Industriegebiet, Gründerzentrum)	
Ansprechpartner/Vermieter, Telefonnummer	
Größe, Ausstattung	
Ist der Standort für Kunden gut zu erreichen?	
Haben Sie die Kundenfrequenz an Ihrem Standort beobachtet?	
Über welche Kaufkraft verfügt der Standort?	
Wenn Sie auf regelmäßige und schnelle Versorgung durch Lieferanten angewiesen sind: Wie sind die direkten Zufahrtsmöglichkeiten? Dürfen Sie Ihre Anlieferungen und Abholungen zeitlich frei gestalten oder sind »Ruhezeiten« zu beachten?	
Liegt der Standort verkehrsgünstig?	
Ist ein guter Zugang zu öffentlichen Verkehrsmitteln vorhanden?	

Verfügt der Standort über ausreichend Parkplätze für Kunden, Lieferanten, Mitarbeiter?	
Werden Sie qualifiziertes Personal an den Standort bekommen?	
Gibt es flächenmäßige Erweiterungsmöglichkeiten?	
Kennen Sie die Unternehmen/Eigentümer/Mieter in der Nachbarschaft?	
Passt das Image des Standorts zu Ihrer Geschäftsidee?	
Wie hoch ist der Mietpreis? Wie hoch sind die Mietnebenkosten?	
Haben Sie sich den Mietspiegel an vergleichbaren Standorten angesehen?	
Wissen Sie, wie hoch die Nebenkosten (Lohnkosten, Gewerbesteuern, Energie- und Entsorgungskosten etc.) an Ihrem Standort sind?	
Ist das Grundstück frei von Altlasten?	
Haben Sie sich die Konkurrenzsituation in Ihrem Umfeld angesehen?	
Mit wie vielen örtlichen Wettbewerbern teilen Sie sich das Kundenpotenzial?	
Konnten Sie mit möglichen Konkurrenten vor Ort bereits sprechen?	
Können Sie öffentliche Förderprogramme für Ihren Standort in Anspruch nehmen?	
Ist die Ausstattung der Räume ausreichend?	
Welche behördlichen Auflagen müssen Sie erfüllen? (z. B. Unfallverhütungsvorschriften der Berufsgenossenschaft; Arbeitsstättenverordnung, Arbeitssicherheitsgesetz, gewerbe- und baurechtliche Verordnungen)	
Was ist in dem (Kauf-, Miet-, Pacht-)Preis enthalten, was müssen Sie noch selbst investieren (z. B. Umbaumaßnahmen)?	
Wie wird sich der Standort zukünftig entwickeln (Stadt-, Gemeindeplanungen)?	
Welche Nachteile hat der Standort? Was könnten Sie dagegen tun?	
Werden Sie selber jeden Tag mit Freude diesen Standort aufsuchen?	

3.1.2 Die rechtliche Situation Ihrer Betriebsräume

Bevor Sie Betriebsräume anmieten, kaufen oder bauen wollen, klären Sie unbedingt die **baurechtliche Zulässigkeit** Ihres Vorhabens. Dies betrifft auch die Situation einer anderen betrieblichen Nutzung der bisher schon als Betriebsräume genutzten Flächen (z. B. statt einer Schreinerei will jetzt ein Maschinenbauer die Räume nutzen). Ansprechpartner dafür finden Sie bei der örtlichen Baubehörde bzw. im Gewerbeaufsichtsamt.

Ferner sollten Sie gründlich prüfen, ob Ihr Betrieb genehmigt werden muss und welche Auflagen und Beschränkungen wahrscheinlich auf Sie zukommen werden. Gesetzliche Grundlage hierzu ist die Baunutzungsverordnung und, daraus abgeleitet, der Bebauungsplan. In ihm ist genau geregelt, welche Nutzungen in welchem Gebietstyp (Wohngebiet, Mischgebiet, Gewerbegebiet) erlaubt sind.

Arbeitsschutzvorschriften

Nicht nur bei der Auswahl der Räume, sondern auch bei der Gestaltung und Einrichtung ist die Einhaltung gesetzlicher Vorgaben zu beachten. Der Gesetzgeber stellt dabei den Schutz des Arbeitnehmers in den Vordergrund.

Neben den sozialen Arbeitsschutzrechten, die den Schutz spezieller Personengruppen (Schwerbehinderte, Mütter, Jugendliche, Heimarbeiter) regeln, ist hierbei besonders der **technische Arbeitsschutz** zu beachten. Dieser umfasst folgende Bereiche:

- Sicherheit vor gefährlichen Anlagen
- Gerätesicherheit
- Schutz vor schädlichen Einwirkungen am Arbeitsplatz (z.B. Lärm, Chemikalien)
- Organisation der Arbeitssicherheit im Betrieb
- menschengerechte Gestaltung der Arbeit.

Wesentliche Details zum Arbeitsschutz sind geregelt im

- Arbeitsschutzgesetz und dessen Verordnungen (z.B. der Arbeitsstättenverordnung, der Bildschirmarbeitsverordnung oder der Lärm- und Vibrations-Arbeitsschutzverordnung)
- dem Arbeitssicherheitsgesetz
- dem Geräte- und Produktsicherheitsgesetz sowie
- den Unfallverhütungsvorschriften der Berufsgenossenschaften.

Verantwortlich für die Einhaltung der entsprechenden Vorschriften sind die Arbeitsschutzaufsichtsbehörden: die Gewerbeaufsichtsämter und die technischen Aufsichtsdienste der Berufsgenossenschaften.

Umweltschutzvorschriften

Der Schutz unserer Umwelt spielt auch im betrieblichen Alltag eine immer wichtigere Rolle. Eine große Zahl an Gesetzen und Verordnungen regelt den Umgang z.B. mit Gefahrenstoffen und betrieblichen Emissionen (z.B. Schadstoffe oder Lärm: Chemikaliengesetz, Gefahrstoffverordnung) oder die Entsorgung von Abfall (Kreislaufwirtschafts- und Abfallgesetz). Diese Vorschriften sind zum Teil mit sehr schweren Sanktionen, wie hohen Geldstrafen oder sogar Gefängnis, versehen und sollten strikt eingehalten werden.

Klären Sie vorab für Ihr spezifisches Geschäftsmodell die in Frage kommenden Normen und die entsprechenden Lösungsmöglichkeiten. Informationen hierzu erhalten Sie bei den Kammern, den Gewerbeaufsichtsämtern oder den entsprechenden Berufsverbänden.

3.1.3 Vorteile von Gründer- oder Technologiezentren

Eine interessante Möglichkeit für die ersten Geschäftsräume können Gründer- oder Technologiezentren sein. Viele Kommunen, aber auch Universitäten oder andere Träger haben mit diesen Zentren Orte geschaffen, die jungen Unternehmen den Start erleichtern sollen.

Die vertragliche Ausgestaltung ist in jedem Gründerzentrum etwas anders. In der Regel bieten sie **attraktive Konditionen** und das Angebot reicht von günstigen Mieten und der Nutzung von gemeinsamen Räumen (wie etwa Seminarräumen, Besprechungszimmern, Laboren o. ä.) über Beratungsleistungen und Finanzierungshilfen bis hin zu Sekretariatsdiensten, gewerblichem Rechtsschutz oder Vermarktungsförderung. Immer mehr Technologiezentren konzentrieren sich heute auf bestimmte Themen wie Informationstechnologie, Biotechnik, Gesundheit oder Medien. Mittlerweile gibt es solche Einrichtungen aber z.B. auch für Handwerker. Es lohnt sich also, die verschiedenen Zentrumsmodelle zu vergleichen und das richtige für Ihre Geschäftsidee ausfindig zu machen. Hilfestellungen bei der Auswahl können die Kammern oder Berufsverbände bieten.

Die meisten Gründerzentren haben nur die Aufgabe, beim **ersten Aufbau von Unternehmen behilflich** zu sein. Sobald Unternehmen auf den eigenen Beinen stehen, müssen Sie häufig das Gründerzentrum verlassen. Denken Sie beim Abschluss des Mietvertrages bereits an diesen Zeitpunkt und vereinbaren Sie entsprechend lange Übergangszeiten, damit Sie nicht plötzlich ein prosperierendes Unternehmen ohne Betriebsräume haben.

Die Atmosphäre der Geschäftsräume

Geschäftsräume erfüllen nicht nur die jeweiligen Funktionen, sondern vermitteln auch eine bestimmte Atmosphäre. Neben dem Einfluss auf die Arbeitssituation und die Motivation Ihrer Mitarbeiter prägt sie auch den ersten Eindruck bei Ihren Besuchern und Kunden. Stellen Sie Ihre Räume daher immer wieder auf den Prüfstand und sorgen Sie bei Problembereichen für schnelle Abhilfe. Betrachten Sie Ihre Geschäftsräumlichkeiten immer wieder mal durch die »Brille« eines fremden Besuchers.

3.2 Gesundheit und Sicherheit am Arbeitsplatz

Viele betriebliche Abläufe sind heute ohne Computer kaum mehr vorstellbar. Entsprechend wichtig ist die Konzeption Ihrer IT-Landschaft und die Sicherstellung eines reibungslosen Ablaufs.

Daten sind heute der Schlüssel zum Unternehmen und sollten entsprechend sorgfältig behandelt werden (dies folgt schon aus den Aufbewahrungsvorschriften der Finanzverwaltung). Es ist daher ratsam, ein **Sicherheitskonzept** zu entwickeln, das auf unterschiedliche Pannen und Unfälle eingestellt ist, wie z.B.:

- Brand
- Festplattencrash eines Servers bzw. Rechners
- Stromausfall
- Systemversagen
- Nicht autorisierter Zugriff auf Unternehmensdaten

Computerarbeitsplätze

Für Arbeitsplätze an Computern in Unternehmen gilt die **Bildschirmarbeitsverordnung**, die Sie als Arbeitgeber als Schutzvorschrift für Ihre Arbeitnehmer zu beachten haben. Überwacht wird diese Richtlinie durch den Betriebsarzt bzw. die Fachkraft für Arbeitssicherheit, die die Arbeitsplätze regelmäßig besichtigen und auf die ergonomisch und arbeitsmedizinisch richtige Anordnung der Arbeitsmittel achten soll. Zu beachten ist beispielsweise, dass

- die Beleuchtung am Arbeitsplatz richtig ist,
- blendungsfrei gearbeitet werden kann,
- der Monitor so aufgestellt ist, dass keine Spiegelungen durch Fenster, Lampen oder Einrichtungsgegenstände entstehen,
- die Arbeitstische die richtigen Abmessungen haben,
- alle Arbeitsmittel so angeordnet und eingestellt sind, dass keine verkrampfte Körperhaltung eingenommen werden muss.

Moderne Maschinen und Computer entsprechen in der Regel den Vorgaben des Arbeitsschutzes. Gleichwohl sollte man für jeden Arbeitsplatz die ergonomischen und arbeitsmedizinischen Erkenntnisse prüfen und umsetzen. Schließlich dient sie direkt der Gesundheit und Motivation Ihrer Mitarbeiter.

Bei einem Wechsel des IT-Betreuers (sei es intern durch einen Mitarbeiter oder extern durch einen Dienstleister) kommt es häufig zu Diskussionen über die IT-Philosophie und im Ergebnis zu teuren Umrüstarbeiten oder gar zu einer Migration in eine andere Systemwelt. In der IT gilt es besonders, dass jeder seine besonderen Vorlieben pflegt und alles andere kaum gelten lässt. Es empfiehlt sich daher, den Mitarbeiter oder die IT-Firma sehr sorgfältig auszuwählen und eine langfristige Kooperation einzugehen.

3.3 Welche vertraglichen Besonderheiten gelten für Gewerberäume?

Der gewerbliche Mietvertrag bietet den Vertragsparteien erheblich mehr Gestaltungsspielraum als beim Anmieten einer Privatwohnung. Der Gesetzgeber verzichtet auf besondere Mieterschutzregeln, weil er unterstellt, dass gewerbliche Mieter und Vermieter in der Regel Kaufleute sind, die wissen, worauf sie sich einlassen. Beim gewerblichen Mietvertrag gelten nicht: der Kündigungs- und Bestandsschutz (§§ 564b, 564c BGB), die Sozialklausel (§§ 556a, 556b BGB), das Gesetz zur Regelung der Miethöhe, der Räumungsschutz für Mietraum (§§ 721, 794a ZPO), der ausschließliche Gerichtsstand des Amtsgerichts (§ 29a ZPO).

Beispiel !

Udo Ungestüm grübelt über einem Mietvertrag für einen Bürotrakt: »Auf der einen Seite kommt mir der Vermieter bei vielen Dingen entgegen, z.B. soll ein neuer repräsentativer Bodenbelag verlegt werden, für die ganzen Kabel ist noch ein optisch ansprechender Kabelkanal vorgesehen, ein Raum wird komplett als Kaffeeküche eingerichtet und eine Klimaanlage und ein WLAN-Netz für alle Räume war auch im Gespräch. Auf der anderen Seite soll die Laufzeit des Vertrages mindestens 10 Jahre betragen. Sollte sich meine GmbH wie geplant entwickeln, reicht der Platz in 2 Jahren gar nicht mehr. Waren da noch andere Räume auf dem Flur? Und was ist, wenn ich mein Unternehmen vorzeitig aufgeben muss?«

Mietvertrag für Gewerberäume

Gewerbliche Mietverhältnisse können viele Besonderheiten enthalten, um der spezifischen Situation des jeweiligen Unternehmens gerecht zu werden.

Der Mietvertrag sollte daher für Gewerberäume besonders sorgfältig ausgearbeitet und insbesondere bei einer langen Mietdauer oder einer hohen Miete mit einem Anwalt durchgesprochen werden.

Reicht Ihnen in der Startphase ein **Arbeitszimmer** in der Wohnung, dann gilt weiterhin das Wohnraummietrecht. Wenn Sie eine Wohnung mieten, die zu mehr als der Hälfte gewerblich genutzt wird, dann ist der Mietvertrag als gewerblicher Mietvertrag anzusehen. Hierbei kommt es nicht auf die Bezeichnung im Mietvertrag, sondern auf die tatsächliche Nutzung der Räume an.

Beachten Sie, dass Sie grundsätzlich ohne **Erlaubnis des Vermieters** nicht befugt sind, eine Wohnung gewerblich zu nutzen. Erlaubt sind nur so genannte begrenzt gewerbliche Nutzungen wie:

- Schreib- bzw. Übersetzungsarbeiten
- das Erstellen von Gutachten
- schriftstellerische Tätigkeit
- Programmierung von Software
- gelegentliche Geschäftsbesprechungen

Mietverträge für Wohnungen und für Gewerberäume müssen schriftlich abgeschlossen werden, wenn die Mietzeit länger als ein Jahr dauert. Es empfiehlt sich jedoch schon aus Beweisgründen, auch bei kürzeren Mietzeiten einen schriftlichen Vertrag abzuschließen.

Die **optimale Dauer des Mietvertrages** ergibt sich aus einer Güterabwägung von gegensätzlichen Überlegungen. So kann es vorteilhaft sein, den Mietvertrag flexibel auflösen zu können, wenn Ihr Unternehmen sich gut entwickelt und die Räume zu klein werden. Andererseits müssen Sie bei einem Standortwechsel Ihre Kunden und Geschäftspartner an einen neuen Ort gewöhnen. Dies bringt häufig hohe Werbekosten mit sich, und trotzdem werden Sie nur in den seltensten Fällen alle Kunden an den neuen Standort mitnehmen können. Dazu kommen die Kosten für den Umzug, die Renovierung, die Raumausstattung usw. Um Planungssicherheit zu erhalten und die getätigten Investitionen in den Standort zu schützen, schließen daher etablierte Unternehmen in der Regel lang laufende Mietverträge ab und vereinbaren häufig Verlängerungsoptionen. Ob diese Strategie auch für Sie richtig ist, hängt von Ihrem Geschäftsplan und Ihren Erwartungen ab. Unter Umständen kann es sinnvoll sein, sich zuerst in einem **Gründerzentrum** anzusiedeln und erst, wenn das Unternehmen auf gesunden und stabilen Füßen steht, entsprechende Räume für einen mittelfristigen Zeitraum anzumieten.

Planen Sie eigene Einbauten in den angemieteten Räumen, dann sollten Sie sich die Berechtigung hierfür im Mietvertrag sichern. Am besten vereinbaren Sie dort auch gleich die Art und die Höhe der Entschädigung, wenn nach Vertragsende die Einbauten in den Räumen verbleiben sollen.

Wenn Sie in Ihren Geschäftsräumen Kundenkontakt haben, sollte im Mietvertrag auch die Art der **Außenwerbung** festgeschrieben werden. Zudem sollten die entsprechenden behördlichen Auflagen abgeklärt werden, denn vor allem in historischen Innenstädten und in denkmalgeschützten Bereichen wird Außenwerbung nur sehr restriktiv genehmigt. Großzügiger sind die Auflagen in Mischgebieten und vor allem in Gewerbegebieten.

Beachten Sie, dass der Mietvertrag nur die Wünsche des Eigentümers festlegt; um die Einhaltung der öffentlich-rechtlichen Rahmenbedingungen müssen Sie sich selbst kümmern.

Immer wichtiger wird das Thema **Parkmöglichkeiten**, sowohl für Ihre Geschäftsfahrzeuge als auch für Ihre Mitarbeiter und Kunden. Mieten Sie Parkflächen mit an, so sollten diese erkennbar gekennzeichnet oder gesichert sein, damit eine ungestörte Nutzung erfolgen kann.

Vereinbaren Sie in Ihrem Miet- oder Kaufvertrag einen Vorbehalt hinsichtlich der Genehmigung Ihres Betriebes.

Haftungsrisiken in den Geschäftsräumen

Haben Sie in Ihren gewerblich genutzten Räumen Besucherverkehr, dann müssen Sie für Gefahren im Rahmen der gesetzlichen Haftpflichtbestimmungen einstehen. Das Spektrum möglicher Gefahrenquellen reicht von Schutzvorrichtungen an Maschinen bis zur Streupflicht im Winter. Falls es zu einem Unfall oder zu anderen Schäden kommt, können Sie schadensersatzpflichtig gemacht werden. Es empfiehlt sich daher beim Abschluss einer **Betriebshaftpflichtversicherung**, den Versicherungsschutz auch auf diesen Bereich auszudehnen.

Kosten für Ver- und Entsorgung

Für die Versorgung mit Strom, Wasser etc. und für die Entsorgung z.B. von Abwasser und Müll müssen Sie die entsprechenden Verträge schließen. In vielen Kommunen sind die Gebühren hierfür in Satzungen festgelegt. Je nach Standort können Sie dann auch zu Zahlungen verpflichtet sein, wenn Sie die vertraglich vereinbarte Leistung gar nicht benötigen (z.B. für Müllgebühren, obwohl Sie keinen zusätzlichen Müllbehälter benötigen)

Beachten Sie, dass es für gewerbliche Abnehmer häufig **Sonderkonditionen** gibt. So lohnt sich z.B. beim Bezug von Strom der Vergleich der unterschiedlichen Angebote aller in Frage kommenden Elektrizitätsanbieter. Zudem haben viele Verbände für Ihre Mitglieder Rabatte bei Anbietern von Versorgungsleistungen wie Strom, Telefonie oder Entsorgung ausgehandelt.

4 Wie Sie Ihre GmbH optimal managen

Unabhängig von Ihrem Geschäftsmodell, den Vermarktungsmöglichkeiten und den Finanzierungshilfen wird der Erfolg Ihres Unternehmenskonzepts ganz wesentlich von Ihnen selbst, Ihrer Persönlichkeit, Ihren Fähigkeiten und Kenntnissen abhängen. Erfahrungsgemäß wird auch Ihr soziales Umfeld (Lebensgefährte, Familie, Freunde) einen wichtigen Einfluss auf Sie und Ihr junges Unternehmen ausüben.

4.1 Wirtschaftlich denken und handeln

Konkret stellt sich für Sie als Unternehmer betriebswirtschaftlich die Frage, welche **Mittel** (Geld, Mitarbeiter, Ausstattung ...) Sie einsetzen müssen, um ein bestimmtes **Ergebnis** (Umsatz, Gewinn, Unternehmerlohn, Marktanteil, Image, Kundenzufriedenheit ...) in einer bestimmten **Zeit** (kurz-, mittel-, langfristig) zu erzielen.

Hinter diesem wirtschaftlichen Denken steht das permanente Abwägen von **Kosten-Nutzen-Alternativen**. Welchen Nutzen bringt eine geplante Aktivität? Ist eine andere Variante eventuell erfolgreicher? Oder ist es vielleicht sogar in dieser Situation am sinnvollsten, erstmal abzuwarten und die Entwicklungen weiter zu beobachten?

Um diese Fragen zu beantworten, empfiehlt sich eine bestimmte Arbeitstechnik, um ein Unternehmen optimal zu managen. Die folgende Übersicht stellt Ihnen diese Arbeitstechnik in fünf Schritten vor:

Übersicht: Optimales Management in fünf Schritten

1. Aufgabenstellung	Formulierung einer klaren Aufgaben- bzw. Problemstellung : Was ist zu bearbeiten oder zu lösen?
2. Analysephase	Beschreibung der IST-Situation mit Definition der Einflussfaktoren für die konkrete Situation: Wo stehen Sie heute? Was beeinflusst wie Ihre aktuelle Situation?
3. Planungsphase	Ziele formulieren und Prioritäten setzen. Kreative Suche nach verschiedenen, grundsätzlichen Wegen zur Zielerreichung, konkrete Lösungsfindung, Alternativensuche, Entscheidung für eine Vorgehensweise Wo wollen Sie hin? Wer macht was bis wann mit welchem Etat, um das Ziel zu erreichen? (To-do-Liste mit Festlegung von Teil- oder Etappenzielen)

4. Realisationsphase	Umsetzung der geplanten Vorgehensweise Jetzt den Plan Schritt für Schritt abarbeiten.
5. Kontrollphase	Abgleich des tatsächlichen Ergebnisses mit dem gesteckten Ziel: SOLL/IST-Vergleich und Einleiten der notwendigen Anpassungen. Welches Ergebnis wurde erreicht? Welche Korrekturen sind vorzunehmen? Welche Erkenntnisse, welche Erfahrungen können für die Zukunft genutzt werden?

So einfach diese Arbeitstechnik in der Theorie erscheint, so komplex ist Ihre Umsetzung in die Praxis. Gefragt sind hierbei die Fähigkeiten, Aufgabenstellungen umfassend und vorausschauend durchdenken zu können und gleichzeitig mit den auftretenden Veränderungen und Abweichungen im konkreten Fall unternehmerisch umgehen zu können.

4.1.1 Regelungen mit dem (Ehe-)Partner

Mit dem Sprung in die Selbstständigkeit ist eine Reihe von **Haftungsrisiken** verbunden, selbst wenn ein Großteil der Haftung durch die GmbH abgeschirmt wird.

Durch die Übernahme persönlicher Bürgschaften sowie die Einstandspflicht des Geschäftsführers für Steuerschulden und Arbeitnehmerbeiträge zur Sozialversicherung tragen Sie nicht unerhebliche Risiken. Anlässlich einer Existenzgründung ist es daher sinnvoll, mit dem Ehepartner einen Ehevertrag aufzusetzen bzw. den vorhandenen **Ehevertrag** anzupassen. So sollte eine gemeinsame Immobilie, z.B. das Eigenheim, im Vorfeld auf den (Ehe-)Partner übertragen werden. Bei dem Kauf einer Immobilie ist zu überlegen, ob diese ausschließlich vom Partner angeschafft wird. Der Existenzgründer kann sich zu seiner Absicherung für den Fall der Scheidung oder Trennung ein lebenslanges persönliches Wohnrecht an der Immobilie einräumen lassen. Auch sind detaillierte Regelungen darüber zu treffen, was beim Scheitern der Unternehmensgründung mit dem Eigenheim und dem dafür zur Finanzierung aufgenommenen Kredit geschieht.

Umgekehrt sollte auch Vorsorge für den Fall der **Trennung** bzw. Scheidung bei erfolgreicher Existenzgründung getroffen werden.

Hat beispielsweise die Existenzgründerin als mittellose Studentin geheiratet, gründet anschließend ihr Unternehmen und lässt sich zehn Jahre später scheiden, fällt der Wert des Unternehmens in den **Zugewinnausgleich**. Im Fall der

Scheidung ist, sofern keine andere Regelung vereinbart wurde, der von den Ehepartnern in der Ehe erwirtschaftete Zugewinn auszugleichen.

Besteht beispielsweise der Zugewinn ausschließlich in der Wertsteigerung des GmbH-Anteils und hat der andere Ehepartner überhaupt keinen Zugewinn erwirtschaftet, erfolgt der Ausgleich, indem die GmbH-Gesellschafterin ihrem (ehemaligen) Ehepartner die Hälfte des Werts des GmbH-Anteils vergütet.

Dies kann dazu führen, dass sich der ausgleichspflichtige Ehepartner verschulden oder gegebenenfalls den Anteil ganz oder teilweise verkaufen muss, um den Ausgleich zu finanzieren. Auch kann durch die Zahlung des Ausgleichs die Liquidität des Unternehmens stark belastet werden, sofern sich der ausgleichspflichtige Partner zur Finanzierung des Gesellschaftsvermögens bedient, das er z. B. als Darlehen an sich selbst ausschütten könnte.

Abhilfe schafft die Vereinbarung von **Gütertrennung** oder eine Modifikation des gesetzlichen Zugewinnausgleichs, z. B. indem man das Betriebsvermögen ausklammert und den Ausgleich auf das Privatvermögen beschränkt.

4.1.2 Existenzgründung und Ihr soziales Umfeld

Ihr soziales Umfeld, also Lebensgefährte, Ehepartner, Familie, Freunde, Bekannte, wird Einfluss auf Ihre Unternehmensgründung und die Unternehmensführung nehmen. Sei es z. B. mit konkreten Tipps und Hilfeangeboten, aber auch mit sozialen Zwängen, die sich in Sätzen äußern wie z. B.: »Mit dir kann man über nichts anderes mehr reden als über deinen Laden!« oder »Du hast gar keine Zeit mehr für mich ... die Kinder ... für uns im Verein ...«.

Deswegen ist es wichtig, mit Ihren engsten Angehörigen frühzeitig über die Unternehmensgründung und die daraus entstehenden Veränderungen für die familiäre Situation zu sprechen. Klären Sie gemeinsam, wie sich Familie und Unternehmen vereinbaren lassen und was der Partner zum Erfolg des Unternehmens beitragen kann.

Beispiel: Wie Partner zum Erfolg des Unternehmens beitragen können !

Meine Frau/mein Mann soll
- die Buchhaltung komplett betreuen
- das Telefon, den Schriftverkehr, das Büro übernehmen
- im Ladengeschäft als Vollzeit-Mitarbeiter tätig sein
- mir den Rücken im Privatbereich freihalten.

Ohne Unterstützung durch die Familie wird die Unternehmensgründung schwieriger. Binden Sie Ihre Familie mit ein, schließlich wollen alle von dem erwirtschafteten Geld leben können.

4.2 So entwickeln Sie klare Zielvorstellungen

Planvoll handeln setzt voraus, dass Sie für sich selbst festlegen, was Sie erreichen möchten. Es gilt also sich darüber klar zu werden, wie Sie bzw. Ihr Unternehmen sich in Zukunft entwickeln sollen.

Eine Aussage wie »Mit meinem Unternehmen will ich viel Geld verdienen!« ist dabei wenig hilfreich. Formulieren Sie Ihre Ziele besser mithilfe folgender Fragen:

- Worum geht es, was ist der Inhalt Ihres Ziels?
- Welche Dimension, welches Ausmaß nimmt Ihr Ziel ein?
- Innerhalb welcher Zeit wollen Sie Ihr Ziel erreichen?
- Woran erkennen Sie, ob Sie Ihr Ziel erreicht haben?

!

Beispiel: Zielvorstellung beschreiben

Ich will mit meinem Dienstleistungsangebot [*konkrete Bezeichnung*] bis zum [konkretes Datum] einen Gewinn vor Steuern von [*konkrete Zahl*] erzielen.

oder:

Ich will zwei Jahre nach meiner Gründung von meinem Geschäft leben können. Das heißt konkret: Ich werde mindestens [*Anzahl*] Kunden mit einem Durchschnittsauftragsvolumen von [*Umsatzzahl*] bei einem definierten Kostenvolumen je Auftrag in Höhe von [*konkrete Summe*] in den ersten zwei Jahren bedienen. Dann bleibt mir ein Unternehmerlohn in Höhe von [*konkrete Summe*], mit dem ich meinen privaten und geschäftlichen Verpflichtungen nachkommen kann.

Ein Ziel ist bildlich ausgedrückt wie ein fliegender Pfeil, der ins Schwarze einer Zielscheibe trifft. Ziele beschreiben Ergebnisse. Dabei verlagert sich die Blickrichtung: von der Aufgabe, die vor Ihnen liegt, zu dem Ergebnis, das Sie erreichen wollen. Auf diese Weise **wirken Ziele wie ein Kompass**. Wer sich selbst konsequent Ziele setzt, wird sie in der Regel auch erreichen. Das hört sich seltsam an. Tatsächlich aber funktioniert es genau so: Wenn Sie wissen, was Sie wollen und es ernst damit meinen, dann werden Sie darauf hinarbeiten. Setzen Sie sich Ziele, indem Sie Ihre Visionen und Vorstellungen in klare Absichten fassen und formulieren. Wie Sie Ihre Ziele noch besser erarbeiten können, erläutert Ihnen die folgende Checkliste.

Checkliste: Tipps zum Formulieren von Zielen !

Schreiben Sie Ihre Ziele auf! Denn schriftlich festgeschriebene Ziele haben eine viel höhere Verbindlichkeit.	
Was wollen Sie konkret erreichen (Inhalt)? In welchem Umfang, Ausmaß?	
Formulieren Sie Ihre Ziele aktiv und positiv.	
Beschreiben Sie Ihre Ziele immer so, als hätten Sie diese bereits erreicht.	
Nennen Sie für Ihr Ziel möglichst viele Einzelheiten (evtl. auch Randbedingungen ausformulieren). Je konkreter Ihr Ziel formuliert ist, desto leichter werden Sie darauf hinarbeiten können.	
Woran werden Sie erkennen, ob Sie Ihr Ziel erreicht haben?	
Wie lässt sich die Zielerreichung messen?	
Runden Sie Ihre Zielformulierung mit einem verbindlichen Termin ab (z.B. Kontroll-, Fertig-, End-Termin).	

Beispiel: Ziel richtig formulieren !

Statt: »Ab nächsten Monat will ich mehr Zeit für meine Familie haben.« wäre es hilfreicher wie folgt zu formulieren: »Ab 1. August verlasse ich mindestens zwei Mal pro Woche um 17 Uhr das Büro, um nach Hause zu fahren und den restlichen Abend mit meiner Familie zu verbringen.«

4.3 Unterstützung durch externe Berater

Als Unternehmer in einer GmbH kommen Sie immer wieder in Situationen, in denen Sie Entscheidungen zu Themen treffen müssen, in denen Sie sich nicht oder nur wenig auskennen.

Sicher können Sie sich eine Menge Spezialwissen selber aneignen, z.B. durch Lektüre von Fachbüchern, Gespräche mit Lieferanten und Wettbewerbern oder durch »Learning by Doing«. Auch Ihre Mitarbeiter werden Sie mit ihren Fachkenntnissen gut unterstützen können; aber: oft stehen Ihnen bei dieser Art der Informationsbeschaffung die richtigen Informationen eher zufällig zum richtigen Zeitpunkt zur Verfügung.

Für Ihre Unternehmensführung kann es daher sinnvoll sein, bei bestimmten Fragestellungen Experten hinzuzuziehen, die neben ihrem Spezialwissen auch einen **neutralen Blick** auf Ihre Unternehmenssituation mitbringen. Oft kann man dabei feststellen, dass der Berater geschäftliche Belange ganz anders bewertet als man selbst. Der Blick von außen hilft, Schwächen im Unternehmen aufzudecken. Er kann als wichtiges Korrektiv entscheidend für das Wohl und Wehe eines jungen Unternehmens sein.

Wie bereiten Sie sich auf die Beratung vor?
Bevor Sie externe Beratung in Anspruch nehmen, sollten Sie sich fragen:
- In welchen Themen will ich mich beraten lassen?
- Wie lange will ich mit diesem Berater zusammenarbeiten?
- Wie hoch ist mein Etat für Beratungsleistungen?

Danach stellt sich die Frage: Durch wen soll die Beratung erfolgen? Industrie- und Handelskammern, Handwerkskammern, Kreditinstitute, regionale Gründerinitiativen, die kommunale Wirtschaftsförderung und/oder der Steuerberater, Rechtsanwalt, Unternehmensberater – die Auswahl ist groß. Hilfreich kann jetzt eine Anfrage bei Ihrem Berufsverband sein, eine Recherche im Internet oder eine Bitte um Empfehlung im Freundes- oder Bekanntenkreis.

So finden Sie den richtigen Berater
Sie haben sich für eine oder mehrere notwendige Beratungsleistungen entschieden. Wie finden Sie jetzt den für Sie richtigen Berater aus dem gewünschten Fachgebiet? Neben der fachlichen Qualifikation sollte für Sie das **Vertrauen zum Berater** im Vordergrund stehen. Schließlich wollen Sie mit dieser Person die Vorbereitungen zu Ihrer Geschäftsgründung abwickeln – und wahrscheinlich auch langfristig »in guten und in schlechten Zeiten« zusammenarbeiten. Setzen Sie sich aber auch kritisch mit der Arbeit Ihrer Berater auseinander. So entbindet Sie beispielsweise die Zusammenarbeit mit einem Steuerberater nicht davon, über die steuerliche Situation und die von Ihnen unterschriebene Steuererklärung Ihres Unternehmens Bescheid zu wissen. Als GmbH-Geschäftsführer sollten Sie die Gesamtsituation Ihres Unternehmens gut kennen.

Sowohl die Industrie- und Handelskammern als auch die Handwerkskammern bieten für Unternehmensgründer kostenlose Unterstützung an. Hier können Sie sich, bevor Sie die ersten Bankgespräche führen, intensiv beraten lassen. Erkundigen Sie sich nach Ihrer zuständigen Kammer und vereinbaren Sie einen Termin. Über die Kammern sind in der Regel auch einmalige Rechts- und Steuerberatungen möglich.

Beratungskosten
Der Unternehmensberater, Steuerberater und Rechtsanwalt kosten Geld, aber auch hier hat der Staat für Unternehmensgründer Unterstützungen vorgesehen. Eine Reihe von Bundesländern bieten Zuschüsse zu den Beratungskosten an. Weitere Informationen finden Sie z.B. unter der Adresse: www.existenzgruender.de und www.foerderdatenbank.de.

Rechtsanwälte und Steuerberater rechnen nach gesetzlich festgelegten Gebührenordnungen ab. Erkundigen Sie sich trotzdem (vorher) nach den Preisen und dem Umfang der Beratung. Die Gebührenordnungen lassen auch die Abrechnung nach Zeitaufwand oder nach Pauschale zu. Und vielleicht ist Ihr Berater bereit, in eine langfristige Geschäftsbeziehung mit einem günstigen Einstiegspreis zu investieren. Bedenken Sie aber, dass eine gute Beratung ihr Geld wert ist, wenn z.B. Ihr Rechtsanwalt bei Vertragsgestaltungen schon weit in die Zukunft denkt.

Checkliste: Wie finden Sie den richtigen Berater?
Haben Sie Vertrauen zu Ihrem Berater?
Können Sie sich vorstellen, auch heikle geschäftliche Situationen offen mit dieser Person zu besprechen?
Verstehen Sie Ihren Berater, wenn er Ihnen neue geschäftliche Zusammenhänge erläutert? Geht er dabei auf Sie ein?
Was hat Sie überzeugt, dass diese Person Sie qualitativ gut betreuen kann?
Womit begründet der Berater seine fachliche Kompetenz?
Welche Referenzen sind für Sie wichtig?
Welche Themen und konkreten Fragen wollen Sie mit dem Berater besprechen, bearbeiten oder von ihm erledigen lassen?
Welche weitergehenden Erwartungen stellen Sie an Ihren Berater?
Was kostet Sie Ihr Berater? Wie sind die Leistungen und das Honorar definiert? Kennen Sie Vergleichspreise?

Besprechen Sie mit Ihrem Berater folgende Punkte, bevor Sie sich für eine Zusammenarbeit entscheiden. Sie können diese Punkte auch bei der Erstellung eines Beratervertrages zugrunde legen:

- Beratungsthema
- Beratungsleistungen (z.B. Informationssammlung, Aufbereitung, Lösungsalternativen, Empfehlung, Maßnahmenplan, Hilfestellung bei der Umsetzung usw.)
- Art der Zusammenarbeit (auch Kündigungsmöglichkeiten)
- Beratungszeitraum bzw. Termine
- Honorarhöhe und Zahlungsmodalitäten
- Zusätzlich anfallende Kosten (z.B. Reisekosten)
- Ergebnisdokumentation (z.B. Präsentation, Bericht)

4.4 So führen Sie ein erfolgreiches Geschäftsgespräch

Ein wichtiger Teil des Unternehmerdaseins sind Gespräche – mit Banken, Lieferanten oder mit Interessenten und Kunden usw. Oft ergeben sich aus diesen Gesprächen wichtige Weichenstellungen für Ihr Unternehmen. Daher gilt es, mit der richtigen Gesprächstaktik die gewünschten Ziele zu erreichen.

Jedes Gespräch sollten Sie gründlich vorbereiten. Ist das zu besprechende Thema Ihnen und Ihrem Gesprächspartner bekannt? Stellen Sie sich Ihren Gesprächspartner bildlich vor und überlegen Sie, in welcher Situation Sie ihn antreffen. Welche Ziele wird er in dem gemeinsamen Gespräch verfolgen? Wie wird er wohl argumentieren? Kann er alleine eine Entscheidung für Ihr Anliegen treffen? Genauso sollten Sie sich auch klar werden über Ihre Gesprächsziele: Was soll am Ende dabei herauskommen? Welches Alternativziel wäre für Sie auch akzeptabel? In den folgenden Checklisten finden Sie weitere Fragen, die Ihnen in Ihrer Vorbereitung helfen können.

4.4.1 Gesprächsziele

Welche Ziele könnten Sie oder Ihre Partner im Gespräch verfolgen? Vom gegenseitigen besseren Kennenlernen bis zum ausgearbeiteten, unterschriftsreifen Verkaufsabschluss – der Bogen der möglichen Gesprächsziele ist weit gespannt. Denken Sie auch an Ziele wie z. B.:

- Informationen über die Firma, die handelnden Personen, den Ablauf der Auftragsvergabe erhalten
- Einstellungen des Gesprächspartners zu mir, meiner Firma und meinem Angebot bemerken
- Bewertung der Wettbewerber herausfinden
- Einsatz des Produktes beim Kunden kennen lernen
- Nutzen des Produktes für den Kunden klarer formulieren
- Wünsche des Gesprächspartners deutlicher wahrnehmen
- Chancen für die weitere Zusammenarbeit erkennen
- Tipps zur Bewerbung und Kundenbindung erhalten
- Details zur Auftragsabwicklung erarbeiten

Es ist sinnvoll, wenn Sie sich für jedes Gespräch genau überlegen, welches Ziel Sie erreichen wollen. Da Sie das Gespräch und seinen Verlauf nicht alleine bestimmen, sollten Sie sich auch über ein kleineres Ziel bzw. ein alternatives Gesprächsziel Gedanken machen.

Anhand der folgenden Checkliste lassen sich Gespräche mit Lieferanten, Interessenten oder Kunden schnell vorbereiten.

Checkliste: Vorbereitung von Geschäftsgesprächen

Wer ist Ihr Gesprächspartner? (z. B. Name, Funktion, Befugnisse)	
In welcher Situation befindet sich die Firma Ihres Gesprächspartners? (z. B. Markt, Position, Mitbewerber, Erfolge, Abhängigkeiten)	
Wie sind Sie beide aufeinander aufmerksam geworden? (z. B. Empfehlung, Werbung)	
Wo und wann werden Sie das Gespräch führen? (z. B. Anfahrtsbeschreibung, Raumausstattung; Termin, Uhrzeit, Einladung, Tagesordnung)	
Welche Unterlagen nehmen Sie mit ins Gespräch? (z. B. Präsentationsmappe, Demonstrationsmuster, Visitenkarte, Werbegeschenk, Organisationsformulare)	
Was wollen Sie in dem Gespräch erreichen? (Ziele)	
Was werden Sie inhaltlich besprechen? (z. B. Themen; Vorschläge, Vorgehensweisen, Lösungsalternativen; Ergebnisse, neue Projekte)	
Welche (konkreten) Fragen wollen Sie stellen?	
Welche Ziele verfolgt Ihr Gesprächspartner?	
Was interessiert Ihren Gesprächspartner?	
Mit welchen Gegenargumenten müssen Sie rechnen?	
Wie werden Sie Ihren Gesprächspartner überzeugen? (Argumente, Beweise)	
Wie wollen Sie das gefundene Gesprächsergebnis dokumentieren? (z. B. verbindlicher Abschluss, Protokoll, Vertrag)	

Gespräche bewusst und konzentriert führen

Bevor Sie ein Geschäftsgespräch führen, stellen Sie sich auf Ihren Gesprächspartner ein. Wie werden Sie erkennen, ob Sie dieselbe Wellenlänge haben? Erinnern Sie sich dazu an ein gutes Gespräch, bei dem Sie sich wohlgefühlt haben und den Eindruck hatten, Ihr Gesprächspartner hat Sie gut verstanden. Versuchen Sie sich in diese Situation zu versetzen und überlegen Sie, wie dieses Gefühl bei Ihnen entstanden ist. Sicher hat Ihr Partner Interesse an Ihren Ausführungen gezeigt und sich voll und ganz auf Sie konzentriert. Dazu hat er wahrscheinlich

- Ihnen bewusst zugehört
- bestätigend genickt
- im richtigen Moment gelächelt
- sich interessiert zu Ihnen vorgebeugt
- sich Ihnen ganz zugewandt
- Blickkontakt mit Ihnen gehalten

Kurz: Er hat Ihnen ohne Worte – mit **nonverbalen Signalen** – bereits mitgeteilt, dass Sie im Moment die wichtigste Person für ihn sind.

Zeigen Sie – mit und ohne Worte – Interesse an Ihrem Gesprächspartner, und er wird neugierig sein, Sie wiederum genauer kennen zu lernen. Auch wenn Sie Ihr Hauptziel beim ersten Gespräch noch nicht erreichen konnten, so werden Sie mindestens einen freundlichen Eindruck hinterlassen haben. Und damit haben Sie das nächste Gespräch bereits gut vorbereitet.

4.4.2 Fünf Phasen eines erfolgreichen Gesprächs

Sie führen in Kürze z.B. ein Verkaufsgespräch und wollen dieses erfolgversprechend aufbauen. Hier lassen sich fünf Gesprächsphasen unterscheiden:

Phase 1: Begrüßung und persönliche Kontaktaufnahme
Der erste Eindruck zählt! Ob Ihr Gesprächspartner Ihnen vertraut, hängt überwiegend davon ab, inwieweit es Ihnen schon bei der Begrüßung gelingt, eine persönliche Ebene aufzubauen. Ein wenig Smalltalk darf sein!

- Bedanken Sie sich für die Einladung, den schnellen Termin, die unbürokratische Organisation.
- Bringen Sie ein kleines, zu nichts verpflichtendes Geschenk mit.
- Erkundigen Sie sich nach persönlichen Entwicklungen, die im letzten Gespräch erwähnt wurden. (»Wie geht es Ihrer Tochter in der neuen Schule?«, »Wie war der Skiurlaub in …?«, »Wie kommen Sie mit dem neuen EDV-Programm zurecht?«)
- Oder stellen Sie als Gastgeber eine freundliche Gesprächsatmosphäre her, indem Sie z.B. Kaffee/Tee/Wasser und Kekse anbieten.

Phase 2: Überleitung
Bevor Sie Ihr Anliegen vorbringen und Ihr Angebot präsentieren, sollten Sie die Wünsche und Erwartungen Ihres Gesprächspartners erfragen (oder nochmals verifizieren) und die Rahmenbedingungen klären. Nur wenn Sie seine Erwartungen genau kennen, können Sie in der nächsten Phase Ihrem Gesprächspartner ein Angebot unterbreiten, das genau auf ihn abgestimmt ist.

- »Frau/Herr …, um Ihnen ein gutes Angebot zu unterbreiten, benötige ich noch ein paar Informationen.«

Fragen Sie jetzt nach den für Sie wichtigen Informationen, z.B.:

- »Wie sind Ihre bisherigen Erfahrungen mit …?«
- »Was vermissen Sie bei den üblichen Angeboten?«

- »Worauf achten Sie bei der Bewertung des Angebots?«
- »Wie viel brauchen Sie?«

Phase 3: Individuelle Angebotspräsentation
Wenn Sie sich die Antworten aus der Phase 2 gut gemerkt haben (evtl. sogar mitgeschrieben haben), sind Sie jetzt in der Lage, ein individuelles, passgenaues Angebot zu erstellen. Sie kennen die wichtigen Aussagen, die Reizwörter, auf die Ihr Gegenüber positiv reagieren wird.

Präsentieren Sie Ihr Anliegen mit allen Sinnen. Beschreiben Sie, visualisieren Sie, demonstrieren Sie, lassen Sie Ihren Gesprächspartner selber etwas in die Hand nehmen und ausprobieren. Zeigen Sie Ihrem Gegenüber immer wieder, welche Vorteile er von Ihrem Angebot hat – und was es ihm nützt. Das folgende Beispiel verdeutlicht den Unterschied zwischen Vorteil und Nutzen:

Beispiel: Nutzenargumentation !

Vorteil: Dieses Shampoo enthält spezielle Wirkstoffe, mit denen Sie Ihre Schuppen loswerden.
Nutzen: Das bedeutet für Sie, dass Sie sich nicht mehr kratzen müssen, weil die ausgetrocknete Kopfhaut so juckt. Und Sie müssen sich auch nicht mehr ständig die Schuppen von Ihrer Jacke wischen.

Phase 4: Argumentation für das Angebot
In Phase 4 des Geschäftsgesprächs geht es darum, Entscheidungshindernisse auszuräumen, Gegenargumente Ihres Gesprächspartners zu bearbeiten und somit gemeinsam ein gutes Gesprächsergebnis zu finden.

Wenn Ihr Gesprächspartner Gegenargumente vorbringt, bedeutet das häufig: »Ich bin noch nicht überzeugt. Ich habe noch nicht alle Informationen erhalten, damit ich mich für dieses Angebot/Ihren Vorschlag entscheiden kann.«

Wie reagieren Sie, wenn Sie etwas (noch) nicht wollen oder unsicher sind? Sie bringen auch Gegenargumente vor. Genauso geht es Ihrem Gesprächspartner. Übernehmen Sie deshalb den aktiven Part und fragen Sie:

- »Es überrascht mich, dass Sie nicht interessiert sind. Sie werden Ihre guten Gründe haben. Darf ich erfahren, welche Gründe das sind?«
- »Was wäre für Sie ein Grund, mit mir zusammenzuarbeiten?«
- »Was lässt Sie noch zögern, dieses Angebot zu nutzen?«

- »Wer entscheidet denn über solche Angelegenheiten? Was kann ich tun, damit die Entscheidung positiv für mich ausfällt? Wie kann ich Sie unterstützen, damit Sie mein Anliegen gut vor Ihrem Entscheider vertreten können?«
- »Welche Informationen interessieren Sie noch?«

Bleiben Sie in dieser Phase im Kontakt mit Ihrem Gesprächspartner. Fragen Sie ihn, was Sie zu einer erfolgreichen Zusammenarbeit beitragen können. Überprüfen Sie, worauf Ihr Partner besonderen Wert legt, und machen Sie ihm dann die Vorteile erneut deutlich, wenn er mit Ihnen zusammenarbeiten würde.

Phase 5: Gesprächsabschluss
Wie könnte ein Gesprächsabschluss aussehen, mit dem Sie und Ihr Gesprächspartner zufrieden sind? Welche Ergebnisse sind vorstellbar, damit eine Situation eintritt, die für beide Seiten von Vorteil ist?

- Sie sind sich einig. Ihr Gesprächspartner nimmt Ihr Angebot an, so, wie sie es beide im Gespräch verhandelt haben. Holen Sie sich die Unterschrift oder senden Sie schnellstmöglich eine schriftliche Bestätigung.
- Ihrem Gesprächspartner fehlen noch Informationen. Sie stellen diese zeitnah zur Verfügung und vereinbaren einen weiteren gemeinsamen Gesprächstermin.
- Ihr Gesprächspartner ist nicht der (alleinige) Entscheider. Sie fragen nach dem weiteren Vorgehen, unterstützen möglicherweise Ihren Gesprächspartner mit weiteren Informationen und Unterlagen und vereinbaren baldmöglichst einen weiteren Gesprächstermin.

Versuchen Sie, wenigstens eine Vereinbarung für weitere Gespräche zu treffen. Solange Sie im Gespräch bleiben, haben Sie eine Chance, doch noch zu der gewollten Zusammenarbeit zu finden.

4.5 Wie teilen Sie Ihre Zeit richtig ein?

Viele Unternehmer wünschen sich Tage, die mehr als 24 Stunden haben, um alle Aufgaben zufriedenstellend zu erledigen. Im Geschäftsalltag gibt es eine Menge Jobs zu koordinieren und zu kontrollieren, Entscheidungen zu treffen, neuen Ideen nachzugehen usw. Das ist in der Regel auch in Ordnung, schließlich macht es normalerweise Spaß, sich für sein eigenes Geschäft einzusetzen. Trotzdem sollten Sie regelmäßig für sich prüfen, inwieweit Sie andere Facetten Ihres Lebens bereits vernachlässigen, Ihre Work-Life-Balance also nicht mehr ausgeglichen ist. Neben Ihrer unternehmerischen Tätigkeit sind auch die folgenden Bereiche wichtige Elemente Ihres Lebens:

- Familie, Freunde, Bekannte, soziale private Kontakte
- Gesundheit, körperliche Fitness, Entspannung, Erholung sowie
- Lebensführung nach persönlichen und gesellschaftlichen Wertvorstellungen.

Work-Life-Balance
Sicher kennen Sie auch »Workaholics«, bei denen das Verhältnis zwischen Arbeiten und Leben längst aus dem Gleichgewicht ist. Die Vernachlässigung von allen persönlichen und familiären Bereichen zugunsten der Arbeit führt über kurz oder lang zu Defiziten; sei es, dass der eigene Körper schlapp macht, dass die Familie sich beschwert oder dass Sie einfach nicht mehr initiativ, kreativ und fröhlich sind.

4.5.1 Umgang mit Zeitdieben

Damit es gar nicht erst so weit kommt, ist es wichtig, dass Sie sich Ihre verfügbare Zeit bewusst machen. Ziele und Jahresplanungen, die Berücksichtigung beruflicher und persönlicher fester Termine, eine konsequente Monats- und Tagesplanung bis hin zu einer professionellen eigenen Büroorganisation werden Ihnen helfen, die Übersicht zu behalten. Legen Sie eine Liste an, in der Sie alle wichtigen Aufgaben eintragen.

Aufgaben-Liste: Was ist zu tun?				
Starttermin	Priorität	Aufgabenbeschreibung	Zeitbedarf	Fertigtermin

Letztendlich entscheiden Sie selbst, welchen Personen und Themen Sie Priorität geben. Sie bestimmen, wer oder was für Sie wichtig und bedeutsam ist. Ein durchdachtes Zeitmanagement kann Ihnen helfen, besser mit Zeitdieben umzugehen. Unter »Zeitdieben« sind hier alle Personen und Abläufe zu verstehen, die Sie nicht das tun lassen, was Sie sich für einen bestimmten Zeitpunkt vorgenommen hatten. Der ungeplante Anruf Ihres Lieferanten, der langsame PC, die vielen E-Mails, das häufige Suchen nach Unterlagen, immer wieder Unterbrechungen durch Mitarbeiterfragen, das Aufschieben wichtiger Angelegenheiten – all dies sind typische Anzeichen für eine fremdbestimmte Zeiteinteilung, die Sie mit einer besseren Selbst- und Büroorganisation in den Griff kriegen können.

Prüfen Sie Ihr Zeitmanagement und Ihre Büroorganisation anhand der folgenden Übersichten und Checklisten. Sie finden dort eine Menge Tipps, die zu schnellen Erfolgen führen.

4.5.2 Übersicht: So teilen Sie Ihre Zeit sinnvoll ein

Wenn ...	dann ...
Ihnen die Zeit zwischen den Fingern zerrinnt	IST-Situation analysieren (eventuell ein Tageszeitprotokoll mitführen und auswerten) konsequent den nächsten Tag vorplanen, möglichst schriftlich am Abend vorher Arbeitsblöcke bilden: Zeit reservieren z. B. für Telefonate, für Gespräche, für die Projektbearbeitung usw.
andere Ihnen zu sehr das Geschehen aufzwingen	NEIN sagen lernen Fragen Sie sich: Warum muss ich das überhaupt machen? Warum muss gerade ich das erledigen? Warum muss diese Tätigkeit gerade jetzt bearbeitet werden? Warum muss der Job auf diese Art und Weise bearbeitet werden? Schaffen Sie für sich selbst störungsfreie Zeiten
Prioritäten nicht klar ersichtlich sind	Ziele setzen und Aufgaben formulieren Klar unterscheiden zwischen: Was ist wichtig (Ziel!)? Und: Was ist dringend (Termin!)?
Mitarbeiter zu wenig qualifiziert erscheinen, um Aufgaben übernehmen zu können	Anleitung geben, unterstützen Abläufe standardisieren und dokumentieren (Checklisten) gezielte Schulungsmaßnahmen zur Personalentwicklung planen
Mitarbeiter nicht motiviert sind, immer wieder fehlerhaft arbeiten	mit Mitarbeiter das Gespräch suchen zur gemeinsamen »Störanalyse und Lösungsfindung« einladen verbindliche Vereinbarungen treffen
Hektik, Stress, Chaos herrschen	Situationsanalyse: Was führt zu den Stress-Situationen? Arbeitsabläufe überprüfen! Ordnungssystem erarbeiten und verbindlich einführen bewusster Pausen machen Hilfe von außen in Anspruch nehmen
Arbeiten sehr viel Zeit in Anspruch nehmen	Eigene Arbeitsmethodik überprüfen konkreten Fertigtermin setzen Vorsicht vor »Aufschieberitis« und Perfektionismus Ist weniger nicht mehr?

Wenn ...	dann ...
Sie unangenehme Arbeiten gerne aufschieben und erst auf dem letzten Drücker erledigen (Prokrastination)	Zerlegen Sie die große Aufgabe in kleine, gut erreichbare Teilaufgaben. Und beginnen Sie sofort mit der Erledigung der ersten Teilaufgabe. Entwickeln Sie ein Szenario, in dem Sie festhalten, was alles passieren wird, wenn Sie so weitermachen. Und führen Sie sich die Konsequenzen ganz bildhaft vor Augen! Belohnen Sie sich, wenn Sie eine Sache, die Sie schon lange belastet hat, erledigt haben. Überlegen Sie, ob Sie diese unangenehmen Aufgaben wirklich selber erledigen müssen. Wer könnte Sie dabei unterstützen?

4.5.3 Zehn Tipps für die optimale Tagesplanung

Tipp 1: Planen Sie schriftlich!

Alle Aktivitäten, Aufgaben, Termine sofort in eine Aufgabenliste eintragen. So vergessen Sie nichts und behalten den Überblick.

Tipp 2: Planen Sie am Abend vorher den nächsten Tag.

Lassen Sie Ihr Unterbewusstsein ein paar Stunden für sich arbeiten.

Nehmen Sie sich am Ende eines Tages ca. 10 Minuten Zeit, um den nächsten Tag konkret zu planen und die entsprechenden Unterlagen zu richten.

Beginnen, bearbeiten und beenden Sie Ihren Tag positiv! Ihre innere Einstellung bestimmt Ihr Verhalten und das Ihrer Umwelt.

Tipp 3: Füllen Sie nicht den ganzen Tag mit Aktivitäten aus. Als Faustregel gilt: 50 % fest verplanen, 50 % Pufferzeit für Unvorhergesehenes frei lassen.

Tipp 4: Planen Sie Ihren Tag mithilfe der ALPEN-Methode:

A = Alles aufschreiben

L = Länge/Zeitbedarf abschätzen

P = Pufferzeiten einplanen

E = Entscheiden nach Prioritäten: Erledigen Sie die wichtigste Arbeit immer zuerst.

N = Nachkontrolle

Tipp 5: Berücksichtigen Sie »stille Stunden« (Zeiteinheiten, in denen Sie sich nicht von äußeren Einflüssen ablenken lassen). Ziehen Sie sich bewusst zurück (z. B. in einen anderen Raum), um ungestört arbeiten zu können.

Tipp 6: Fassen Sie gleichartige Aktivitäten zu Arbeits- und Zeitblöcken zusammen (z. B. alle Telefonate werden »in einem Rutsch« erledigt). Beenden Sie erst eine Arbeit, bevor Sie eine neue beginnen.

Tipp 7: Unterteilen Sie ein schwieriges Großprojekt in kleine, überschaubare Teilschritte.

Tipp 8: Konzentrieren Sie sich konsequent auf Ihre Prioritäten. Fragen Sie sich: Was ist wirklich wichtig, um mein Ziel zu erreichen? Wie würde ich entscheiden/vorgehen, wenn heute mein letzter Arbeitstag vor meinem Jahresurlaub wäre? Was würde passieren, wenn ich diese Aufgabe nicht erledigen würde? Wichtiges (auch Unangenehmes) morgens zuerst anpacken und bearbeiten, Unwichtiges liegenlassen.

Tipp 9: Schalten Sie Störfaktoren und Zeitdiebe aus. Sagen Sie situativ auch mal NEIN, lassen Sie los, delegieren Sie.

Tipp 10: Stellen Sie sich etwas Inspirierendes an den Arbeitsplatz, das Sie anspricht und motiviert, z. B. ein Bild, ein Gedicht, eine Blume oder etwas Ähnliches.

4.5.4 Zehn Tipps für Ihre Büroorganisation

Tipp 1: Beachten Sie die Aufbewahrungsfristen Ihrer Geschäftsunterlagen.

Als Unternehmer sind Sie gesetzlich dazu verpflichtet, Ihre Geschäftsvorgänge für eine gewisse Zeit aufzubewahren (z. B. 6 bzw. 10 Jahre müssen Sie Auftragsbestätigungen, Bestellungen, Bewirtungsbelege, Inventurunterlagen, Umsatzsteuervoranmeldungen, Jahresabschlüsse, Geschäftsberichte, Inventarlisten usw. archivieren). Vermerken Sie auf dem Ordnerrücken das Ende der Aufbewahrungspflicht, wenn Sie einen Ordner ins Archiv stellen. Das Entsorgen geht später umso schneller. Sinngemäß gelten die Aufbewahrungspflichten auch für elektronisch vorgehaltene Daten.

Tipp 2: Entwickeln Sie für sich ein übersichtliches Ablagesystem. Definieren Sie dafür eindeutige Ablage-Suchbegriffe und erstellen Sie ein für alle Mitarbeiter und ein für alle Dokumente gültiges Ablageverzeichnis (Papierablage, E-Mails u. ä.).

Beschriften Sie alle Schriftgutbehälter.

Organisieren Sie Ihre elektronische Ablage analog der Papier-Ablage.

Sorgen Sie dafür, dass Ihr Ablagesystem von allen Mitarbeitern übernommen wird.

Sammeln sie häufig benötigte Adressen, Telefonnummern etc. in einem Ordner, der an einem zentralen Platz aufbewahrt wird.

Tipp 3: Erledigen Sie Ihre Ablage jeden Tag sofort. Das Suchen in Papierstapeln kostet unnötig Zeit.

Tipp 4: Gehen Sie Ihre Post täglich durch, damit sich nichts stapelt. Entscheiden Sie bei jedem Papierstück (oder bei jeder E-Mail) sofort:

- lesen und vernichten
- lesen und weiterleiten
- lesen und delegieren
- lesen und auf Wiedervorlage legen
- lesen und laufenden Vorgängen zuordnen
- lesen und sofort selbst erledigen (weil es nur 2-3 Minuten Zeit kostet).

Tipp 5: Versuchen Sie, jedes Papierstück (und jede E-Mail) nur einmal zur Hand zu nehmen und zu bearbeiten und/oder abzulegen, um so keinen neuen Papierstapel mit »Unerledigtem« aufzubauen.

Tipp 6: Speziell für E-Mails empfiehlt sich:

Beim E-Mail-Empfang:

- Arbeiten Sie Ihre Mails mehrmals täglich gebündelt ab.
- Entscheiden Sie sofort nach dem Lesen, was zu tun ist.

Beim E-Mail-Versand:

- Halten Sie Ihre Mails kurz.
- Formulieren Sie einen eindeutigen Betreff.
- Versenden Sie nur eine Nachricht je E-Mail, d.h. kombinieren Sie nicht mehrere Themen in einer E-Mail.

Tipp 7: Halten Sie Ordnung an Ihrem Arbeitsplatz.

Nutzen Sie dazu das 3-Körbe-Prinzip: Eingangskorb, Ausgangskorb, Papierkorb.

Nur der zu bearbeitende Vorgang liegt auf Ihrem Schreibtisch.

Tipp 8: Finden Sie für jedes Büro-Arbeitsmittel, für jeden Ordner einen eindeutigen Platz – und legen Sie das Arbeitsmittel nach Gebrauch genau dort wieder ab. Wenn Sie die Unterlage für längere Zeit entnehmen müssen, bringen Sie einen »Entnahmeschein« an (z. B. »Versicherungspolice ist im Bankordner«).

Tipp 9: Nutzen Sie Wartezeiten. Ein Kunde oder ein Lieferant verspätet sich? Nutzen Sie die Zeit, um kleine Dinge zu erledigen, z. B. einige Schriftstücke abzulegen.

Tipp 10: Fotografieren Sie Ihre gewünschte Ordnung und hängen Sie die Fotos an dem entsprechendem Ort auf (z. B. Einrichtung und Struktur des Büromaterialien-Schrankes). So können sich alle Mitarbeiter leicht an die Vorgaben halten!

4.6 Austausch von Erfahrungswissen und Informationen

Viele Unternehmensgründer vermissen bald nach dem Start den Austausch mit anderen, erfahreneren Unternehmern. Es tauchen Fragen zur Unternehmensführung auf, die man alleine nicht beantworten kann oder bei denen man gerne auch noch eine weitere Meinung neben der seines Beraters kennen lernen möchte. Besonders, wenn Sie ein ausgeprägter Teamarbeiter sind, kann der fehlende fachliche Austausch mit Gleichgesinnten ein großes Manko sein.

Eine sinnvolle Lösung für diese Situation kann sein, sich einem **Netzwerk** anzuschließen. Netzwerkarbeit bedeutet: Kontakte zu knüpfen, Erfahrungswissen und Informationen auszutauschen, sich zu qualifizieren, persönliche Beratung und Betreuung zu erhalten und so mehr Halt im Unternehmensalltag zu bekommen.

Hinweise zu regionalen Veranstaltungen erhalten Sie von den Kammern, kommunalen Wirtschaftsförderungseinrichtungen oder von Gründer- und Technologiezentren. Weitere Informationen zu überregional tätigen Netzwerken erhalten Sie z. B. bei:

- Business Angels Netzwerk Deutschland e. V. (BAND), www.business-angels.de
- Bundesverband Deutscher Innovations-, Technologie- und Gründerzentren e. V. (ADT), www.adt-online.de
- Gründerinnenagentur, www.gruenderinnenagentur.de
- verschiedene Wirtschaftsportale für Unternehmerinnen (z. B. www.karriere.de)

Im Gespräch mit Dritten finden sich häufig Lösungsansätze, um schwierige Situationen zu meistern. Sei es durch den Rat des Anderen oder sei es auch bereits durch das Formulieren der eigenen Gedanken, das Ihnen hilft, Strukturen zu finden und Lösungen zu erkennen. Neben der professionellen Unterstützung durch Berater (wie Unternehmens- oder Steuerberater, Coach) sind auch Seminar- und Schulungssituationen hierfür sehr gut geeignet.

Weiterbildung

Weiterbildung kann viel mehr sein als nur bloße Wissensvermittlung durch einen Dozenten oder die Lektüre einer Fachzeitschrift oder eines Fachbuches. In einer Schulungs- und Trainingssituation können Sie unternehmerische Probleme von außen betrachten und zudem durch den Austausch mit den Experten sowie den anderen Seminarteilnehmern wichtige Denkanstöße und Tipps bekommen. So wächst nicht nur Ihr persönliches Netzwerk, sondern auch Ihr Potenzial an Problemlösungen. Schließlich sind Sie mit Ihren Kenntnissen, Fähigkeiten und Verbindungen das stabile Fundament für Ihr prosperierendes Unternehmen.

Checkliste: So klären Sie Ihren Weiterbildungsbedarf !

Thema	Priorität	Maßnahme	Zeit	Kosten
Branchen- bzw. Fachkenntnisse				
Unternehmensführung				
Controlling				
Marketing				
Marktforschung				
Werbung				
Verkaufsgespräch				
Telefonverkauf				
Interkultureller Vertrieb				
Fördermittel				
Kalkulation, Preisfindung				
Buchhaltung				
Bilanzanalyse				

! **Checkliste: So klären Sie Ihren Weiterbildungsbedarf**

Thema	Priorität	Maßnahme	Zeit	Kosten
Steuern				
Personalauswahl				
Mitarbeiterführung				
Ausbildungseignung				
Beschaffungsmanagement				
Lieferantengespräche				
Qualitätsmanagementsystem				
Verträge				
EDV/IT				
Geschäftskorrespondenz				
Versicherungen				
Kreativitätstechniken				
Präsentationstechniken				
Besprechungsmoderation				
Projektmanagement				
Rhetorik				
Verhandlungstechniken				
Umgang mit Konflikten				
Stressbewältigung				
Zeit-/Selbstmanagement				

Kriterien einer effizienten Weiterbildung

Wenn Sie Ihren Weiterbildungsbedarf definiert haben, klären Sie die Rahmenbedingungen:

- Über welche konkreten Themen wollen Sie bis wann und in welcher Tiefe mehr Informationen erhalten?
- Auf welche Lehr- und Lernmethoden legen Sie besonderen Wert? (z.B. Vortrag, Fallstudie, Rollenspiel, E-learning-Sequenzen, Workshop, Erfahrungsaustausch/Dialogrunden, Projektarbeiten, Prüfungen, Nachbetreuung)
- Welche Qualifikation erwarten Sie bei dem Trainer?
- Wie soll die Teilnehmergruppe zusammengesetzt sein? Eher homogen oder heterogen?
- Bis wann soll die Weiterbildung abgeschlossen sein? Wie lange soll sie (maximal) dauern? An welchen Tagen können Sie am ehesten eine solche Maßnahme besuchen?
- Was darf die Maßnahme (maximal) kosten?
- Sind Folgemaßnahmen möglich und sinnvoll aufeinander abstimmbar?
- Wo findet das Seminar statt? Vor Ort? Überregional, evtl. zu verbinden mit einem Kunden- oder Lieferantenbesuch?
- Können Sie die Weiterbildungsziele auch in einem Webinar erreichen?

5 Die Erfolgsfaktoren Marketing und Vertrieb

5.1 Wie schätzen Sie die Bedingungen des Marktes richtig ein?

Auch wenn Ihr Unternehmen über die schönsten Produkte oder das bestechendste Dienstleistungsangebot verfügt, dies nutzt Ihnen nichts, solange Sie am Markt hierfür keine Käufer finden. Deswegen muss der Markt für Ihr Angebot möglichst genau erforscht und das eigene Angebot so gestaltet werden, dass es mit dem gewünschten Erfolg am Markt aufgenommen wird.

Was versteht man unter »Marketing«?

Marketing befasst sich mit der durchdachten und geplanten Vermarktung Ihres Angebots. Es umfasst alle kurz- und langfristigen Maßnahmen, die den Absatz (möglichst dauerhaft) fördern. Marketing ist daher viel mehr als bloße Werbung. Erfolgreiches Marketing trägt systematisch dazu bei, Ihr Angebot passgenau nach den Wünschen Ihrer Kunden zu gestalten, anzubieten und möglichst erfolgreicher als die Wettbewerber zu verkaufen.

In Anlehnung an den Wirtschaftswissenschaftler Prof. Heribert Meffert finden Sie hier eine Definition des Begriffs »Marketing«:

»Marketing ist eine Konzeption der Unternehmensführung. Es bedeutet Planung, Koordination und Kontrolle aller auf die aktuellen und potenziellen Märkte ausgerichteten Unternehmensaktivitäten. Durch eine dauerhafte Befriedigung der Kundenbedürfnisse sollen die Unternehmensziele verwirklicht werden.

Der Kunde ist Zentrum

Im Mittelpunkt aller Marketing-Überlegungen stehen Ihre Kunden und deren echte und potentielle Wünsche. Wenn es Ihnen heute und zukünftig gelingt, Ihr Angebot nach den Wünschen Ihrer Kunden auszurichten und sich dabei auch noch wahrnehmbar von den Wettbewerbern abzuheben, ist die Chance groß, dass Sie erfolgreich Ihr Angebot im Markt platzieren werden.

Beantworten Sie die Frage: Warum soll ein Kunde das Angebot bei Ihnen kaufen – und nicht beim Wettbewerber?

5.1.1 Welche Faktoren beeinflussen die Vermarktung?

Im Marketingkonzept beschäftigen Sie sich insbesondere mit folgenden Fragen:

- Wie können Sie Ihr eigenes Angebot gegenüber denen der Wettbewerber positionieren?
- Welche Zielgruppen wollen Sie mit Ihrem Angebot bedienen?
- Aus welchen Gründen kaufen Ihre Zielgruppen derzeit bei den Wettbewerbern?
- Welche Wünsche haben Ihre (potenziellen) Kunden?

Einflussfaktoren

Neben diesen Kernfragen sollten Sie aber auch andere Einflussfaktoren berücksichtigen, wenn Sie über Vermarktung nachdenken, z. B.:

- Inwieweit beschränken oder fördern der Staat, die Gesetzgebung, die Politik Ihr Angebot und Ihren Markteintritt (z. B. Meisterzwang in manchen Handwerkerberufen, Werbeverbot auf dem Gebiet des Heilwesens)?
- Werden Sie für eine Branche arbeiten, die für Kapitalgeber interessant (= gewinnbringend, risikoarm, zukunftsträchtig) ist, d h.: Wird es Ihnen gut gelingen, fremdes Geld für Ihr Vorhaben zu akquirieren?
- Sind Sie für Lieferanten »belieferungswürdig«, d. h.: Werden Sie überhaupt die Ware erhalten, die Sie verkaufen wollen? Werden Sie an Ihrem geplanten Standort die Arbeitnehmer finden, die Sie für Ihr Unternehmen benötigen (in der richtigen Qualifikation, in der richtigen Anzahl, zu akzeptablen Preisen usw.)?
- Gibt es ungenutzte Unternehmensressourcen (z. B. erste Kunden, Lieferzusagen, verfügbares Kapital), die Sie auch noch für die erfolgreiche Vermarktung Ihres Angebotes in die Waagschale werfen können?

! **Tipp**

Wenn Sie diese Einflussfaktoren intensiv für Ihre Geschäftsidee ausarbeiten, werden Sie gleichzeitig viele spezielle Informationen über Ihr Angebot erhalten. Vielleicht entdecken Sie beim Ausarbeiten sogar unbesetzte Marktnischen.

Einflussfaktoren für das konkrete Angebot

Wenn sie die wesentlichen Einflussfaktoren für Ihr Angebot ausgearbeitet haben, könnte sich z. B. folgendes Bild ergeben:

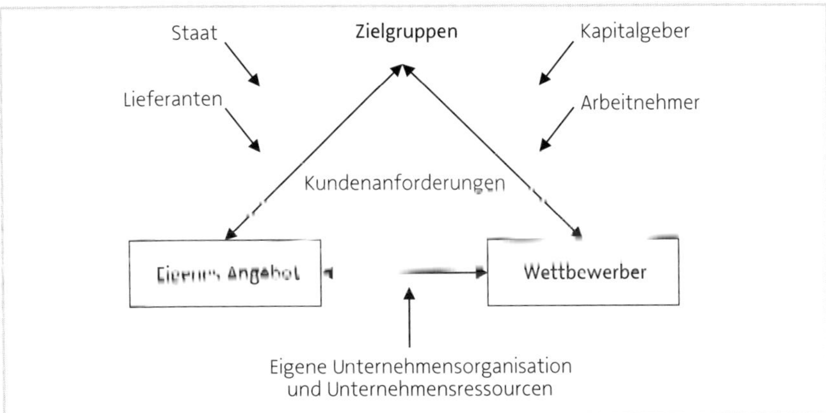

Abb. 3: Einflussfaktoren für Ihr Angebot

Übersicht: Einflussfaktoren auf Ihr Angebot

Die Ausgestaltung Ihres Angebots wird von verschiedenen äußeren Faktoren mit beeinflusst, z.B.:
Gesamtwirtschaftliche Entwicklung
Branchenentwicklung, -image
Marktform (Monopol, Oligopol, Polypol)
Marktgröße (global – lokal), Marktpotenzial, Marktsegmente
Verkaufsstellen
Preisniveau (Einkauf, Verkauf)
Gesellschaftliche Trends
Öffentliche Meinung, Meinungsbildner
Ökologische Anforderungen
Qualitätsanforderungen
Technologie-Stand, -Entwicklung
Serviceerwartungen
Lieferanten
Politisch-rechtliche Entwicklungen
Verfügbarkeit von Arbeitnehmern
Kapitalgeber (Banken, Sparkassen, Investoren)
Rechtsform des Unternehmens

Zielgruppen
Kundenwünsche, -erwartungen
Anzahl und Marktmacht der Wettbewerber
Eigene Unternehmensressourcen
...

5.1.2 Wie erhalten Sie Informationen über den Markt?

Um eine Idee auf Machbarkeit zu prüfen, sollten Sie vorab so viel wie möglich über Ihre potenziellen Kunden im Zusammenhang mit Ihrem Angebot herausfinden. Häufig wird eine Geschäftsidee in der Familie bzw. mit Freunden und Bekannten diskutiert. Diese Personengruppen sind Ihnen gegenüber jedoch (meist zu) positiv eingestellt und nicht unbedingt Käufer Ihres Angebots. Die Aussagen sind eher als Anregung zu werten denn als Fakten. Deshalb ist es empfehlenswert, mit vorbereiteten Fragen an mögliche Kunden heranzugehen und Sie nach Ihrer ehrlichen Meinung zu fragen. Sie benötigen diese Informationen aus erster Hand, um Ihr Angebot kundenorientiert zu gestalten.

! **Beispiel**

»Wie soll ich nur an Informationen über meinen »Markt« kommen?« grübelt Udo Ungestüm vor sich hin. »Mithilfe des Internets ist das ja eigentlich kein Problem mehr. Mal sehen: Welche Kundenadressen kenne ich? Gibt es da Links auf deren Homepage? Wer von den handelnden Personen präsentiert sich bei Xing? Der Branchenverband – wenn das kein Volltreffer ist. Nächste Woche haben die eine offene Veranstaltung, da fahr ich hin. Die Vorankündigung für die Messe – eine ganze Seite Vorberichterstattung in der Fachzeitschrift ...!«

Kundenbefragung

Überlegen Sie, wer Ihr Angebot kaufen soll. Versuchen Sie, für diese Personen einige Fragen zusammenzustellen. Achten Sie darauf, dass folgende Bereiche dabei abgedeckt sind:

- Wie schätzen unbeteiligte Dritte Ihre Geschäftsidee ein?

An den Antworten erkennen Sie, ob Sie eine Marktlücke bedienen oder ob Sie aus Sicht Ihrer zukünftigen Kunden nur ein weiterer Verkäufer mit einem vergleichbaren Angebot sind.

- Was spricht zukünftige Kunden besonders an Ihrer Idee an?

Hieraus können Sie Ihre zukünftigen Verkaufsargumente ableiten.

- Wie lösen Kunden ein bestimmtes Problem?

Die Antwort gibt Ihnen Hinweise, mit welchen Wettbewerbern Sie aus Sicht zukünftiger Kunden verglichen werden.

- Was gefällt Kunden gut an der bisherigen Problemlösung?

In den Antworten werden Wettbewerbervorteile formuliert.

- Was wünschen Kunden sich darüber hinaus?

Hier erhalten Sie Hinweise auf aktuelle Angebotslücken, die Sie als Tipps zur Optimierung Ihres marktgerechten Angebots gut nutzen können.

- Wo erwarten Kunden, Informationen zu der Problemlösung zu finden? Wie informieren Kunden sich heute über das Marktangebot?

Aus den Antworten können Sie ableiten, welche Medien Ihre zukünftigen Kunden zur Informationsgewinnung nutzen; Sie erhalten Hinweise auf Werbeaktivitäten.

- Was zahlen Kunden heute für das Marktangebot? Gibt es Preisgrenzen, erwartete Preisnachlässe, besondere Zahlungsmodalitäten etc.?

Daraus ergeben sich Hinweise auf derzeitige Marktpreise und die üblichen Konditionen.

Weitere Fragen finden Sie in der Checkliste »Mögliche Fragen an potenzielle Kunden«) auf http://mybook.haufe.de.

5.1.3 Fragebogen

Wenn Sie einen Fragebogen erarbeiten wollen, sollten Sie sich im Vorfeld über folgende Fragen bzw. deren Antworten Gedanken machen:

- Welches Ziel verfolgen Sie mit Ihrem Fragebogen?
  - Informationen sammeln
  - Interessenten gewinnen
  - Erste Verkäufe generieren etc.
- Wen wollen Sie befragen?
  - Endverbraucher, Private Kunden
  - Inhaber, Chefs, Entscheider in Unternehmen
  - Mitarbeiter in Firmen (Branche, Funktion, Erfahrung)
- Wie wollen Sie Ihren Fragebogen einsetzen?
  - Persönlich, im direkten Gesprächskontakt
  - Telefonisch
  - Schriftlich

Wenn Sie unsicher sind, ob Sie alles richtig machen: Versetzen Sie sich in die Situation der Befragten:

- Sind die Fragen für Ihre Kandidaten verständlich und in deren Sprache formuliert?
- Würden Sie auf die gestellte Frage (wahrheitsgemäß) antworten?
- Bei von Ihnen vorgegebenen Antworten: Gibt es noch andere Antwortmöglichkeiten? Gibt es die Kategorie »sonstige Antwort«?

Frage-Arten	**Beispiele**
Offene Fragen Keine feste Antwortkategorie vorgegeben	W-Fragen: wer, was, warum, wie, wann … »Was ist für Sie entscheidend bei einem Autokauf?«
Geschlossene Fragen Es werden Antwort-Alternativen vorgegeben	»Rasieren Sie sich elektrisch? □ Ja □ Nein« »Hier ist eine Liste mit Getränken … Würden Sie mir bitte sagen, welche Getränke Sie zurzeit in Ihrem Haushalt verfügbar haben?«
Meinungsfragen	»Was halten Sie von …?« »Bewerten Sie bitte folgende Aussagen mit Schulnoten.«
Informationsfragen	»Was wissen Sie über …?« »Kennen Sie …?«

Wechseln Sie unbedingt in der Frageart: Bei einer Folge von geschlossenen Fragen entsteht leicht eine Verhörsituation. Geschlossene und offene Fragen sollten sich mit Meinungs- und Informationsfragen abwechseln.

Wenn Sie Ihren Fragebogen auslegen oder versenden wollen, denken Sie auch darüber nach:

- Warum soll jemand den Fragebogen überhaupt ausfüllen? Gibt es einen Anreiz, z.B. in Form eines Geschenks?
- Wie erhalten Sie den ausgefüllten Fragebogen (anonym) zurück?

Denken Sie bei der Fragebogenerstellung auch an die Auswertung (Zeitaufwand, Vergleichbarkeit der Aussagen usw.).

Checkliste: Mögliche Fragen an potentielle Kunden !

Was stellen Sie sich unter meinem beschriebenen Angebot vor?	
Wie haben Sie bisher dieses Problem gelöst?	
Gibt es Produkte anderer Anbieter, die aus Ihrer Sicht mit meinem Produkt konkurrieren?	
Was gefällt Ihnen besonders gut an meinem Angebot?	
Was gefällt Ihnen überhaupt nicht?	
Haben Sie das (Wettbewerber-)Angebot schon mal selber genutzt?	
Welche bisherigen Erfahrungen haben Sie mit dem (Wettbewerber-) Angebot gemacht?	
Besteht bei Ihnen/in, Ihrer Familie/in, Ihrer Firma ein Bedarf an »meinem« Angebot?	
Wie oft pro Tag/Woche/Monat/Jahr verwenden Sie das (Wettbewerber-) Angebot?	
Würden Sie mein Angebot weiterempfehlen?	
Von wem würden Sie sich mein Angebot gerne empfehlen lassen? Zu wem hätten Sie Vertrauen?	
Was erwarten Sie bei einem Preis von ... EUR/Stück oder EUR/Stunde für einen Service?	
Wo kaufen Sie ein solches Angebot normalerweise/zurzeit?	
Welches Produkt gehört noch zu diesem Angebot?	
Hätten Sie Änderungsideen/-wünsche? Welche?	
Wo/wie informieren Sie sich über solche Angebote?	
Was ist Ihnen dabei wichtig? (Infos, Sonderangebote, Verwendungszwecke ...)	
Was hinderte Sie bisher, ein solches Produkt zu kaufen?	
Nach welchen Kriterien wählen Sie einen Einkaufsort für ... aus?	
Was müsste ich tun, damit Sie ein Stammkunde von meinem Produkt werden?	
Haben Sie noch einen Tipp für mich?	

5.1.4 Der Aufbau eines Fragebogens

Beachten Sie bei der Entwicklung eines Fragebogens:
- Kennung/Codierung, z. B. Datum und Ort, fortlaufende Nummer (ggf. auf Anonymität achten)
- Begrüßung
- Vorstellung des Interviewers und des Untersuchungsziels
- Hinweis: »Ihre Meinung ist wichtig!«

1. Einleitung	mit einer Kontakt- oder Eisbrecherfrage Ziel: Kontakt zum Befragten herstellen, Befragten motivieren Zum Start eine möglichst einfach zu beantwortende Frage stellen, damit der Befragte einen schnellen und positiven Einstieg in den Fragebogen erfährt.
2. Informationsgewinnung	Sachfragen Vom Allgemeinen zum Speziellen Mischung von Wissens- und Meinungsfragen Abwechslung in der Fragetechnik
3. Kontrolle	Kontrollfragen zur Überprüfung des Wahrheitsgehalts bestimmter Antworten
4. Angaben zur Person	z. B. Altersklasse, Wohnort, Familienstand ...
5. Abschluss	Bedanken Sie sich für das Mitmachen evtl. Übergabe/Versand/Verlosung eines »Dankeschön-Geschenkes«

Verkaufen Sie Ihr Angebot am Markt

Um ein Angebot am Markt erfolgreich zu platzieren, reicht es nicht darauf zu warten, dass die Kunden in Ihr Ladengeschäft kommen oder dass potentielle Kunden von sich aus Ihnen Aufträge erteilen werden. Das Angebot muss am Markt verkauft werden; es gilt also z. B. Kunden zu animieren, Ihr attraktives Ladengeschäft aufzusuchen.

Die entscheidenden Weichenstellungen hierfür treffen Sie mit der Festlegung der grundsätzlichen Marketing-Instrumente, z. B.:
- Zu welchem Preis werden Sie Ihr Angebot offerieren?
- Von welchem Standort aus wird wer Ihr Angebot verkaufen?
- Welche Werbeaktivitäten sind für die Markteinführung notwendig?

5.1.5 Informationsquellen für die Markterschließung

Auf dem Markt treffen Angebot und Nachfrage aufeinander und regulieren sich über einen Preis. In einem ersten Schritt müssen Sie sich konkret mit Ihren Kunden (Nachfragern) und den Mitbewerbern um diese Kunden (also die anderen Anbieter) auseinandersetzen, um ein marktgerechtes Angebot zu erstellen. Neben der Durchführung von eigenen Marktuntersuchungen gibt es zahlreiche leicht zu erschließende Informationsquellen, wie z.B..

- Tageszeitungen
- Gelben Seiten, Adressverzeichnisse
- Regionale Berichte (z.B. Städte und Kommunen, Gewerbevereine)
- Wirtschaftsmagazine
- Veröffentlichungen von Standesorganisationen (z.B. IHK, HWK) und Fachverbände (z.B. Einzelhandelsverband, Berufsverbände)
- Branchenzahlen (z.B. Statistisches Bundes-/Landesamt, Wirtschaftsforschungsinstitute)
- Banken-Veröffentlichungen
- Steuerberater
- Außendienstmitarbeiter von möglichen Lieferanten
- Messen, Ausstellungen
- Internet

Maßnahmen zur Markterschließung werden u.U. finanziell gefördert. Fragen Sie nach dem entsprechenden Förderprogramm bei Ihrer zuständigen IHK nach.

Bestimmung der Zielgruppe

Wenn es um Marketing-Überlegungen geht, steht der Begriff der Zielgruppen im Fokus. Um die Zielgruppe für Ihr Angebot zu bestimmen, suchen Sie Gemeinsamkeiten der verschiedenen Personen/Personengruppen/Firmen, welche Ihr Angebot voraussichtlich annehmen werden. Die Idee ist: ähnliche Milieus, ähnliche Einstellungen lassen auf ähnliche Verhaltensweisen schließen. Beispiel: Unternehmen mit 50 bis 100 Mitarbeitern werden im Vergleich untereinander eine ähnliche Unternehmensstruktur aufweisen, z.B. gibt es eine eigenständige Personalabteilung. Unternehmen mit bis zu 20 Mitarbeitern weisen eine ganz andere, für diese Firmengröße wiederum spezifische Unternehmensstruktur auf, z.B. könnte das Thema Personal zwischen der Buchhaltung (Lohn- und Gehaltsabrechnung) und dem Geschäftsführer (Personalbedarf, Personalauswahl, Personalführung) aufgeteilt sein.

Zielgruppen werden also aufgrund theoretischer Überlegungen und Analysen gebildet. Es sind Teilgesamtheiten eines Marktes (**Marktsegmente**). Sie bilden möglichst homogene Gruppen, z.B. durch:

- ähnliche Erwartungen und Ansprüche an ein Produkt
- ähnliche Einkaufsgewohnheiten
- gleicher Wohnort
- Zugehörigkeit zu gleicher Altersgruppe usw.

Mit dieser Gliederung will man (potenzielle) Kunden so zusammenfassen, dass ihre gemeinsamen, ähnlichen Wünsche an ein Angebot jeweils mit einer spezifischen Vermarktungsstrategie erfüllt werden können.

!

Beispiel

»Zielgruppe 50 plus in der PLZ-Region 79... » Damit ist gemeint, dass Sie mit Ihrem Angebot alle Frauen und Männer ab 50 Jahren, wohnhaft in den Orten mit den Postleitzahlen 79000 bis 79999, ansprechen wollen. Sie werden nicht jeden »Best Ager« als Kunden gewinnen, aber Sie werden Ihre gesamten Marketingaktivitäten sehr »seniorenorientiert« (z. B. gut lesbare und größere Schrift, leicht zu öffnende Verpackungen, tragbare Verpackungseinheiten usw.) anlegen.

Mögliche weitere Segmentierungsansätze für Zielgruppen finden Sie in der folgenden Checkliste

!

Checkliste: So bilden Sie Zielgruppen für Ihr Angebot

Geographische Segmentierung	Mögliche Abnehmer werden bestimmten Orten, Regionen oder Ländern zugeordnet. Die Gemeinsamkeit besteht dann darin, dass die potenziellen Kunden alle aus dem Ort ... stammen, alle im Einzugsgebiet um die Stadt ... arbeiten oder alle im Bundesland ... wohnen. Sie weisen damit einen ähnlichen sozialen Status und Lebensstil auf und, daraus abgeleitet, ein ähnliches Kaufverhalten. Typische Einteilungen sind: Aufteilung nach Ländern, nach Bundesländern, nach Stadt- und Landbevölkerung, nach Stadtvierteln.
Sozio-demographische Segmentierung	Dazu gehören Merkmale wie Geschlecht, Alter, Familienstand, Haushaltsgröße, Zahl der Kinder sowie Ausbildung, Beruf, Einkommen (soziale Schicht). Für die Zielgruppe »Unternehmen« lässt sich dies sinngemäß übertragen: z. B. Branchenzugehörigkeit, Gründungsdatum, Unternehmensgröße, Mitarbeiterzahl.
Psychographische Segmentierung	Hierbei geht es um die Erfassung von Persönlichkeitsmerkmalen. Da die Erhebung sehr aufwändig ist, werden heute eher typische Verhaltensweisen von Nachfragern beschrieben. Es geht um die persönlichen Werte, Interessen und Meinungen sowie um Motive und Einstellungen, z. B. zum Lebensziel, zu Arbeit, Familie, Freizeit, um Leitbilder und Lebensstil. Diese typischen Einstellungen können dann einer bestimmten Lebenswelt (Lifestyle; Sinus-Milieus) zugeordnet werden. Solche Lebensweltsegmente sind z. B.

	traditionelles Arbeitersegment, gesellschaftskritisches Segment, aufstiegsorientiertes Segment. Für die Zielgruppe »Unternehmen« könnte sich z. B. ergeben: Traditionsunternehmen, innovative Unternehmen, visionäre Unternehmen.
Segmentierung nach: Käufer, Nutzer, Empfehler	Nicht nur Kunden sind durch Zielgruppen zu beschreiben; häufig sind am eigentlichen Kaufakt noch mehr Personen beteiligt, die Sie in Ihren Vermarktungsaktivitäten berücksichtigen müssen. Denken Sie z. B. an eine Mutter, die vom Arzt ein Rezept für einen Hustensaft für ihr Kind erhält. In der Apotheke bezahlt die Mutter (Käufer) das vom Arzt (Empfehler) angegebene Medikament. Zu Hause trinkt das Kind (Nutzer) den Hustensaft. Die Mutter ist Käufer, aber nicht Nutzer des Angebots! Arzt, Mutter und Kind müssen jeweils spezifisch umworben werden, damit das Angebot (Hustensaft) erfolgreich verkauft werden kann.

In Abgrenzung zum Begriff der Zielgruppe versteht man unter Kunden die tatsächlichen Käufer Ihres Angebots. Sie sind aus unterschiedlichen Gründen (z. B. durch Werbung, Ihre besondere Warenpräsentation, durch Empfehlung oder ganz zufällig) auf Ihr Angebot aufmerksam geworden und kaufen.

Beobachtung und Analyse der Wettbewerber

Der Markt wird durch die Globalisierung der Wirtschaft immer größer; immer mehr Wettbewerber konkurrieren um die Gunst der Nachfrager.

Je nach Branche müssen Sie sich darüber hinaus mit den **indirekten Wettbewerbern** beschäftigen, die den möglichen Kunden andere Problemlösungen für Ihre Wünsche anbieten.

Beispiel !

Der Wunsch der Nachfrager lautet: »Klassische Musik hören«. Dann müssten Sie sich als CD-Hersteller klassischer Musik natürlich mit Ihren direkten Wettbewerbern, nämlich allen anderen CD-Anbietern klassischer Musik, auseinandersetzen. Sie sollten aber auch noch die Entwicklungen Ihrer indirekten Wettbewerber beobachten, wie z. B. iTunes, (Internet-)Radio, Theater, Konzertveranstaltungen. Denn Ihre Kunden werden das verfügbare Geld für klassische Musik in aller Regel nur einmal ausgeben.

Das Ziel, zumindest in einem Punkt besser als die Konkurrenz zu sein, wird Sie immer wieder beschäftigen. Sehen Sie sich Ihre Konkurrenten deshalb genau an. Nur durch ehrliche Vergleiche können Sie sich dort profilieren, wo Sie selbst stark sind – und die Konkurrenz schwächer. Klären Sie auf jeden Fall folgende Fragen:

- Wer sind die Konkurrenten?
- Was bieten die Wettbewerber den Kunden an?
- Was fasziniert die Kunden an dem Wettbewerber-Angebot und veranlasst sie zum Kauf?

Entscheidend für Ihren Markterfolg wird es sein, dass Ihr Angebot nicht nur anders als das der Wettbewerber ist, sondern dass es aus Sicht der möglichen Kunden auch besser ist. Dafür benötigen Sie eine genaue Bestandsaufnahme über Ihre Konkurrenten.

Wie erhalten Sie Wettbewerberinformationen?

- Sammeln und sichten Sie Werbematerialien (z.B. Anzeigen, Prospekte, Preislisten, Werbebriefe).
- Besuchen Sie Ihren Wettbewerber in seinem Geschäft.
- Lernen Sie die entscheidenden und handelnden Personen auf Messen, in dem Berufsverband Ihrer Branche oder bei gesellschaftlichen Anlässen kennen.
- Fragen Sie in Ihrem Bekannten- und Verwandtenkreis nach Informationen.
- Surfen Sie im Internet, z.B. auf die Homepage oder die Facebook-Seite Ihres Wettbewerbers.

Analysieren Sie Ihren Wettbewerber ganz genau und beobachten Sie ihn auch nach der Gründung in regelmäßigen Abständen.

Welche Informationen sind für Sie wichtig? Unterscheiden Sie bei der Wettbewerberanalyse nach eher unveränderlichen Stammdaten und regelmäßig zu aktualisierenden Bewegungsdaten. Ihre Wettbewerberanalyse ist nur so gut, wie Sie diese aktuell halten können. Suchen Sie sich eher weniger Kriterien zur Wettbewerberbeobachtung aus; pflegen Sie diese dann aber konsequent!

Für die Analyse Ihrer Konkurrenz sollten Sie ein detailliertes Profil Ihrer Wettbewerber erstellen. Dabei hilft Ihnen die Checkliste auf der folgenden Seite.

Checkliste: Wettbewerber-Profil

!

Adresse	
Inhaber	
Mitarbeiteranzahl, Fluktuationsrate	
Mitarbeiterqualifikation	
handelnde Personen	
Außendienst	
Geschäftsgröße (z.B. über Umsatzgröße, Ladenfläche)	
Gründungsjahr	
Betriebsorganisation/ -struktur	
äußeres Erscheinungsbild/Corporate Design	
Einrichtung, Ambiente	
Warenpräsentation	
Fuhrpark	
Öffnungszeiten	
Allgemeine Geschäftsbedingungen	
Angebotsumfang	
Angebotsschwerpunkte	
Spezialisierung/Nischenprodukte	
wichtigstes Produkt/Hauptumsatzträger	
Haltbarkeit/Verfallsdaten	
Preise	
Konditionen, Rabatte	
Qualitätsniveau, Qualitätsnachweise	
Serviceangebote	
Art der Reklamationsbearbeitung	
Lieferanten	
Lieferantenkonditionen	
Exklusivbelieferung	
Technologie/Maschineneinsatz	

Checkliste: Wettbewerber-Profil	
Technologie/Maschineneinsatz	
Umwelt/Entsorgung	
Kundengruppen	
Referenzkunden	
Hauptkunden	
Marktposition, Marktanteil	
Stärken	
Schwächen	
Verkaufsargumente	
Werbeaufwand	
Werbeaktivitäten/-auftritt	
Social Media-Aktivitäten	
Image	
Kooperationen	
Mitgliedschaft in Verbänden	

Analyse der eigenen Marktposition

Im nächsten Schritt geht es darum, die gewonnenen Erkenntnisse aus der Marktanalyse zu verdichten. Ziel soll sein, die eigene Position auf dem zukünftigen Markt (besser) zu identifizieren, um

- Vorteile und Nutzen des eigenen Angebots genauer zu erkennen
- eine klare Argumentation für das eigene Verkaufsgespräch zu erhalten
- Werbemaßnahmen zielgruppengerecht und effizient planen und umsetzen zu können.

Stärken-Schwächen-Analyse

Die eigene Marktposition bestimmen Sie anhand einer fundiert ausgearbeiteten Stärken-/Schwächen- und Chancen-/Risiken-Analyse (»SWOT-Analyse«). Diese Analyseformen bilden zugleich eine gute Basis für ein Gespräch mit Kooperationspartnern oder Geldgebern.

1. Schritt: Stärken und Schwächen aus Sicht des Unternehmens

Formulieren Sie zunächst die Stärken und Schwächen aus Sicht Ihres eigenen Unternehmens zum Zeitpunkt des Markteintritts.

- Stärken: Was können Sie besonders gut?
- Schwächen: Wo hat Ihr Unternehmen (noch) Defizite?

2. Schritt: Chancen und Risiken aus Sicht des Marktes

Betrachten Sie danach die Situation für die gesamte Branche. Aus Sicht des Marktes:

- Was unterstützt eine erfolgreiche Vermarktung aller verfügbaren Angebote?
- Was erschwert eine erfolgreiche Vermarktung aller Angebote?

3. Schritt: Übersicht der Stärken und Schwächen sowie Chancen und Risiken

Fassen Sie Ihre Ergebnisse in einer Übersicht zusammen. Nachfolgend ein Beispiel:

Stärken		**Schwächen**	
+	langjährige Branchenkenntnis	–	bisher nur wenig Führungserfahrung
+	marktfähige Verkaufspreise	–	Abhängigkeit von einem Lieferanten
+	habe einen fundierten Marketingplan		
Chancen		**Risiken**	
+	in den letzten Jahren stetiges Marktwachstum	–	aber: immer mehr Anbieter in der Branche (Polypolbildung)
+	Trend bei Verbrauchern	–	restriktivere gesetzliche Auflagen

Auf http://mybook.haufe.de steht Ihnen eine Excel-Anwendung zur Analyse Ihrer Marktposition zur Verfügung.

5.2 Wie setzen Sie Marketing-Instrumente effizient ein?

Mit dem Markteintritt sind für jedes Marketing-Instrument Entscheidungen zu treffen und Maßnahmen umzusetzen. Als **Marketing-Mix** bezeichnet man die Kombination der Marketing-Instrumente.

5.2.1 Die vier »klassischen« Marketing-Instrumente

Dabei zählen zu den vier »klassischen« Marketing-Instrumenten: Produkt-/Programmpolitik (product), Kontrahierungspolitik (price), Distributionspolitik (place), Kommunikationspolitik (promotion). Im Einzelnen ist darunter zu verstehen:

Instrument 1: Produktpolitik und Programmpolitik
In der Produktpolitik treffen Sie Entscheidungen für das einzelne Produkt, z.B. hinsichtlich: Produktgestaltung, Design, Farbe, Beschriftung, Bezeichnung/ Name, Verpackungsgestaltung, -größe, -gebinde, -entsorgung, Qualität, Markenbildung, Serviceleistungen.

Bezogen auf das gesamte Programm (= Summe aller Produkte) sind Entscheidungen von Ihnen zu treffen bezüglich Umfang und Struktur der Angebotspalette.

- Welche Produkte sollen überhaupt verkauft werden?
- Welche Produkte sind zu modifizieren?
- Welche Produkte oder Dienstleistungen ergänzen sinnvoll das bestehende Programm?
- Welche Produktgruppen lassen sich verkaufsfördernd für den Abnehmer zusammenfassen (»Bundle«)?
- Welche neuen Produkte sollten wann ins Angebot aufgenommen werden?
- Welche Produkte sollten wann (geplant) eliminiert werden?

Instrument 2: Preispolitik
Zur Kontrahierungspolitik, oft auch nur Preispolitik genannt, gehören alle Maßnahmen, die durch die Gestaltung des Waren- und Geldtauschs zum Kaufabschluss beitragen. Im Einzelnen beschäftigt sich die Preispolitik mit den folgenden Fragen:

- Zu welchem Verkaufspreis bieten Sie Ihr Produkt an? (Können Sie damit Ihre Kosten decken? Ist Ihr Preis wettbewerbsfähig? Sind Ihre Kunden bereit, diesen Preis zu zahlen?)
- Wird es unterschiedliche Preise für ein und dasselbe Angebot geben? (z.B. unterschiedlicher Hotelzimmerpreis in der Vor-, Haupt- und Nachsaison)
- Welchen Preisnachlass (Rabatt, Jahresbonus) räumen Sie Ihren Kunden für welche Gegenleistung ein? (z.B. Mengenrabatt, Einführungsrabatt, Erreichen bestimmter Jahresumsätze)
- Wie lauten Ihre Liefer- und Zahlungsbedingungen? (z.B. Lieferung frei Haus; Zahlung innerhalb 20 Tagen rein netto, innerhalb 7 Tagen mit 3 % Skonto)
- Welche Finanzierungsmöglichkeiten bieten Sie Ihren Käufern gegebenenfalls an? Wie kann der Kunde Ihr Angebot erwerben, wenn er die Kaufsumme nicht auf einmal zahlen kann? (Unter Geschäftsleuten z.B. der Lieferanten-

kredit, das Factoring, das Leasing; gegenüber Konsumenten z.B. der Teilzahlungskredit)

Instrument 3: Distributionspolitik

In der Distributionspolitik entscheiden Sie über die Verfügbarkeit Ihres Angebots. Typische Fragen dazu sind z.B.:

- Welche Absatzwege werden Sie nutzen? (z.B. direkt an den Kunden durch persönlichen Besuch oder per Internet Shop; indirekt mithilfe des Groß- oder Einzelhandels)
- Wer wird Ihr Angebot verkaufen und Kunden akquirieren? Akquirieren und verkaufen Sie selbst und/oder mithilfe von externen Verkäufern wie Reisenden, Handelsvertretern, Agenten, Maklern?
- Wo wird Ihr Firmenstandort sein?
- Wie gelangt die Ware zum Kunden? Wie bauen Sie Ihre Logistikkette auf? Benötigen Sie ein Waren- oder Auslieferungslager? Wer transportiert die Waren zum Kunden? (z.B. fremde Spedition oder eigener Fuhrpark)

Instrument 4: Kommunikationspolitik

Mithilfe der Entscheidungen, die Sie im Bereich der Kommunikationspolitik treffen, beeinflussen Sie die **Einstellung der Kunden** zu Ihrem Unternehmen und Ihren Produkten. Dieser Teil des Marketing-Mix umfasst alle Maßnahmen, die ein Produkt bekannt machen und ein positives Produkt- und Unternehmensimage aufbauen. Im Einzelnen gehört dazu:

- Klassische Werbung: Werbung in Printmedien (Zeitschriften, Zeitungen), Funk und TV, auf Großflächen, aber auch Werbegeschenke, Flyer, Internet-Banner, Broschüren
- Direct Marketing: Alle unmittelbaren Beziehungen zum einzelnen Kunden (z.B. der personalisierte Werbebrief, Telefonmarketing, Newsletter)
- Sponsoring: Der Sponsor unterstützt mit Finanz-, Sach- oder Dienstleistungen den Gesponserten (Einzelperson, Personengruppe, Organisation). Er erhält dafür das Recht auf die kommunikative Nutzung des Gesponserten auf Basis eines Vertrags (z.B. Sport-, Kultur-, Wissenschaftssponsoring)
- Product Placement: Die gezielte, bezahlte Produktplatzierung als Requisite in der Handlung eines Spiel- oder Fernsehfilms (z.B. das Nutella-Glas in der »Lindenstraße«)
- Sales Promotion/Verkaufsförderung: Zeitlich befristete Maßnahme mit Aktionscharakter zur Unterstützung des Absatzes bei Händlern und Konsumenten (z.B. Verkostung im Lebensmittelhandel, Warenproben, Handzettel, Gewinnspiele)
- Persönlicher Verkauf: Der Auftritt eines Verkäufers bei dem Kunden (z.B. ein gepflegter, kompetenter Verkäufer hinterlässt beim Kunden einen bestimmten Eindruck von dem gesamten Unternehmen)

- Public Relations/Öffentlichkeitsarbeit: Diese Aktivitäten sollen bei internen und externen Interessensgruppen Verständnis und Vertrauen für das Unternehmen aufbauen und pflegen (z. B. redaktionelle Berichte, Unternehmensbroschüren, Pressekonferenzen)
- Web- und Social-Media-Aktivitäten: z. B. über Xing. Achten Sie darauf, dass Ihre Internetseiten »lebendig« bleiben. Denn: Veraltete Inhalte im Web sind für Unternehmen meist schädlicher als gar keine Präsenz im Netz.

5.2.2 Die drei »neuen« Marketinginstrumente

Neben den klassischen Marketing-Instrumenten werden, vor allem bei der Vermarktung von Dienstleistungen, zunehmend auch drei »neue« Marketing-Instrumente eingesetzt:

Personalpolitik (personel)
Die Personalpolitik als Marketinginstrument geht von der zentralen Bedeutung der Mitarbeiter für den Vermarktungsprozess aus. Mitarbeiter, die vom Angebot des eigenen Unternehmens überzeugt und begeistert sind und diese Einstellung auch direkt in den Umgang mit Kunden einbringen können, wollen und dürfen, sind authentische Überbringer der Marketingbotschaft. Es gilt, die »richtigen Mitarbeiter« zu finden, zu qualifizieren und zu fördern (»interne Mitarbeiterbindung«), um letztlich die Beziehung zum Kunden zu optimieren.

Prozesspolitik (process)
Definierte, sichere und weitgehend standardisierte Arbeitsabläufe sollen eine gleichbleibende Qualität des (Dienstleistungs-)Angebots garantieren. Wenn z. B. eine Reklamation eingeht, sollen sich alle Mitarbeiter bei der Beschwerdebearbeitung gleich verhalten.

Ausstattungspolitik (physical facilities)
Die Art und Weise, wie sich ein Unternehmen »äußerlich« präsentiert (z. B. Lage, Ausstattung, Einrichtung, Design) wird auf den Qualitätseindruck der angebotenen Leistung übertragen. Hier spielen z. B. Gebäudeform, Farben, Beschriftungen und Beleuchtungen eine Rolle – vom Eingangsbereich bis hin zum Kaffeegeschirr.

Mithilfe der folgenden Checkliste können Sie die passenden Marketing-Instrumente für Ihr Angebot zusammenstellen.

Checkliste: Der richtige Marketing-Mix für Ihr Angebot !

Wer bietet an? (Name Ihres Unternehmens)
Was bieten Sie an? (Kurzbezeichnung)
Wie setzt sich Ihr Angebot zusammen? Aus welchen »Standbeinen« besteht Ihr Angebot?
Welchen Qualitätsnachweis können Sie beibringen? (Referenzen, Zeugnisse etc.)
Welchen (zusätzlichen) Service wollen Sie anbieten?
Wie hoch ist Ihr Listenpreis? Entspricht er dem Marktpreis?
Welche Rabatte (Preisvergünstigungen) wollen Sie gewähren? Unter welchen Voraussetzungen?
Wie lauten Ihre Liefer- und Zahlungsbedingungen?
Wo ist Ihr Firmenstandort?
Wer akquiriert Kunden? Wer hilft Ihnen dabei?
Wie wollen Sie Ihr Angebot bewerben?
Was ist der Nutzen Ihres Angebots für den Kunden?

Beispiel: Social Media Marketing !

»Auf Facebook habe ich über 500 Freunde, die kann ich doch prima für mein Unternehmen aktivieren. Und kosten tut mich das auch nichts!«, freut sich Udo Ungestüm. »Stopp Udo!«, wiegelt Bärbel Bedächtig ab. »Viele träumen vom viralen Marketing. Aber in den sozialen Netzwerken interessieren sich die User für den persönlichen Austausch und nicht für Unternehmensinformationen und Angebote. Wenn du deine 500 Freunde als Werbeträger nutzen möchtest, kann es sein, dass sich die Anzahl deiner Freunde schnell reduziert. Kommunikation in Social Media benötigt ein gutes Konzept und einen langen Atem. Etliche Unternehmen ziehen sich schon wieder frustriert aus Facebook und Co. zurück. Aber wenn du eine besonders gute Idee hast …?!«

5.2.3 Alleinstellungsmerkmale erarbeiten?

Vor der Platzierung eines Angebots am Markt müssen viele weitreichende Entscheidungen getroffen werden, um Ihr Angebot möglichst optimal zu vermarkten. Und je nachdem, welche Markt-, Wettbewerbs- und Kundeninformationen Ihnen aktuell vorliegen, kann dies die bisherigen Ergebnisse wieder völlig verändern.

Planen sie ausreichend Zeit für eine intensive Recherche des Marktes ein. Denn erst wenn Sie eine klare Marktposition gefunden haben, also eine Abgrenzung Ihres Angebots zu dem der Wettbewerber nachvollziehbar ist, macht es Sinn, weiter über Verkauf und Werbung nachzudenken.

Die folgenden Fragen helfen Ihnen, sich von Ihren Wettbewerbern abgrenzen:

- Was spricht Ihre (zukünftigen) Kunden besonders an Ihrem Angebot an?
- Was haben die Kunden davon, wenn sie Ihr Angebot kaufen?
- Warum nützt Ihren Kunden das Angebot?
- Welchen Vorteil können Sie bieten?
- Wo hat Ihr Wettbewerber Schwächen?

Kurz gesagt geht es darum, dass Sie Ihr **einzigartiges Verkaufsversprechen** (USP = unique selling proposition) ausarbeiten. Das Ergebnis Ihrer Arbeit wird dann der Kern der Werbebotschaft sein und die Basis für Ihre Verkaufsargumente. Überzeugende Verkaufsargumente sollten Sie sich speziell für jede einzelne Zielgruppe überlegen. Verwenden sie dabei Formulierungen wie:

- »Mein Angebot kann … besteht aus … bietet Ihnen …«
- »…und das bedeutet für Sie ... Damit können Sie … Sie haben davon …Das bringt Ihnen …«

Nutzen des Angebots

Was spricht Ihre (zukünftigen) Kunden besonders an Ihrem Angebot an? Antworten könnten z.B. sein:

- Die besondere Qualität Ihres Angebots (Können Sie gegenüber den Kunden die besondere Qualität auch beweisen?)
- Ein technischer Vorteil
- Eine gelungene Verpackung (z.B. Wiederverwendbarkeit; Umweltverträglichkeit)
- Das besonderes Design, die Ästhetik
- Ein im Trend liegendes, aktuelles, modisches Angebot
- Ein gesundheitsförderndes Angebot (Stichwort »Wellness, SPA«)
- Die besondere Umweltfreundlichkeit und Nachhaltigkeit (z.B. bezogen auf den Herstellungsprozess, die Verpackung, die spätere Entsorgung)
- Ein bestimmtes Image (z.B. Spezialist für …, steht für z.B. besondere Zuverlässigkeit, hohe Termintreue …)
- Die besonderen Serviceleistungen (z.B. Hol- und Bringdienst, 24 h-Bereitschaft)
- Einfache, zuverlässige und schnelle Prozesse z.B. bei Bestellungen oder Reklamationen
- Kurze Lieferzeiten (z.B. heute bestellt, morgen geliefert)
- Hohe Lieferbereitschaft (Ihr Angebot ist vorrätig)

- Ein günstiges Preis-Leistungsverhältnis
- Attraktive Konditionen beim Erstkauf; Treuerabatte für Stammkunden
- Die besondere Freundlichkeit und hohe Fachkompetenz Ihres Verkaufspersonals
- Die Exklusivität (z.B. Sie arbeiten nur für bestimmte Kundengruppen)
- Die unkomplizierte Erreichbarkeit (z.B. rund um die Uhr per Telefon, Parkplätze direkt vor der Tür)
- Schnelle Information über Neuigkeiten und Änderungen
- Man hat es immer mit dem Chef persönlich zu tun

Zum Nutzen eines Angebots kann aber auch gehören:
- Ihr Angebot optimiert Arbeitsabläufe bei Ihren Kunden
- Ihr Angebot hilft bei der Lösung eines bestimmten Problems Ihrer Kunden
- Ihren Kunden macht es einfach Spaß, sich mit Ihrem Produkt zu beschäftigen
- Ihre Kunden erhalten bei Ihnen alles aus einer Hand

Oft erreicht man erst durch die Kombination mehrerer Nutzen einen wirklich durchschlagenden Wettbewerbsvorteil.

5.2.4 Der Marketingplan

Der Marketingplan beinhaltet die systematischen Überlegungen für die erfolgreiche, zukünftige Vermarktung von Angeboten. Folgende Fragen sind dafür zu bearbeiten:
- Welche grundsätzliche Orientierung verfolgt das Unternehmen?
- Wofür steht das Unternehmen? (Unternehmensleitbild, Unternehmensphilosophie, Werte)
- Welche (Ziel-)Märkte sollen bearbeitet werden?
- Wie soll sich das eigene Unternehmen bzw. das eigene Angebot auf aktuellen und zukünftig möglichen Märkten platzieren?
- Mit welchem Konzept sollen diese Märkte langfristig (strategisch) bearbeitet werden?

Im Marketingplan erläutern Sie Ihre Einschätzung der Marktsituation und der Marktentwicklung auf Basis Ihrer Marktanalysen. Daraus ergeben sich Ihre Chancen für eine erfolgreiche Marktplatzierung. Abgerundet wird der Plan durch die Konkretisierung Ihrer Aktivitäten zur Markterschließung bzw. zur Sicherung und Erweiterung Ihrer Marktanteile.

Achten Sie darauf, dass Ihre Einschätzung der Marktsituation durch nachprüfbare Fakten belegt ist. Überprüfen Sie Ihre Einschätzung in regelmäßigen Abständen.

Den typischen Aufbau eines Marketingplans finden Sie in der folgenden Checkliste. Auf http://mybook.haufe.de steht Ihnen ein umfangreicheres Planungstool zur Verfügung.

! **Checkliste: Was gehört in den Marketingplan?**

1. Marktsituation des Unternehmens	
Aktuelle Situation des Gesamtmarktes, der Branche, des betrachteten Teilmarktes	
Prognose der zukünftigen Marktentwicklungen, Definition der Annahmen	
Situation und Entwicklung der Marktteilnehmer (wichtige Anbieter, wichtige Abnehmer)	
Stärken und Schwächen des eigenen Unternehmens	
Fazit, abschließende Gesamtbeurteilung	
2. Festlegung der Marketingziele und -strategien	
Ableitung der Marketingziele aus den Unternehmenszielen (Umsatz-/ Gewinnziel)	
Bestimmung der Marketingziele: z. B. Marktanteil, Bekanntheitsgrad, Distributionsgrad, Image	
Festlegung der grundsätzlichen strategischen Vorgehensweise zur Marktbearbeitung	
3. Marketingmaßnahmen zur Produkt-/Programmpolitik	
Angebotsgestaltung: Design, Verpackung, Qualität, Marke, Service	
Für Existenzgründer: Einführung von neuen Produkten oder Dienstleistungen; spätere Marketingpläne beinhalten dann auch die Art der Pflege der vorhandenen Produkte und die Elimination veralteter Produkte	
4. Marketingmaßnahmen zur Preispolitik	
Preispolitik: Festlegung der Verkaufspreise für die Zielgruppen	
Rabattpolitik: Preisnachlässe für bestimmte Verkaufssituationen	
Festlegung der Liefer- und Zahlungsbedingungen	
Kreditpolitik	

5. Marketingmaßnahmen zur Distributionspolitik	
Absatzwegepolitik: direkt oder indirekt an die Zielgruppen?	
Vertriebsorganisation: Wer hilft wie beim Verkaufen?	
Logistik: Firmenstandort, Lager, Transport der Ware zum und vom Kunden	
6. Marketingmaßnahmen zur Kommunikationspolitik	
Werbung, Verkaufsförderung, Öffentlichkeitsarbeit, Aktivitäten je Werbezeitraum	
7. Marketingmaßnahmen zur Personalpolitik	
Personalentwicklungsmaßnahmen (Aus- und Weiterbildung)	
8. Marketingmaßnahmen zur Prozesspolitik	
Maßnahmen zur Erkennung, Führung und Regelung der kundenorientierten Geschäftsprozesse	
9. Marketingmaßnahmen zur Ausstattungspolitik	
Maßnahmen zur Raumgestaltung i. w. S. und zum Erscheinungsbild der Mitarbeiter	
10. Marketing-Kosten	
Kosten für die einzelnen Marketingmaßnahmen kalkulieren und budgetieren	
Abgleich zum Umsatz- und Liquiditätsplan	
11. Übersicht: Gesamt-Maßnahmenplanung	
Aktivität, Termin, Kosten, Einsatzdauer, geplantes/erreichtes Erfolgsziel	

Wenn Sie Ihren Marketingplan erarbeiten, denken Sie ganz bewusst auch an Ihre »idealen Wunschkunden«. Arbeiten Sie für diese Kunden ein Angebot aus, in dem Sie exakt definieren, welche Erwartungen Ihrer Wunschkunden Sie sehr gut erfüllen können. Ihr Vorteil: Sie treten überzeugender nach außen hin auf und Sie können Ihre Kommunikationsmaßnahmen besser auf die Wunschkunden ausrichten.

5.3 Kunden gewinnen und langfristig binden

Beim Marktstart mit Ihrem Angebot sollten möglichst viele Personen aus der von Ihnen selektierten Zielgruppe von Ihrem Angebot erfahren.

5.3.1 Die Loyalitätstreppe

Wie aus bloßen Interessenten Ihres Angebots Stammkunden werden, veranschaulicht die Loyalitätstreppe.

1. Stufe: Interessent
Die erste Stufe einer Zusammenarbeit ist dadurch gekennzeichnet, dass Ihr möglicher Kunde Interesse an Ihrem Angebot zeigt; sei es, dass er Unterlagen über Ihr Angebot anfordert oder dass er sich mit Ihnen zu einem Termin trifft oder dass er Ihr Ladengeschäft/Ihre Praxis/Ihre Werkstatt aus Neugierde aufsucht. Den Interessenten werden Sie mit den gewünschten Informationen versorgen. Gleichzeitig sollten Sie darauf achten, den jetzt beginnenden Dialog nicht abreißen zu lassen. Um Ihren Interessenten zu einer Reaktion auf Ihre Informationen zu veranlassen, können Sie z. B.:

- nachfragen: »Haben Sie alles bekommen?«
- zusätzliche Informationen anbieten
- einen weiteren Gesprächstermin unterbreiten
- zu einer Infoveranstaltung einladen
- ein (Einstiegs-)Angebot offerieren

2. Stufe: Neukunde
Wenn Sie Ihren Interessenten in der richtigen Situation angetroffen und gut bedient haben, haben Sie es jetzt mit einem Erst- bzw. Neukunden zu tun. Dieser Kunde ist noch unsicher, ob Sie der richtige Partner für eine erfolgreiche Zusammenarbeit sind. Aber: Er gibt Ihnen einen Erstauftrag und will es mit Ihnen versuchen. Selbstverständlich werden Sie alles tun, um diesen neuen Kunden zufrieden zu stellen; noch besser: Sie möchten ihn von Ihrem Angebot und der Zusammenarbeit begeistern. Ihr Ziel sollte es sein, diesen Kunden als Dauerkunden zu gewinnen und/oder ihn zu veranlassen, Ihr Angebot weiter zu empfehlen. Wichtig in dieser Stufe ist die Bestätigung für den Kunden, dass er sich richtig entschieden hat.

Signalisieren Sie dem Kunden, dass man als Geschäftspartner weiter mit ihm in Kontakt bleiben will.

3. Stufe: Mehrfachkunde

Beim nächsten Auftrag haben Sie es bereits mit einem Mehrfachkunden zu tun. Davon spricht man, wenn ein Kunde wiederholt, in mehr oder weniger regelmäßigen Abständen von Ihnen ein Angebot annimmt. Um erfolgreich Geschäfte mit Mehrfachkunden zu machen, empfiehlt es sich, regelmäßig mit Ihnen in Kontakt zu treten, die Beziehung zu pflegen und sie über spezifische Angebote zu informieren.

Überlegen Sie, wie Sie den Kunden zu gleichmäßigeren Kaufaktivitäten oder der Abnahme größerer Bestelleinheiten animieren könnten.

4. Stufe: Stammkunde

Der Stammkunde ist ein treuer Kunde, der regelmäßig Ihre Leistungen in Anspruch nimmt und auch gerne neue Kunden zu Ihnen schickt. Er verzeiht Ihnen durchaus einmal eine schlechte Leistung – schließlich kennt man sich. Der Kunde vertraut zu Recht darauf, dass Sie ihn nicht hängen lassen. Allerdings erwartet er auch eine **Vorzugsbehandlung**: spezielle Angebote, die Erfüllung auch ungewöhnlicher Wünsche, also einen besonderen Service für den besonders guten Kunden.

5. Stufe: Referenzkunde

Auf der letzten Stufe der Loyalitätstreppe steht der Referenzkunde. Er arbeitet so eng mit Ihnen zusammen, dass Sie ihm auch Interessenten schicken können. Er ist so von Ihnen und Ihren Angeboten überzeugt, dass er auch gerne für Sie wirbt. Allerdings erwarten die meisten Referenzkunden auch einen **First-Class-Service** von Ihnen.

Anhand dieser Loyalitätstreppe wird schnell deutlich, dass Kunden auf jeder Stufe anders behandelt werden wollen und müssen. Dies betrifft die Ansprache ebenso wie die Angebote, die eingesetzten Werbemittel und den (persönlichen) Kontakt.

Wenn Sie Kunden an sich binden wollen, überlegen Sie genau, welche Erwartungen ein Kunde an Sie haben könnte und wie Sie diese – besser als die Wettbewerber – erfüllen könnten.

5.3.2 Kundenakquise

Viele Wege führen zu Kunden. Ganz »klassisch« können Sie z.B. auf Anfragen und Ausschreibungen antworten, von Netzwerken profitieren oder auch Kooperationen nutzen. Darüber hinaus müssen Sie aber auch selbst aktiv werden. Dabei gilt: Je persönlicher Ihre Kundenakquise ist, desto einzigartiger können Sie Ihr Angebot profilieren. Das Motto lautet: »Mach dir ein paar schöne Stunden, geh zum Kunden!« Greifen Sie zum Telefonhörer und vereinbaren Sie Termine, bei denen Sie sich und Ihr Angebot vorstellen können.

Bevor Sie aber mit möglichen **Geschäftspartnern** reden wollen, sollten Sie sich sicher sein, dass eine Kontaktaufnahme auch erwünscht ist. Sonst verstoßen Sie gegen die Regelungen des Gesetzes gegen den unlauteren Wettbewerb. Danach ist eine geschäftliche Handlung, durch die ein Marktteilnehmer in unzumutbarer Weise belästigt wird, unzulässig (z.B. Telefonanrufe ohne vorherige Einwilligung bei Verbrauchern; § 7 UWG).

Besonders Laden- und Praxisbesitzer sind auf **Laufkundschaft** angewiesen, und sollten potenzielle Kunden von der Straße in den Verkaufsraum locken. Dies gelingt z.B. mit besonderen Angeboten, die Sie in Anzeigen, persönlichen Werbebriefen oder durch Bodenständer anpreisen. Eine große, schnell aufgehende Ladentür, Helligkeit im Verkaufsraum, ein angenehmer Duft, eine attraktive Warenpräsentation und eine ansprechende Einrichtung sorgen ebenfalls für die notwendige Aufmerksamkeit, sich das Ganze mal genauer anzuschauen.

Je nach Branche und Zielgruppen gibt es unterschiedliche **Wege der Kundenakquise**. Die folgende Liste gibt Ihnen einen Überblick, wie Sie an Neukunden kommen oder mit bereits bestehenden Kunden in Kontakt bleiben können:

- regelmäßige Akquise mit gut selektierten Adressen betreiben (Gelbe Seiten, Branchenführer, Messekataloge, Adressverlage)
- Direktmarketingaktionen durchführen: durch personalisierte Werbebriefe mit Antwortmöglichkeiten; durch den regelmäßigen Versand eines Newsletters an alle Kunden, die diesem zugestimmt haben (»Double Opt-in«); durch »genehmigtes« Nachtelefonieren

- persönlicher Besuch der Interessenten und Kunden
- Versand oder Übergabe von Verkaufsunterlagen: z.B. Broschüren, Prospekte, Handzettel
- Einladung zu Events: Eröffnung, Tag der offenen Tür, Produktneupräsentationen
- Messen, Kongresse, Gewerbeschauen nutzen: als Aussteller oder Besucher
- Schulungen anbieten: z.B. zur Handhabung Ihres Produkts
- Homepage/Onlineshop entwickeln und regelmäßig aktualisieren
- Eintrag in Suchmaschinen, Nutzung virtueller Marktplätze/E-Business
- Veröffentlichungen in der (Fach- und Publikums-)Presse
- Zufriedene Kunden zum Empfehlen animieren: Neukundenprämierung
- Mediawerbung schalten: Anzeigen, Funk-/TV-Spots
- Attraktive Gestaltung der Verkaufsräume: Einrichtung, Autogrammstunde
- Zusatzangebote mit hoher Laufkundschaft anbieten: z.B. Reinigungsannahme, Postagentur

Telefonakquise

Bevor Sie zum Telefonhörer greifen, um ein Termin- oder Verkaufsgespräch zu führen, sollten Sie sich über folgende Fragen klar werden:

- Wann erreichen Sie Ihren Gesprächspartner am besten?
- Welcher Zeitpunkt ist günstig für ein Verkaufsgespräch?
- Mit wem wollen Sie sprechen? Wer könnte auch noch in Frage kommen?
- In welcher Abteilung arbeitet Ihr Wunschgesprächspartner?
- Über welche Punkte wollen Sie sprechen?
- Welche Nachricht wollen Sie hinterlassen, wenn Sie Ihren Gesprächspartner nicht erreichen? (Vertretung, Anrufbeantworter)
- Wann sind Sie selbst gut erreichbar für einen Rückruf?
- Wie wollen Sie Ihr Gespräch aufbauen?

Der folgende Gesprächsleitfaden zeigt einen typischen Aufbau eines Telefonakquisegesprächs:

! **Gesprächsleitfaden: Telefonakquise**

1. An der Telefonzentrale/im Sekretariat
Begrüßen Sie den Gesprächspartner und stellen Sie sich vor
Ermitteln Sie Ihren Ansprechpartner und prüfen Sie seinen Namen und die Funktion
Fragen Sie nach der Durchwahl, wenn Sie sich weiterverbinden lassen
Haben Sie eine Antwort parat auf die Frage »Worum geht es?«
2. Wenn Sie verbunden wurden
Begrüßen Sie den Gesprächspartner und stellen Sie sich vor
Klären Sie die Zuständigkeit
Bereiten Sie einen Gesprächseinstieg vor, der das Interesse des Gesprächspartners weckt
Fragen Sie, ob das eigene Unternehmen bekannt ist, stellen Sie es ggf. kurz vor
Begründen Sie Ihren Anruf
Fragen Sie nach dem Bedarf des potenziellen Kunden
3. Wenn Ihr Gesprächspartner Kaufinteresse zeigt
Unterbreiten Sie ein Angebot
Evtl.: Vereinbaren Sie einen persönlichen oder einen neuen Telefontermin
Überzeugen Sie den Gesprächspartner (Vorteil- bzw. Nutzen-Argumentation)
Räumen Sie mögliche Einwände des Gesprächspartners aus
Treffen Sie eine Abschlussvereinbarung
Fassen Sie ggf. die Ergebnisse zusammen (Rückbestätigung)
Aktualisieren Sie ggf. die Stammdaten des Kunden (Adresse, Anfahrtsweg etc.)
Legen Sie die nächsten Schritte fest
Bedanken Sie sich für das Gespräch und verabschieden Sie sich freundlich

5.4 Wie erzielen Sie eine optimale Werbewirkung?

Der Einsatz von Werbemitteln ist eine Möglichkeit, sich bei seiner Zielgruppe bekannt zu machen. Hierbei gilt es, sowohl die (potentiellen) Kunden über das Angebot zu informieren, als auch, bestimmte Emotionen zu transportieren, die den besonderen Charakter Ihres Angebotes unterstreichen. Dazu gehören z.B. die hohe Qualität, der günstige Preis, der umfassende Service usw.

5.4.1 Stufenmodell der Werbewirkung

Damit Werbung diese Aufgabenstellung möglichst optimal umsetzen kann, hat es sich bewährt, mit dem AIDA-Modell zu arbeiten. Die vier Buchstaben stehen in diesem Stufenmodell der Werbewirkung für die folgende hierarchische Reihenfolge:

AIDA-Modell

A = attention (Aufmerksamkeit)

I = interest (Interesse)

D = desire (Kaufwunsch)

A = action (Aktivität, Kauf)

In der praktischen Umsetzung bedeutet dies, dass Ihre eingesetzten Werbemittel mögliche Kunden zunächst auf Ihr Angebot **aufmerksam machen** sollen, z.B. durch eine auffallende Schaufensterdekoration.

Im nächsten Schritt zeigt Ihr Kunde für das Angebot **Interesse**: Er bleibt z.B. vor der Schaufensterdekoration stehen und betrachtet sie intensiver.

Er entwickelt einen starken **Wunsch**, das Angebot zu erwerben und betritt den Laden, schaut sich das Angebot genauer an, fragt nach Details und **kauft** die Ware schließlich. Jeden dieser Handlungsschritte Ihres Kunden gilt es, mit den richtigen Werbemitteln zu unterstützen.

Ideal wäre es, wenn Sie den **Erfolg** eines jeden Werbemittels **messen** könnten (z.B. über den Auftragseingang bei einer zeitlich beschränkten Aktion, Direktbefragung, kampagnebezogene Internetseiten). Aber dies ist in der Praxis nicht ganz einfach und auch nicht immer möglich.

Überlegen Sie sich vor dem Einsatz eines jeden Werbemittels genau, wie Sie den Erfolg messen wollen und ob es noch andere Möglichkeiten gibt, den gleichen Erfolg mit einer anderen (kostengünstigeren) Marketingaktivität zu erreichen.

Eine gute Hilfe zur Werbeplanung ist die Werbeformel nach Laswell:

!

Werbeformel nach Laswell

Wer …	**Wer ist der Absender der Werbung?**
sagt was?	Wie lautet die Botschaft an Ihre Kunden?
über welchen Kanal?	Welche Hilfsmittel (Werbemittel) setzen Sie ein?
zu wem?	Welche Zielgruppe wollen Sie mit der Werbebotschaft erreichen?
mit welcher Wirkung?	Welchen (Kommunikations-)Erfolg wollen Sie erreichen (Bekanntheit, Image und zusätzlichen Umsatz)?

Um Ihre Botschaft zu Ihrer Zielgruppe zu bringen, können Sie aus einer großen Anzahl von Werbemöglichkeiten auswählen.

Beachten Sie, dass nicht jede Art von Werbung erlaubt ist. Genauere Informationen gibt es beim Zentralverband der deutschen Werbewirtschaft (www.zaw.de). Wenn Sie unsicher sind, fragen Sie Ihre IHK oder HWK oder Ihren Branchen- oder Berufsverband, bevor Sie eine Werbemaßnahme in Auftrag geben.

Für Ihren professionellen Marktauftritt sollten Sie sich auch professionell unterstützen lassen. Für reine Gestaltungsaufgaben können Sie direkt zu einem Grafik-Designer oder einer Druckerei gehen. Eine gute Werbeagentur berät Sie darüber hinaus, mit welchen Marketingmaßnahmen Sie die angestrebten Ziele am besten erreichen können, und leistet (auf Wunsch) einen umfassenden Komplettservice bei Gestaltung und Umsetzung der Werbemittel.

Weitergehende Informationen zum Einsatz von Werbemitteln finden Sie in der folgenden Checkliste.

Checkliste: So planen Sie den Einsatz von Werbemitteln
Wen wollen Sie bewerben? (Zielgruppen)
Was wissen Sie über Ihre Zielgruppe? (z.B. Lese- bzw. Hörgewohnheiten, Vorlieben, Abneigungen, Informationsbedarf)
Wie bewerben Ihre Wettbewerber diese Zielgruppe? (Wettbewerber-Werbeanalyse)
Wie wollen Sie Ihr Angebot positionieren?
Mit welchen Vorteilen wollen Sie sich bei Ihrer Zielgruppe bekannt machen?
Was ist bei Ihrem Angebot anders als beim Wettbewerber?
Mit welchen Medien erreichen Sie Ihre Zielgruppe am besten?
Wann wollen Sie werben?
Wo wollen Sie werben?
Wie wollen Sie den Werbeerfolg messen?
Wie hoch ist Ihr Werbeetat?

Welche Werbemittel »gut« oder »richtig« sind, hängt immer von Ihrer Zielsetzung ab. Bevor Sie sich für ein konkretes Werbemittel entscheiden, sollten Sie geklärt haben, was Sie bei Ihren Kunden erreichen wollen. Denken Sie auch an »Werbung zur Angebotseinführung« (= bekannt machen) und an dauerhafte Werbeaktivitäten (= in Erinnerung bleiben). Überlegen Sie schon in der Vorbereitungsphase, wie Sie später messen, ob Sie das **Werbeziel** erreicht haben.

Planen Sie Werbeaktivitäten immer im Zusammenhang. Formulieren Sie Ihre Aktivitäten schriftlich. Vergessen Sie in Ihrer Kostenplanung nicht die Gestaltungskosten (z.B. für Ihr Logo oder Ihren Internetauftritt), die Druckkosten (für alle gedruckten Unterlagen wie Preisliste, Verkaufsprospekt etc.) oder die Schaltkosten (z.B. für Anzeigen in der Tageszeitung oder Werbespots im Radio).

Eine Vielzahl von Anregungen und Ideen für Werbeaktivitäten finden Sie in der folgenden Checkliste. Anschließend werden die Besonderheiten von einigen der hier aufgeführten Werbemittel näher beschrieben.

!

Checkliste: Ideen für Werbemaßnahmen
Geschäftspapiere: Briefpapier, Visitenkarte, Umschläge, Lieferschein, Fax, Telefonnotiz, Stempel
Türschild
Firmenkleidung
Kfz-Beschriftung, Fuhrpark-Auftritt
Angebots- und Referenzmappe
Verkaufsprospekt
Handzettel, Flyer
Broschüren
Internet-Auftritt: Homepage, Links, Bannerwerbung
Werbebrief/Mailings
Postwurfsendung
Kundenzeitschriften, Hauszeitung, Newsletter
Anzeigen in Zeitung, Zeitschriften
Anzeigen in Gelben Seiten, im Örtlichen Telefonbuch, im Branchenführer oder im Messekatalog
Beilagen
Warenproben
Gutscheine
Fassadenbeschriftung
Schaufensterdekoration, Regalstopper
Plakate, Poster, Bodenaufsteller
Ladengestaltung und Warenpräsentation
TV-/Radiospots, Kinospots
Werbegeschenke
Geschenkgutscheine
Eröffnungsfeier
Tag der offenen Tür
Kundenclub (»VIP-Club«)
Pressemitteilungen

Bandenwerbung im Sportstadion
Teilnahme an Messen, Ausstellungen, Kongressen
Präsenz in den Sozialen Netzwerken
Seminarveranstaltungen
...

5.4.2 Das Firmenlogo

Beispiel !

»Ich empfehle Dir: Nutze für Deine GmbH ein prägnantes Logo!« Der Marketing Manager Fred Fuchs sitzt mit seinem ehemaligen Kollegen Udo Ungestüm zusammen. »Ja, das scheint wirklich sinnvoll zu sein! Schau mal, ich habe mir da schon was ausgedacht.«, antwortet Udo Ungestüm. »Lass Dir Zeit, Udo. Du bist Software-Entwickler und weißt, was Profiarbeit heißt. Ein Logo muss eine ganze Reihe von Anforderungen erfüllen, damit es gut arbeitet und funktioniert.«

Das Logogramm (kurz: Logo) soll eine bildliche und damit schnelle **Wiedererkennung** Ihres Unternehmens gewährleisten. Hierbei macht man sich die Eigenschaft zunutze, dass die meisten Menschen Informationen visuell am besten aufnehmen und im Gehirn am schnellsten verarbeiten. Daneben kann man mit einer bildlichen Darstellung und Farbigkeit sehr leicht Emotionen transportieren und damit bestimmte Eigenschaften des Unternehmens (freundlich, billig, professionell, seriös etc.) dem Betrachter als Image vermitteln.

Formale Anforderungen

Formale Anforderungen an ein gutes Logo sind:

- die gute Erkennbarkeit
- die einfache Reproduzierbarkeit in unterschiedlichen Größen (vom Telefonbucheintrag bis zur Fahrzeug- oder Messegestaltung)
- die Reproduzierbarkeit in unterschiedlichen Medien (elektronisch im Internet, im Druck auf Foto- oder auf Zeitungspapier oder auf Textil)
- die Reproduzierbarkeit mit und ohne Farbe (einfarbig z.B. in Stellenanzeigen oder als Ergebnis von Faxübertragungen oder Kopien)
- die Einhaltung von Schutzrechten Dritter (Wort- bzw. Bildmarken etc.)

Wenn Sie die Gestaltung eines Logos bei einem Grafik-Designer oder einer Werbeagentur in Auftrag geben, achten Sie darauf, dass das Ergebnis zu Ihnen passt. Die meisten Menschen haben ein sehr gutes Gespür dafür, ob etwas authentisch ist.

Ihr Logo und das damit verbundene Image wird von Ihrer Zielgruppe durch Ihre Werbeaktivitäten mit der Zeit gelernt und verinnerlicht. Wenn Sie dann das Logo ändern, verpufft ein Großteil Ihrer bisherigen Werbeanstrengungen. Dies bedeutet in der Praxis, dass man im Idealfall von Anfang an mit einem professionellen Logo am Markt auftritt und dieses Logo später höchstens geringfügig ändern bzw. anpassen sollte.

Professionelle Hilfe bei der Entwicklung und Gestaltung des Logos wie auch aller anderer Werbemittel erhalten Sie bei Grafik-Designern und bei Werbeagenturen. Meistens können diese Sie auch bei der Eintragung als Marke unterstützen; ansonsten ist hierfür der richtige Ansprechpartner ein Patentanwalt.

5.4.3 Brief- und Geschäftspapier

Auf das Briefpapier gehören neben dem Logo und einem eventuell vorhanden Slogan die Angaben zur Firmierung, die Kommunikationsangaben und alle Informationen, die Sie Ihren Geschäftspartnern dauerhaft mitgeben möchten. Die beim Registergericht eingetragenen Gesellschaften wie die GmbH firmieren unter dem von Ihnen eingetragenen Firmennamen. Neben der Firmierung muss auch die Rechtsform, der Sitz der Gesellschaft, das zuständige Registergericht und die Registergerichtsnummer, sowie der Name aller Geschäftsführer auf dem Briefpapier angegeben werden.

Es empfiehlt sich, neben diesen Angaben auch Informationen wie die Allgemeinen Geschäftsbedingungen (AGB) mit einer Gerichtsstandsvereinbarung und Angaben zu Ihren Angeboten aufzunehmen. Kommen Ihre Kunden in der Regel zu Ihnen, kann ein Lageplan oder die Angabe von Parkmöglichkeiten bzw. der öffentlichen Verkehrsmittel sehr hilfreich sein. Haben Sie feste Geschäftszeiten, können Sie auch diese Ihren Kunden auf dem Briefpapier in Erinnerung rufen.

Doch beachten Sie: Je mehr solcher Informationen Sie auf dem Briefpapier transportieren, desto leichter kann eine Veränderung eine ganze Druckauflage von Briefpapier hinfällig werden lassen. Deswegen ist es meist sinnvoll, nur die grafischen Elemente eines Briefpapiers in der Druckerei vordrucken zu lassen. Alle anderen Angaben können durch Formatvorlagen beim Ausdrucken des Briefes hinzugefügt und damit jederzeit einfach geändert werden.

Briefpapier soll neben den notwendigen Informationen zu Ihrem Geschäft auch einen ansprechenden Eindruck beim Empfänger hinterlassen. Emotionalisieren können Sie über Farbe, aber auch über die Schrift und einen **ansprechenden Gesamteindruck** des Briefes. Es empfiehlt sich daher, die Gestaltung des Briefpapiers einem Grafik- Designer oder einer Werbeagentur zu überlassen, insbesondere wenn ein bestimmtes Image wichtig für Ihren Geschäftserfolg ist.

Briefpapier sollte man immer in der Form bewerten, wie es Ihre Kunden später auch zu sehen bekommen. Prüfen Sie das Briefpapier deshalb mit einem Mustertext, und testen Sie es auf dem Kopierer, auf dem Faxgerät und eingescannt z.B. als Anlage zu einer E-Mail.

5.4.4 Visitenkarte: Inhalt und Gestaltung

Mit der Visitenkarte wollen Sie Ihrem Gesprächspartner die wichtigsten Angaben zu Ihrer Person und Ihrem Angebot geben sowie den späteren Kontakt zu Ihnen erleichtern. Daher gehören neben Ihrem (gut lesbaren) Namen alle wichtigen Kommunikationsangaben auf die Karte. Neben Ihrer Geschäftsadresse sind dies in aller Regel: Telefon, Fax, E-Mail, Mobilfunknummer, Internet-Adresse und gegebenenfalls einen Lageplan oder Öffnungszeiten. Bewährt hat es sich auch, das eigene Angebot auf der Visitenkarte zu umreißen, damit der potenzielle Geschäftspartner auch nach einiger Zeit noch Ihre Karte Ihrem Geschäft zuordnen kann.

Beachten Sie bei der Gestaltung, dass Ihre Karten in die üblichen Sammelsysteme für Visitenkarten passen (Scheckkartenformat). Sonst ist der Ärger bei Ihrem potenziellen Kunden vorprogrammiert und die Karte wird weggeschmissen oder so malträtiert, dass der professionelle Eindruck bzw. die hochwertige Gestaltung Ihrer Karte verloren geht.

5.4.5 Werbebroschüren: Flyer und Anzeigen

Als **Flyer** bezeichnet man einfache Werbebroschüren und Flugblätter, mit denen Ihre Werbebotschaft, bildlich gesprochen, zu Ihren Kunden fliegt. Bevor Sie einen Flyer kreieren, überlegen Sie zuerst, wie Sie ihn zum potenziellen Kunden bringen wollen.

- Sie wollen ihn in anderen Geschäften auslegen? Warum sollte das der Geschäftspartner tun? Was hat er davon? Wie stellen Sie sicher, dass Ihr Material nicht weggeschmissen wird, sobald Sie den Laden verlassen haben?

- Sie wollen den Flyer versenden? Achten Sie dann auf das Gewicht des gesamten Mailings (Anschreiben, Flyer, Rückantwort, Werbegeschenk o.Ä.) bzw. auf die Dateigröße.
- Sie wollen ihn selbst verteilen? Wann? Wo? Wie?

Bedenken Sie beim Entwurf des Flyers, dass der **Werbetext** einen Dialog mit dem Leser ersetzt. Statt dem Interessenten Ihr Angebot persönlich zu erklären, machen Sie dies nun über das Medium Flyer. Es empfiehlt sich daher, den Text des Flyers einem persönlichen, direkten Gespräch nachzuempfinden. Der Flyer sollte nicht zu viel Text enthalten: »Bleiwüsten« liest niemand gerne.

Der Betrachter wird in fast allen Fällen zuerst die **Bilder** und dann die Bildunterschriften und die Überschrift anschauen. Dabei fällt bereits die Entscheidung, ob er weiterliest oder den Flyer wegwirft. Entsprechend sollten Sie bzw. der von Ihnen beauftragte Fachmann die Gestaltung des Flyers realisieren.

Inhaltlich sollten Sie versuchen, dem Flyer eine **Aufgabe** zu geben wie: »Ruf an«, »Geh`auf diese Internetseite!«, »Komm ins Geschäft«, »Kauf mich« usw. Ein gängiges Mittel hierfür ist es, den Leser neugierig zu machen. Versuchen sollten Sie auch, den Leser zu einer schnellen Reaktion zu bewegen, damit Ihr Angebot nicht in Vergessenheit gerät. Befristete Sonderangebote, Gewinnspiele oder Aktionswochen können hierbei sehr hilfreich sein.

Was müssen Sie bei Anzeigen beachten?
Inserate sind ein teures Werbemedium, das zudem von der Wiederholung lebt. Der Spruch »Einmal ist keinmal!« gilt hier im besonderen Maße.

Mit Anzeigen erreichen Sie alle Leser einer Zeitung oder einer Zeitschrift. Klären sie deshalb zunächst, wie viele Leser zu Ihrer Zielgruppe gehören. Diese **Leseranalyse** erhalten Sie in der Regel von dem jeweiligen Verlag, ebenso wie die kostenfreien Mediadaten. Daraus können Sie Informationen über Auflage, Verbreitungsgebiet, Anzeigenformate, Platzierungsmöglichkeiten, Farben und Preise entnehmen.

Die einzelnen Titel vergleichen Sie über den sogenannten **Tausenderpreis** bzw. Tausenderkontaktpreis: Sie ermitteln, was es kosten würde, tausend Leser mit Ihrer Anzeige zu erreichen. Diesen Faktor sollten Sie ins Verhältnis setzen zu Ihrem Streuverlust, also denjenigen Lesern, die nicht zu Ihrer Zielgruppe gehören. Als Ergebnis können Sie auswerten, welcher Titel für Sie am günstigsten und am besten geeignet ist.

Eine Grundregel im Mediengeschäft lautet:

Frequenz vor Format vor Farbe!

Um einen Werbeerfolg bei Anzeigen zu erreichen, ist eine bestimmte Häufigkeit der Anzeigenschaltung notwendig. Holen Sie sich dazu den Rat einer Werbe- oder Medienagentur ein.

5.4.6 Werbemittel Schaufenster

Das Schaufenster eines Ladengeschäftes oder eines Gastronomiebetriebes soll den Betrachter auf das Angebot aufmerksam machen und in die Geschäftsräume ziehen. Ist Ihr Geschäftsmodell auf Laufkundschaft ausgelegt, sollte die Qualität der Schaufensterflächen im Standortgutachten (z.B. des Einzelhandelsverbandes) besonders beachtet werden. Das Interesse an Ihren Schaufenstern können Sie über Aktionen, z.B. Gewinnspielen, steigern.

Die Wirkung des Schaufensters können Sie erhöhen, indem Sie Waren auf der Straße vor Ihrem Geschäft präsentieren oder mit **Stoppern** arbeiten. Hierunter versteht man selbsttragende Schilder, die den Passanten im Weg stehen und zur Betrachtung des Schildes und dann Ihres Ladens verleiten sollen.

Sie steigern die Attraktivität Ihres Schaufensters mit Licht, Bewegung und Gegenständen, die aus der Normalgröße fallen. Für ein hohes Interesse sorgen echte Menschen oder Tiere hinter dem Glas; beobachten Sie Reaktionen von Passanten, wenn in einem Schaufenster z.B. der Dekorateur arbeitet.

5.4.7 Die fahrbare Werbefläche: Ihr Fahrzeug

Ihr Fahrzeug können Sie als große Werbefläche nutzen. Während man bei beratenden Berufen mit der Beschriftung eher zurückhaltend umgeht, ist es beispielsweise im Handwerk üblich, sehr deutlich auf das eigene Geschäft hinzuweisen.

Dabei ist es weniger wichtig, dass die Werbung im fließenden Verkehr wahrgenommen wird: In der Regel soll die Beschriftung am Arbeitsort wirken. Die Nachbarn oder die Mitarbeiter eines Betriebs sollen sehen, dass Sie dort arbeiten. Besonders die Angaben zum Angebot und eine weiterführende Kontaktmöglichkeit (Telefon, Homepage) sind wichtige Werbebotschaften auf Ihrem Fahrzeug.

!

Tipp

Achten Sie auf eine gut lesbare Beschriftung auf den Seiten und der hinteren Fläche Ihres Autos (evtl. ist eine spiegelverkehrte Beschriftung auf der Frontfläche Ihres Autos sinnvoll – im Rückspiegel des vor Ihnen befindlichen Fahrzeugs lässt sich dann alles gut lesen). Und selbstverständlich sollte das Erscheinungsbild Ihres Autos zu Ihren übrigen Werbemitteln passen, damit Ihr Auftritt von den Betrachtern gelernt werden kann und sofort mit Ihnen in Verbindung gebracht wird.

5.4.8 Erfolgreiche Pressearbeit

!

Beispiel

Udo Ungestüm hat ein Angebot der örtlichen Tageszeitung vor sich liegen: »Eine halbe Anzeigenseite zum Preis der Viertelseite, Farbe ohne Berechnung. Und in ca. 4 Wochen ist eine Spezialbeilage mit dem Titel »EDV-Angebote in der Region« geplant. Dort soll das Aufmacherinterview mit mir, dem GmbH-Geschäftsführer Udo Ungestüm, erscheinen. Das ist doch wirklich interessant. Schade nur, dass meine Kunden nicht hier vor Ort sind. Soll ich die Anzeige trotzdem schalten?«

»Tue Gutes und sprich darüber!« – mit diesem Satz könnte man kurz den Inhalt von Öffentlichkeitsarbeit aus Sicht eines Unternehmens beschreiben. Erfolgreich aus Sicht der Journalisten ist Ihre Pressearbeit aber nur dann, wenn Sie Informationen bieten, die für das Medium und seine Leser/Hörer/Zuschauer wirklich interessant sind. Anders als bei der Werbeanzeige ist die redaktionelle Berichterstattung in der Regel nicht käuflich. Auch haben Sie aus Gründen der Pressefreiheit keinen Anspruch darauf, dass Ihr vorgeschlagener Pressetext genau so abgedruckt wird, wie Sie ihn formuliert haben Aber: Sie können Ihre Kontakte zu Medienvertretern systematisch und professionell aufbauen – und so die Redaktion auf sich und Ihre Themen aufmerksam machen.

Auf http://mybook.haufe.de finden Sie eine Checkliste für die formale und inhaltliche Gestaltung einer Pressemitteilung.

Bei der Auswahl einer Werbe- oder PR-Agentur für die Pressearbeit sollten Sie prüfen, ob der betreffende Dienstleister Ihren Markt kennt und über einschlägige Kontakte zu den dafür zuständigen Redakteuren verfügt. Pressearbeit lebt von persönlichen Beziehungen.

5.4.9 Der Werbeübersichtsplan

Wenn Sie sich für bestimmte Kommunikationsinstrumente entschieden haben, ist es sinnvoll, einen Werbeübersichtsplan zu erstellen. So erkennen Sie auf einen Blick, wie Sie wann auf dem Markt auf sich aufmerksam machen wollen. Nachfolgend finden Sie ein Beispiel für einen übersichtlichen Werbeplan:

Werbeübersichtsplan

Werbeplanung für das Jahr:

Werbemittel	**Auflage**	**Kosten**	**Einsatzzeitraum**			
			Juni	Juli	Aug.	Sept.
Kfz-Beschriftung	1 Pkw	2.500 EUR	x	x	x	x
Flyer	5.000 Expl.	3.000 EUR	x	x		
Eröffnungsfeier	2 Tage	2.000 EUR	x			
Werbegeschenke		1.500 EUR	x	x	x	

5.5 Dauerhafte Marktpräsenz

Auch nach der Markteinführung Ihres Angebotes gilt es, das Umfeld des Angebotes genau zu beobachten und es ständig an die Erfordernisse des Marktes anzupassen. Ihre Wettbewerber warten nur darauf, dass Sie den »Zug der Zeit« verpassen, damit sie für sich eine bessere Marktposition herausholen können.

Bleiben Sie von Anfang an in Bezug auf Markt- und Wettbewerberentwicklungen wachsam und fragen Sie sich immer wieder: »Wie kann ich morgen (potenzielle) Kunden von meinem Angebot dauerhaft begeistern?«

5.5.1 Kundenpflege

Betrachten Sie zunächst Ihre Kundendatei. Prüfen Sie:

- Welche Kunden haben Sie seit Firmengründung gewonnen? (Aktive Kunden)
- Welche Kunden haben Sie zwischenzeitlich schon wieder verloren? (Verlorene Kunden)
- Welche Interessenten sind nie Kunde geworden? (Nicht-Kunden)

Kundentypen

Anhand dieser drei Kundentypen lässt sich genauer untersuchen, warum ein bestimmter Kunde bei Ihnen kauft oder eben (noch) nicht kauft.

Aktive Kunden: Sie können davon ausgehen, dass die Neuakquise eines Kunden um ein Vielfaches teurer ist, als einen bestehenden Kunden zu weiteren Käufen zu animieren. Vor diesem Hintergrund sollten Sie die folgenden Fragen beantworten:

- Was gefällt den Kunden besonders gut an der Zusammenarbeit mit Ihnen?
- Wo sind Sie in deren Augen besser als die Wettbewerber?
- Was könnten Sie diesen Kunden zusätzlich anbieten, um das gemeinsame Geschäft auszudehnen und weiter zu festigen?

Kommunizieren Sie regelmäßig mit Ihren aktiven Kunden, um frühzeitig Veränderungen in ihren Kaufgewohnheiten wahrzunehmen und um weitere Geschäfte zum richtigen Zeitpunkt anschieben zu können.

Verlorene Kunden können aus verschiedenen Gründen nicht mehr aktiv sein. Brauchte Ihr Kunde ein passgenaueres Angebot? War die Lieferzeit zu lang oder Ihr Preis zu hoch? Hier ist die Frage zu klären, wie Sie wieder mit dem Kunden ins Geschäft kommen könnten. Was müssen Sie tun, damit Ihr Kunde Sie wieder als möglichen Lieferanten in Betracht zieht?

In der folgenden Checkliste sind typische Gründe aufgeführt, warum ein Kunde nicht mehr bei Ihnen kauft. In der rechten Spalte finden Sie Handlungsvorschläge für mögliche Reaktionen Ihrerseits.

! **Checkliste: So gewinnen Sie verlorene Kunden zurück**

Beispiel	Mögliche Reaktion Ihrerseits:
Der Kunde hatte einen einmaligen Bedarf.	Nachfragen, ob Ihr Kunde zufrieden ist mit Produkt/Dienstleistung oder der Ausführung des Angebots Nachhaken, ob Sie noch etwas für den Kunden tun können Gespräch nachbetreuen, um dem Kunden das Weiterempfehlen Ihrer Tätigkeit zu erleichtern Kontakt halten
Das letzte Angebot war zu unspezifisch, zu unverständlich.	Bedauern äußern, dass Sie dies nicht früher thematisiert haben, weil Sie gerne für den Kunden gearbeitet hätten Nachfragen, ob noch etwas zu tun sei oder Bedarf an anderen Tätigkeiten von Ihnen besteht Kontakt halten, über Neuigkeiten informieren und Signal senden, dass Sie gerne wieder für den Kunden arbeiten würden

Beispiel	Mögliche Reaktion Ihrerseits:
Dieser Preis war dem Kunden zu hoch.	Nachfragen, womit der Kunde das eigene Angebot verglichen hat Den Preis verteidigen, da der Preis auf Grund bestimmter Daten kalkuliert wurde Im Gespräch herausfinden, ob es sich aktuell noch lohnt, das Angebot für Ihren Kunden inhaltlich zu verändern (sofern möglich) und damit preislich günstiger anzubieten Ansonsten. Dank für den Hinweis und Vereinbarung treffen, dass Sie für die Zukunft wieder angefragt werden Kontakt halten, über Neuigkeiten informieren und Signal senden, dass Sie gerne wieder für den Kunden arbeiten würden
Der Wettbewerber hat sich bei den letzten Aufträgen intensiver um den Kunden bemüht.	Nachfragen, welcher Service dem Kunden besonders gut gefallen hat Gemeinsam erörtern, wie man in der Zukunft wieder zusammenarbeiten könnte Vereinbarung darüber treffen, dass Sie bei Bedarf wieder angefragt werden Intensiveren Kontakt halten, auf spezifische Service-Erwartungen eingehen und Signal senden, dass Sie gerne wieder für den Kunden arbeiten würden

Die **Nicht-Kunden** sind einmal auf Sie aufmerksam geworden. Sie waren an Ihrem Angebot interessiert. Möglicherweise haben Sie auch ein Angebot abgegeben und deren Adressen erfasst. Nur ist es (noch) nicht zu einem Auftrag gekommen. Hier bietet sich eine Kundenbefragung zu folgenden Kernthemen an:

- Wie sind Sie damals auf mich/meine Firma aufmerksam geworden? Was hat Sie interessiert?
- Welche Erwartungen hatten Sie an mein Angebot?
- Wie haben Sie zwischenzeitlich Ihr »Problem« gelöst?
- Was kann ich/meine Firma tun, um Sie von meiner/unserer Leistungsfähigkeit zu überzeugen?

Wenn in einem definierten Zeitraum nach sieben weiteren attraktiven Aufforderungen zu einem gemeinsamen Geschäft keine Reaktion erfolgt, können Sie diesen Interessenten getrost aus Ihrer aktiven Kundendatei löschen. Die Wahrscheinlichkeit, dass es bei diesem Kontakt zu einem Auftrag kommen wird, ist äußerst gering.

5.5.2 Produktlebenszyklus: Der Alterungsprozess von Produkten

Machen Sie sich nach der Analyse des Kaufverhaltens Ihrer Kunden Gedanken über Ihr aktuelles und zukünftiges Verkaufsangebot. Gehen Sie davon aus, dass jedes Ihrer Angebote wie ein Organismus altert und das Interesse des Kunden am Produkt nachlässt. Dieser Alterungsprozess setzt bereits mit der Markteinführung Ihres Angebotes ein. Je nach Marktgegebenheiten haben Sie es dabei mit folgenden Ausgangssituationen zu tun:

Sollten Sie als erster eine echte Innovation auf den Markt gebracht haben und erfolgreich verkaufen (**Angebotsmonopol**), lockt dieser Zustand sehr schnell Nachahmer an. Die Konkurrenz wird aus Ihren Anfangsfehlern lernen und versuchen, verbesserte Nachfolgeangebote auf dem Markt zu etablieren – Ihr Angebot ist dann bereits veraltet, sozusagen ein Produkt der ersten Generation.

Wenn Sie selbst einer der Nachfolgeranbieter sind (**Angebotspolypol**), werden Sie immer versuchen, das erfolgversprechendste Angebot neu zu vermarkten. Hier kommt es darauf an, rechtzeitig überarbeitete, aktualisierte und neue Angebote in den Markt zu bringen.

Einflussfaktoren auf den Produktlebenszyklus

Als Sie Ihr Angebot erstmalig marktgerecht ausgearbeitet haben, setzten Sie sich wahrscheinlich mit einer Reihe von möglichen Einflussfaktoren auseinander. Überarbeiten Sie auf dieser Basis mindestens einmal jährlich Ihr gesamtes Angebot und beantworten Sie dabei folgende strategische Fragen:

- Welche Angebote (Produkte, Dienstleistungen) entsprechen auch »morgen« noch voll und ganz den Wünschen meiner Kunden?
- Wie kann ich meine heutigen Verkaufsvorteile gegenüber denen der Wettbewerber weiter ausbauen?
- Bei welchen Angeboten zeichnet sich ab, dass die Wettbewerber schon heute/in Kürze bessere Alternativen bieten?
- Wie kann ich meine Angebote wieder marktgerechter gestalten?
- Welche Angebote entsprechen kaum noch den Anforderungen des Marktes? Was könnte passieren, wenn ich diese Angebote aus meinem Verkaufsprogramm streiche?
- Welche Folgen könnte eine Spezialisierung haben?
- Welche Angebote sollte ich in mein Verkaufsprogramm für morgen aufnehmen? Welche neuen Geschäftsfelder will ich zukünftig besetzen?

5.5.3 Strategien der Expansionspolitik

Wenn zu Ihrer Unternehmensstrategie die Expansion gehört, also das erfolgreiche Ausweiten Ihrer Geschäftsaktivitäten, bildet die Produkt-Markt-Matrix (nach Harry Igor Ansoff; Mathematiker und Wirtschaftswissenschaftler) eine gute Orientierungshilfe. Diese Matrix zeigt folgende Basisstrategien für Expansionsüberlegungen:

	Aktuelle Märkte	Neue Märkte
Aktuelle Produkte	Marktdurchdringung	Marktentwicklung
Neue Produkte	Produktentwicklung	Diversifikation

In der Produkt-Markt-Matrix werden vier Strategien der Expansionspolitik unterschieden:

Marktdurchdringung: Mit vorhandenen Produkten/Dienstleistungen wollen Sie auf aktuellen Märkten mehr Umsatz und Gewinn erwirtschaften. Dies könnten Sie z.B. erreichen durch das Gewinnen von Neukunden (weil der Markt insgesamt wächst und/oder weil Sie die Wettbewerber verdrängen) oder durch Steigerung der Verwendung Ihres Angebotes bei Ihren Kunden.

Marktentwicklung: Sie wollen mit Ihren aktuellen Angeboten neue Märkte bearbeiten. Sie suchen sich neue Absatzregionen (lokal, regional, überregional, national, international), oder Sie versuchen, neue Einsatzgebiete für Ihre Produkte zu finden

Produktentwicklung: Sie wollen neue Produkte in den bekannten Märkten, bei bekannten Kunden anbieten. Dabei handelt es sich häufig um neue, aber ähnliche oder gut passende Produkte zu den bereits vorhandenen Produkten (»Differenzierungen«). Oder es geht um die marktgerechte Überarbeitung bestehender Produkte, wobei nach der Aktualisierung nur noch das neue Produkt verkauft wird (»Variation« oder »Modifikation«). Neue Produkte/neue Angebote erhalten Sie z.B. durch

- eigene Entwicklungen
- Erschließung neuer Einkaufsquellen
- Kooperationen mit anderen Anbietern (z.B. Austausch von Produkten)
- Erwerb von Lizenzen (z.B. Produktionslizenz, Vertriebslizenz)
- Unternehmenskauf

Diversifikation: Auch bei der Diversifikation handelt es sich um neue Angebote/neue Produkte, die Sie aber in für Sie neuen Märkten verkaufen wollen. Diversifikationen bilden »neue Standbeine« eines Unternehmens. Sie verbreitern das Angebot und streuen das Unternehmens-(Überlebens-) Risiko.

Bis eine Diversifikation erfolgreich etabliert ist, gehen Sie ein hohes Risiko ein. Als Unternehmer haben Sie nämlich weder Erfahrungen mit dem neuen Produkt noch mit dem neuen Markt (Zielgruppe und Wettbewerber). Sie begeben sich in jeder Beziehung auf Neuland. Die Chancen und Risiken einer Diversifikation lassen sich insofern mit denen einer Existenzgründung vergleichen.

6 So setzen Sie Ihr Personal effektiv ein

Sie haben sich entschlossen, mit der Unterstützung von Mitarbeitern Ihr Unternehmen zu führen. Mit der Auswahl des Teams legen Sie dabei einen wichtigen **Grundstein für den Erfolg** Ihres Unternehmens. Denn den richtigen Kandidaten zum richtigen Zeitpunkt zu finden, ist auch heute gar nicht so einfach. Zudem kommen als Arbeitgeber eine Reihe von gesetzlichen Pflichten auf Sie zu, die Sie kennen und umsetzen sollten: von der Anmeldung bei den Sozialversicherungsträgern bis hin zu Fürsorgepflichten gegenüber den Mitarbeitern.

Beispiel

»Bärbel, ich schaffe es nicht mehr, alle Kundenjobs termingerecht zu erledigen.« Udo Ungestüm klingt verzweifelt. »Udo, diese Gefühl wirst Du immer wieder mal haben. Das gehört dazu, wenn du eine eigene GmbH hast. Aber warum denkst Du nicht daran, Dir Hilfe zu holen und z.B. Mitarbeiter einzustellen?«, antwortet die Unternehmerkollegin Bärbel Bedächtig.

6.1 Personal planen und Mitarbeiter gewinnen

6.1.1 Wie stellen Sie Ihren Personalbedarf fest?

Ziel Ihrer Personalüberlegungen sollte es sein, Mitarbeiter in der erforderlichen Anzahl, mit den richtigen Qualifikationen, zum richtigen Zeitpunkt, am richtigen Ort verfügbar haben zu können. Beantworten Sie dazu folgende Fragen:

- Welche anfallenden Aufgaben könnten von Mitarbeitern übernommen werden? Welche Aufgaben wären Sie bereit abzugeben? Für welche Tätigkeiten sollten Sie jemanden beschäftigen, der sich mit den fachlichen Details besser auskennt als Sie?
- Wie könnte eine solche Mitarbeiterstelle insgesamt aussehen (Vollzeit/Teilzeit)? Welche weiteren Jobs wären sinnvollerweise auch auf dieser Stelle zu erledigen? Mit welchen Befugnissen müsste diese Stelle ausgestattet sein?
- Über welche Qualifikation sollte der gesuchte Mitarbeiter deshalb am besten verfügen? Welche Ausbildung und Berufserfahrung wären sinnvoll?
- Mit welchen Personalkosten rechnen Sie bzw. welche Personalkosten berücksichtigen Sie in Ihrer Kostenaufstellung (z.B. Höhe der Vergütung, Sozialleistungen, Prämien, Weiterbildung)?

Für die weitere Personalbedarfsplanung ist es sinnvoll, genau auf die **Verfügbarkeit** der verschiedenen Arbeitnehmergruppen zu achten. Typische Fälle sind:

- Freistellung
- Rückkehr von Frauen aus der Mutterschaft
- Einsatz von Heimarbeitern
- Verfügbarkeit von Betriebsräten
- Auszubildende mit Schulpflicht
- Einberufung/Rückkehr zu Bundeswehr und Zivildienst
- aus Alters- oder Gesundheitsgründen zu erwartende Austritte
- Einsatz von Leiharbeitern
- erwartete/geplante Kündigungen

6.1.2 Wie können Sie fremde Hilfe nutzen?

Als Unternehmer haben Sie verschiedene Möglichkeiten, Ihre Aufgaben mit externer Hilfe zu erledigen. Alternativ zur Festeinstellung von eigenen Mitarbeitern in Voll- und Teilzeit, als Aushilfen, Praktikanten oder Auszubildende können Sie

- Aufträge an fremde Unternehmen erteilen (z.B. die Buchhaltung vom Steuerberater erledigen lassen; Ihren Marktauftritt von einer Werbeagentur erstellen lassen; Ihre Außenstände an ein Factoring-Unternehmen abtreten)
- sich mit einem Pool aus freien Mitarbeitern ausstatten, die Sie nur projektweise nach Ihren Vorgaben einsetzen (z.B. als EDV-Dienstleister nutzen Sie einen freien Linux-Experten, als Werbeagentur greifen Sie auf freie Grafik-Designer zurück)
- sich bei Arbeitsspitzen oder zur Überbrückung von Urlaubs- oder Krankheitszeiten Mitarbeiter von Personalleasing-Unternehmen (»Zeit-, Leiharbeiter«) für eine bestimmte Zeit entleihen (z.B. Verkaufspersonal im Einzelhandel zur Weihnachtszeit)
- Ihren Ehepartner oder die eigenen Kinder beschäftigen

Zusammenarbeit mit einem Unternehmen

Wenn Sie als Unternehmer Waren oder Dienstleistungen von anderen Unternehmen kaufen, spricht man von **Business-to-Business**, da sowohl Sie als auch Ihr Lieferant Unternehmer sind bzw. im Namen eines Unternehmens handeln. Der Geschäftspartner wird zum Lieferanten für eine definierte Leistung auf der Basis z.B. eines Werk- oder Dienstvertrags.

Es empfiehlt sich, vor einer Zusammenarbeit mehrere Angebote einzuholen und Qualität, Termine und Kosten zu vergleichen. Häufig ist es sinnvoll, aus Beweisgründen die Bedingungen der Zusammenarbeit vertraglich zu fixieren.

Freie Mitarbeiter

Ein freier Mitarbeiter arbeitet selbstständig, rechnet mit Ihnen ab und hat außer Ihnen auch noch andere Kunden. Als **Honorarkraft** ist er für einen klar definierten Auftrag nach Ihren Weisungen tätig.

Ob statt einer freien Mitarbeit möglicherweise ein sozialversicherungspflichtiges Anstellungsverhältnis begründet ist, wird nach den Regeln des Statusfeststellungsverfahrens geklärt. Hierbei haben sowohl Auftraggeber als auch Auftragnehmer die Möglichkeit, bei Zweifeln an der Einordnung der Tätigkeit diese durch die Clearingstelle der Deutschen Rentenversicherung Bund abklären zu lassen.

Mitarbeiter leihen

Eine **Zeitarbeitsfirma** verfügt über Mitarbeiter, die per Arbeitsvertrag bei dieser Verleihfirma beschäftigt sind. Sie als Unternehmer können nun einen Leiharbeitnehmer per Arbeitnehmerüberlassungsvertrag »entleihen«. Dafür zahlen Sie an die Zeitarbeitsfirma ein Honorar. Auf diese Weise können Sie bei unvorhergesehenen Auftragsspitzen oder Personalengpässen schnell über Mitarbeiter verfügen und diese zeitlich sehr genau an Ihren Bedarf anpassen.

Achtung: Als Unternehmer können Sie für die Sozialversicherungsbeiträge der überlassenen Mitarbeiter verantwortlich gemacht werden, wenn die Zeitarbeitsfirma hierfür nicht aufkommen kann (weil sie z. B. Insolvenz anmelden muss) oder will. Um dieses Risiko zu mindern, empfiehlt es sich als Anhaltspunkte zu prüfen, ob die Zeitarbeitsfirma eine Berechtigung für Arbeitnehmerüberlassungen hat, und sich gegebenenfalls Unbedenklichkeitsbescheinigungen von Finanzamt und Krankenkasse vorlegen zu lassen (Grundlage: Arbeitnehmerüberlassungsgesetz).

Familieninterne Arbeitsverhältnisse

Wenn Ihr Ehepartner oder die Kinder (älter als 14 Jahre) gelegentlich bei Ihnen im Unternehmen mithelfen, können Sie diese als geringfügig beschäftigte Arbeitnehmer einstellen. Selbstverständlich sind auch Vollzeitbeschäftigungen möglich. Die Gehaltszahlungen an die Familienmitglieder können Sie dann als Betriebsausgabe steuerlich geltend machen. Das Finanzamt und die Sozialversicherungsträger prüfen allerdings bei familieninternen Arbeitsverhältnissen immer wieder, ob alles genau so geregelt ist, wie Sie es mit familienfremden Mitarbeitern vereinbaren würden.

Tipp !

Es empfiehlt sich, einen schriftlichen Arbeitsvertrag aufzusetzen und genau auf die Einhaltung der Vereinbarungen zu achten (wie z. B. pünktliche und regelmäßige Zahlung des Gehalts auf ein eigenes Konto des beschäftigten Familienmitglieds).

6.1.3 Mitarbeiter im Unternehmen einstellen

Grundsätzlich ist jeder Mitarbeiter von Ihnen als Arbeitgeber bei den Sozialversicherungsträgern (Kranken-/Pflegekassen, Träger der Rentenversicherung, Arbeitsagentur, Unfallversicherungsträger) anzumelden.

Vollzeitkräfte
Vollzeitkräfte sind fest angestellte, sozialversicherungspflichtige Mitarbeiter. Sie werden von Ihnen bei der Krankenkasse angemeldet. Von dort geht automatisch eine weitere Meldung an die Berufsgenossenschaft. Anfallende Lohnsteuer wird vom Arbeitgeber an das Finanzamt gemeldet und abgeführt. Die Art der Beschäftigung sowie die beidseitigen Rechte und Pflichten sind im Arbeitsvertrag geregelt.

Es besteht grundsätzlich eine Versicherungspflicht bei den Sozialversicherungen. Dazu gehören die gesetzlichen Krankenversicherung und die Pflegeversicherung, sofern das regelmäßige Arbeitsentgelt die Jahresarbeitsentgeltgrenze nicht übersteigt. Eine Befreiung von der Versicherungspflicht ist unter bestimmten Umständen auf Antrag möglich; die Einzelheiten hierzu sollten Sie mit Ihrer Krankenkasse besprechen.

Der Beitrag zu den anderen **Sozialversicherungen** (gesetzliche Rentenversicherung, Arbeitslosenversicherung) wird ebenfalls nach dem jeweiligen Arbeitsentgelt, höchstens jedoch nach den Beitragsbemessungsgrenzen berechnet. Diese Grenzbeträge werden jährlich neu festgesetzt. Beiträge zur Unfallversicherung werden nur von den Unternehmen geleistet.

6.1.3.1 Geringfügig Beschäftigte/Mini-Jobber

Eine geringfügige Beschäftigung (»Mini-Job«) kann vorliegen, wenn das regelmäßige, monatliche Arbeitsentgelt nicht mehr als 450 EUR beträgt. Nicht hierunter fallen Beschäftigungen

- im Rahmen der betrieblichen Berufsausbildung (z.B. Auszubildende oder Praktikanten),
- im Rahmen eines freiwilligen sozialen oder ökologischen Jahres,
- aufgrund einer stufenweise Wiedereingliederung in das Erwerbsleben.

Mehrere Beschäftigungen bei demselben Arbeitgeber gelten grundsätzlich als ein einheitliches Beschäftigungsverhältnis.

Geringfügig entlohnte Beschäftigungen bis maximal 450 EUR im Monat (die Höhe der wöchentlichen Arbeitszeit ist unerheblich. Der gesetzliche Mindeststundenlohn ist jedoch zu beachten!) sind für den Arbeitnehmer in der Kranken-, Pflege-, Renten- und Arbeitslosenversicherung versicherungsfrei. Der Arbeitnehmer erhält also sein Arbeitsentgelt in der Regel »brutto für netto«. Für die Sozialversicherungen werden stattdessen Pauschalbeiträge fällig, die allein vom Arbeitgeber an die »Minijob-Zentrale« der Knappschaft Bahn See zu entrichten sind.

Für die Errechnung der **Geringfügigkeitsgrenze** wird das regelmäßige Entgelt inklusive anteiligen Sonderzahlungen wie beispielsweise dem Weihnachtsgeld herangezogen. Schwankt die Höhe des Entgelts, wird ein Durchschnittswert aus dem in der Zukunft zu erwartenden Entgelt prognostiziert. War diese Schätzung unzutreffend, ändert sich für die Vergangenheit die Einordnung als geringfügige Beschäftigung nicht; eine Korrektur wird dann nur für die Zukunft vorgenommen. Es kann daher vorkommen, dass Sie ausnahmsweise auch Pauschalbeträge von Beträgen errechnen, die über 450 EUR liegen.

Werden mehrere geringfügige Beschäftigungen im gleichen Zeitraum bei verschiedenen Arbeitgebern ausgeübt, dann müssen die Arbeitsentgelte zusammengerechnet werden. Liegt die Summe der Arbeitsentgelte über 450 EUR, sind alle Beschäftigungen versicherungspflichtig, so dass an die Kranken-, Pflege-, Arbeitslosen- und Rentenversicherung Beiträge abgeführt werden müssen. Besteht nur eine geringfügige Beschäftigung neben einer Hauptbeschäftigung, bleibt diese versicherungsfrei.

Eine Besonderheit kann es in der **Krankenversicherung** geben, wenn durch die Summe von Hauptbeschäftigung und einer zweiten bzw. weiteren geringfügigen Beschäftigung die Jahresarbeitsentgeltgrenze überschritten wird (die erste geringfügige Beschäftigung ist versicherungsfrei und geht nicht in die Berechnung ein). Zunächst bleibt die Kranken- und Pflegeversicherungspflicht bestehen; zum Ende des Kalenderjahres kann aber Versicherungsfreiheit eintreten, wenn insgesamt auch die Versicherungspflichtgrenze des Folgejahres überschritten wird.

Als Arbeitgeber entscheiden Sie zunächst über die Versicherungspflicht einer Beschäftigung und melden diese entsprechend. Fragen Sie deshalb Ihre Arbeitnehmer nach allen sozialversicherungsrelevanten Angaben. Insbesondere empfiehlt es sich, eine schriftliche Bestätigung des Beschäftigten in den Personalunterlagen abzulegen, dass neben der geringfügigen Beschäftigung bei Ihnen keinen weiteren geringfügigen Beschäftigungen nachgegangen wird.

Beachten sie auch, dass Sie als Arbeitgeber von Minijobbern mit Einführung des Mindestlohngesetzes verpflichtet sind, Beginn, Ende und Dauer der täglichen Arbeitszeit zu erfassen.

Beschäftigte in der Gleitzone/Niedriglohn-Jobs oder Midi-Jobber
Hier handelt es sich um versicherungspflichtige Beschäftigungsverhältnisse, bei denen ein Arbeitsentgelt zwischen 450,01 Euro und 850,00 Euro im Monat erzielt wird. Der Arbeitgeber zahlt die Hälfte des regulären Sozialversicherungsbeitrags, der Arbeitnehmer zahlt einen reduzierten Beitragssatz (ca. 15 bis 20 % vom Arbeitsentgelt). Die Gleitzonenregelung ist nicht auf Auszubildende anzuwenden.

Kurzfristig Beschäftigte
Kurzfristig beschäftigte Mitarbeiter eignen sich besonders gut für Projekte, die innerhalb eines festen Zeitrahmens erledigt sein müssen oder nur vorübergehend anfallen. Diese Arbeitsverträge bedürfen der Schriftform und enden automatisch mit dem im Arbeitsvertrag angegebenen Ende, ohne dass es einer ausdrücklichen Kündigung bedarf.

Eine kurzfristige Beschäftigung liegt vor, wenn die Beschäftigung von vornherein auf höchstens drei Monate oder **70 Arbeitstage** pro Kalenderjahr begrenzt ist und nicht berufsmäßig ausgeübt wird (Regelung gilt bis 2018 nach § 115 SGB IV). Die kurzfristige Beschäftigung ist für Arbeitgeber und Arbeitnehmer sozialversicherungsfrei. Es müssen hierfür auch keine Pauschalbeiträge abgeführt werden. Zeichnet sich bereits während der Beschäftigung ab, dass die 70-Tage-Grenze überschritten wird, beginnt mit diesem Tag die Versicherungspflicht der Beschäftigung.

Befristet Beschäftigte/Teilzeitarbeiter
Ein Arbeitsvertrag kann auch nur für eine bestimmte Zeit abgeschlossen werden. Zu beachten sind dann aber die gesetzlichen Vorschriften des Teilzeit- und Befristungsgesetzes:

- Ein befristetes Arbeitsverhältnis ist möglich, wenn ein sachlicher Grund vorliegt, z.B. Vertretung wegen Elternzeit, Mutterschutz oder projektbezogene Arbeiten
- Ein befristetes Arbeitsverhältnis ist auch ohne Sachgrund für eine Dauer bis zu zwei Jahren möglich. In den ersten vier Jahren nach einer echten Unternehmensneugründung kann ein Arbeitsverhältnis sogar bis zu vier Jahren befristet werden.
- Und für über 52-Jährige, die mindestens vier Monate arbeitslos oder in einer öffentlich geförderten Beschäftigungsmaßnahme waren, gilt: hier kann das Arbeitsverhältnis bis zu fünf Jahren befristet werden.
- Teilzeitbeschäftigte unterliegen der Sozialversicherungspflicht wie jeder andere Arbeitnehmer (»Vollzeitkräfte«).

Studenten

Studenten, die als ordentliche Studierende einer in- oder ausländischen Hochschule oder Fachhochschule immatrikuliert sind, sind während der Dauer ihres Studiums in der Kranken-, Pflege- und Arbeitslosenversicherung **versicherungsfrei**, sofern der Schwerpunkt ihrer Arbeitsleistung auf dem Studium liegt. Dies gilt regelmäßig, wenn

- die Arbeitszeit aller Beschäftigungen zusammengerechnet nicht mehr als 20 Stunden pro Woche – unabhängig von der Höhe des Gehalts – beträgt.
- die Beschäftigung (auch während der Vorlesungszeit) zwar mehr als 20 Stunden beträgt, aber von vorneherein auf nicht mehr als drei Monate befristet ist. Dabei ist ebenfalls die Höhe des Entgelts unerheblich.
- die Beschäftigung ausschließlich während der Semesterferien ausgeübt wird (in Ausnahmefällen kann die 20 Stunden-Grenze überschritten werden, wenn die Arbeitszeit ausschließlich in die vorlesungsfreie Zeit fällt).

In der Rentenversicherung besteht Versicherungsfreiheit, wenn das monatliche Entgelt 450 EUR nicht übersteigt oder wenn die Beschäftigung von vornherein auf nicht mehr als drei Monate oder 70 Arbeitstage im Jahr befristet ist.

Nehmen Sie als Nachweis die **Immatrikulationsbescheinigungen** für den jeweiligen Beschäftigungszeitraum zu den Personalunterlagen und lassen Sie sich schriftlich bestätigen, dass keine weitere Tätigkeit bei einem anderen Arbeitgeber ausgeübt wird.

Auch bei befristeten Beschäftigungsverhältnissen von nicht mehr als drei Monaten besteht für Studenten **Versicherungsfreiheit**.

Werden mehrere befristete Arbeitsverhältnisse hintereinander ausgeübt, ist der Prüfungsmaßstab, ob das Studium noch den Schwerpunkt der Tätigkeit bildet. Bei einer Beschäftigung von über 20 Wochenstunden und von mehr als 182 Kalendertagen im Laufe eines Jahres (gerechnet vom voraussichtlichen Ende der zu beurteilenden Beschäftigung) wird dies verneint und die Person grundsätzlich als versicherungspflichtiger Arbeitnehmer eingestuft.

Diese Sonderregelung für Studenten gilt nicht während einer Unterbrechung des Studiums (beispielsweise bei einem Urlaubssemester), für Teilnehmer an einem Studienkolleg, Examenswiederholer, Doktoranden, Teilzeitstudenten, Gasthörer bzw. für berufsintegrierte Studiengänge (wie beispielweise an einer Berufsakademie), so dass für diese Personen grundsätzlich Versicherungspflicht besteht.

Wird ein Student entsprechend einer geringfügig entlohnten Beschäftigung (unter 450 EUR monatlich) angestellt, müssen grundsätzlich Pauschalbeiträge zur Kranken- und Rentenversicherung entrichtet werden.

Praktikanten

Praktikanten sind Mitarbeiter, die vor, während oder nach dem Studium oder im Rahmen von beruflicher Neuorientierung praktische Erfahrungen in einem Unternehmen sammeln wollen. Versicherungsrechtlich ist zu unterscheiden zwischen Vor- und Nachpraktika sowie den Zwischenpraktika, denn hierbei gelten jeweils andere Regelungen. Maßgebend ist unter anderem auch die Frage, ob und in welcher Höhe Arbeitsentgelt gezahlt wird. Wenn Sie Praktikanten beschäftigen wollen, sollten Sie den Einzelfall mit Ihrem Steuerberater bzw. der Krankenkasse besprechen.

Rentner

Bei der Beschäftigung von Rentnern gelten einige Sonderregelungen. In der Krankenversicherung gilt für Bezieher von Vollrenten wegen Alters der ermäßigte Beitragssatz, da kein Krankengeldanspruch besteht; Teilrentenbezieher wegen Alters hingegen haben einen Krankengeldanspruch, so dass der allgemeine Beitragssatz heranzuziehen ist.

In der Rentenversicherung sind Bezieher von Vollrenten wegen Alters versicherungsfrei; es ist daher lediglich der Arbeitgeberanteil an den Rentenversicherungsbeiträgen abzuführen. Bezieher einer Teilrente bleiben im vollen Umfang rentenversicherungspflichtig. Bei der Arbeitslosenversicherung sind Arbeitnehmerbeiträge nur bis zum Ablauf des Monats zu zahlen, in dem der Beschäftigte die Regelaltersgrenze vollendet; auch hier fallen anschließend nur noch die Arbeitgeberanteile an.

Bezieher einer Berufsunfähigkeitsrente oder einer Rente wegen teilweiser Erwerbsminderung sind in vollem Umfang kranken- und rentenversicherungspflichtig. Für Bezieher einer Erwerbsunfähigkeitsrente gelten nur der ermäßigte Beitragssatz in der Krankenversicherung und keine Beiträge (weder vom Arbeitnehmer noch vom Arbeitgeber) für die Arbeitslosenversicherung.

Beihilfeberechtigte Beamte im Ruhestand sind krankenversicherungsfrei; in der Rentenversicherung zahlt nur der Arbeitgeber seinen Anteil.

Nehmen Sie die entsprechenden Unterlagen (wie Rentenbescheide etc.) in Kopie zu den Personalunterlagen. Als Arbeitgeber sind Sie verpflichtet, die entsprechenden Nachweise (beispielsweise bei einer Betriebsprüfung) zur Verfügung zu stellen.

Auszubildende
Mit Auszubildenden schließen Sie vor Beginn der Ausbildung einen schriftlichen Berufsausbildungsvertrag ab. Die staatlich anerkannten Ausbildungsberufe sind in den Ausbildungsordnungen geregelt. Damit Sie als Ausbilder tätig werden können, benötigen Sie die persönliche und fachliche Eignung sowie eine geeignete Ausbildungsstätte (Details sind im Berufsbildungsgesetz und in der Handwerksordnung geregelt).

Beachten Sie, dass Jugendliche unter 18 Jahren unter dem besonderen Schutz des Jugendarbeitsschutzgesetzes stehen. Jugendliche unter 18 Jahren dürfen nur beschäftigt werden, wenn sie für den gewählten Beruf gesundheitlich geeignet sind. Die Stadt- oder Gemeindeverwaltung bzw. das Gesundheitsamt gibt zur Feststellung der gesundheitlichen Eignung einen Berechtigungsschein für eine unentgeltliche Untersuchung aus, die jeder Arzt durchführen kann. Die ärztliche Bescheinigung muss dem Arbeitgeber vorgelegt werden.

Mit dem Beginn der Berufsausbildung werden die Auszubildenden voll sozialversicherungspflichtig. Ab dem 16. Lebensjahr können Auszubildende auch ohne die Eltern selbst Sozialleistungen beantragen und entgegennehmen. Beträgt die Ausbildungsvergütung monatlich nicht mehr als 325 EUR, trägt der Arbeitgeber die Beiträge zur Kranken-, Pflege-, Renten- und Arbeitslosenversicherung allein.

6.1.3.2 Unterstützung durch die Bundesagentur für Arbeit

Unter bestimmten Voraussetzungen zahlt die Bundesagentur für Arbeit Ihnen bei der Einstellung von zuvor arbeitssuchenden Personen Zuschüsse zum Arbeitsentgelt. Dabei handelt es sich um Eingliederungszuschüsse und um Einstellungszuschüsse bei Neugründungen.

Die Leistungen sind vor Abschluss des Arbeitsvertrages bei der örtlich zuständigen Agentur für Arbeit zu beantragen. Es handelt sich um eine »Ermessensleistung« der aktiven Arbeitsförderung! Erkundigen Sie sich über die konkreten Möglichkeiten in Ihrem Fall bei Ihrer regional zuständigen Agentur für Arbeit.

6.1.4 Mitarbeiter gewinnen

Bevor Sie Personal einstellen, sollten Sie sich zunächst ganz klar darüber sein, wen Sie eigentlich suchen und welche Tätigkeiten mit welchen Kompetenzen und Befugnissen diese Person für Sie erledigen soll. Idealerweise erstellen Sie dazu eine **Stellenbeschreibung**. Wenn Ihnen dieser organisatorische Aufwand für Ihr Unternehmen zu hoch ist, dann schreiben Sie wenigstens auf, welche Aufgaben der neue Mitarbeiter zukünftig für Sie erledigen soll und überlegen Sie jetzt schon, wie Sie die Qualität der Aufgabenerfüllung überprüfen werden.

!

Beispiel

»Ich suche einen guten und bezahlbaren Software-Entwickler – und das möglichst schnell. Ach ja, und mit den Kunden muss er auch klar kommen«, Udo Ungestüm schaut Bärbel Bedächtig erwartungsvoll an. »Kennst Du jemanden?«, »Mit diesen Vorstellungen wäre es reiner Zufall, wenn Du einen zu Dir passenden Mitarbeiter findest. Werde Dir erstmal klar, welche Aufgaben Du wirklich an den Mitarbeiter abgeben willst. Dann überlege Dir, über welche Qualifikationen der oder die Mitarbeiter/in verfügen sollte.«

Inhalte einer Stellenbeschreibung

Die Checkliste auf der folgenden Seite zeigt Ihnen, welche personenunabhängige Angaben in eine Stellenbeschreibung (auch »Tätigkeitsbeschreibung« oder »Job Description«) gehören.

Auf http://mybook.haufe.de finden Sie darüber hinaus eine allgemeine Vorlage für eine Stellenbeschreibung.

!

Checkliste: Inhalte einer Stellenbeschreibung

Stellenbezeichnung (Name der Stelle)	
Stelleneinordnung (vorgesetzte Instanz, untergebene Stellen, Abteilungszugehörigkeit)	
Ziel der Stelle	
Aufgabengebiet, Beschreibung der (selbstständig) durchzuführenden Tätigkeiten	
Stellenverantwortung	
Stellenbefugnisse (Vollmachten, Berechtigungen, Unterschriftenregelung)	
Stellenvertretungen (Stelleninhaber vertritt ..., Stelleninhaber wird vertreten von ...).	

Auch sollten Sie sich genau überlegen, welches **Erfahrungsprofil** Ihr neuer Mitarbeiter mitbringen sollte. Suchen Sie einen Berufsanfänger oder eine erfahrene Fachkraft, einen 25-jährigen Hochschulabsolventen oder eher einen 50-jährigen Mitarbeiter mit 25 Jahren Berufserfahrung?

Inhalte eines Anforderungsprofils

Ein Anforderungsprofil ist hilfreich, um vorab die gesuchte **Mitarbeiterpersönlichkeit** zu beschreiben, die Sie sich auf diesem Arbeitsplatz idealerweise wünschen würden. Somit stellt sie ein Hilfsmittel zur späteren konkreten Personalauswahl dar. In der folgenden Checkliste finden Sie Kriterien zur Erstellung eines Anforderungsprofils.

Checkliste: Anforderungsprofil
Geschlecht, Alter, Nationalität
Verfügbarkeit (Vollzeit, Teilzeit, Schichtarbeit; Mobilität)
Schul-, Berufsausbildung, Studium; Abschlüsse, Qualifikationen
Berufserfahrung
Spezielle Fachkenntnisse (Produkte, Branche)
Führungserfahrung
Körperliche Anforderungen, Erscheinungsbild
Kommunikationsfähigkeit, Verhandlungsgeschick
Kundenorientierung
Unternehmerisches Denken
Zuverlässigkeit
Möglicher Eintrittstermin
Einkommen (Tarif, außertariflich, Sozialleistungen)

6.1.5 Wege der Personalbeschaffung

Wenn Sie zum ersten Mal einen neuen Mitarbeiter einstellen wollen, werden Sie wahrscheinlich Freunde und Verwandte fragen, eine Zeitungsanzeige schalten, bei der Bundesagentur für Arbeit oder im Internet suchen. Wenn Sie dagegen schon über ein Mitarbeiterteam verfügen, könnte eine interne Versetzung oder die Übernahme eines Azubis eine interessante Alternative zur Neubesetzung von außen sein. Sollte es sich bei Ihrem Personalbedarf nur um eine zeitlich begrenzte Arbeitsspitze handeln, ist es häufig der sinnvollste Weg, bei einer vorhandenen Belegschaft zuerst an Mehrarbeit oder Urlaubsverschiebung zu denken.

Als Geschäftsführer einer jungen GmbH haben Sie viele unterschiedliche Möglichkeiten, um den richtigen Mitarbeiter zu finden, z. B.:

- Erzählen Sie Verwandten, Bekannten, Freunden oder auch ehemaligen Arbeitskollegen, dass Sie einen bestimmten Mitarbeiter suchen. Sicher müssen Sie sich noch ein eigenes Bild von dieser Person verschaffen, aber eine Empfehlung verkürzt den weiteren Auswahlprozess. Bedenken Sie aber auch, dass eine Freundschaft durch eine ungeeignete Empfehlung stark belastet werden kann.
- Fragen Sie bei Ihrer zuständigen Arbeitsagentur nach. Je besser Sie dabei Ihre Stellenbeschreibung ausgearbeitet haben, desto eher erhalten Sie auch passgenaue Vermittlungsvorschläge.
- Werten Sie die Stellengesuche in den Tageszeitungen und in den entsprechenden Fachzeitschriften aus. Ebenso sind Initiativbewerbungen zu behandeln.
- Nutzen sie die verschiedenen Jobbörsen im Internet oder Profinetzwerke wie z. B. Xing.
- Platzieren Sie auf Ihrer eigenen Homepage eine Stellenausschreibung. Auch ein Aushang vor Ihrem Unternehmen (Schild: »Wir stellen ein ...«) ist eine preiswerte Eigensuche und zeigt nebenbei, dass sich Ihr Unternehmen positiv entwickelt.
- Halten Sie Kontakt zu Bildungseinrichtungen (Berufsschulen, Fachhochschule, Universitäten, Weiterbildungseinrichtungen).

Schalten Sie selber eine Stellenanzeige in der Zeitung. Bedenken Sie, dass Sie mit der Anzeige im Stellenmarkt auch immer für Ihr Unternehmen werben. Beachten Sie bei der Formulierung von Stellenanzeigen die Anforderungen des Allgemeinen Gleichstellungsgesetzes (AGG). Eine Stellenanzeige sollte dem Bewerber Antwort geben auf folgende Fragen:

- Wer sucht? – Das Unternehmen selbst, eine beauftragte Personalagentur oder soll eine Chiffreangabe für Anonymität sorgen?
- Was wird gesucht? – Stellenbezeichnung, Aufgaben
- Welche Qualifikation, Erfahrung, Persönlichkeit ist notwendig? – Berufsausbildung, -erfahrung, persönliche Eigenschaften
- Was bieten Sie? Was macht das Arbeiten in Ihrem Unternehmen für einen Bewerber interessant? – In vielen Branchen herrscht Facharbeitermangel, d. h. Sie stehen mit Ihrer Suche womöglich im Wettbewerb zu anderen Arbeitgebern.
- Was soll die Bewerbung enthalten? – Anschreiben, Lebenslauf, Zeugnisse, Gehaltsangaben, Eintrittstermin

Nutzen Sie das Dienstleistungsangebot von privaten Personalvermittlern. Diese nehmen Ihnen je nach vertraglicher Vereinbarung die Personalsuche bis hin zur Personalvorauswahl sowie die Einstellungsformalitäten ab. Das Vermittlungshonorar beträgt in der Regel 1,5 – 2 Bruttomonatsgehälter (bei Führungskräften bis zu einem Jahresgehalt), die vom Auftraggeber zu zahlen sind.

Besonders bei Arbeitsspitzen oder saisonalem Mitarbeiterbedarf kann auch eine Zeitarbeitsfirma die richtige Adresse für Sie sein (Gelbe Seiten, Internet). Das Personalleasing (auch Arbeitnehmerüberlassung) ist rechtlich geregelt im Arbeitnehmerüberlassungsgesetz.

6.1.6 Das Auswahlverfahren

Nachdem Sie bekannt gemacht haben, dass Sie personelle Unterstützung suchen, erhalten Sie (hoffentlich) viele Bewerbungsunterlagen in schriftlicher und elektronischer Form. Neben der Analyse und Bewertung der Bewerbungsunterlagen wird üblicherweise noch ein strukturiertes Vorstellungs- oder Bewerbungsgespräch mit dem Kandidaten geführt. Viele Unternehmen beschränken sich auf diese beiden Methoden, da sie – bei entsprechender Vorbereitung – ohne zusätzliche Hilfe von Dritten durchgeführt werden können. Darüber hinaus sind auch folgenden Auswahlverfahren verbreitet:

- Gruppenauswahlverfahren
- Assessment-Center
- Arbeitsproben/Probearbeiten
- Eignungstests
- Ärztliche Eignungsuntersuchung
- Referenzen
- Personalbogen

Gruppenauswahlverfahren: Dazu laden Sie mehrere Kandidaten zeitgleich ein und befragen diese parallel. Sie sollten auch mit mehreren Personen auf der Befragerseite (Unternehmensmitglieder und externe Berater) auftreten, um das Verhalten der Bewerberkandidaten (z.B. Sozialkompetenz, Leistungsbereitschaft, Ausdrucksfähigkeit) gut beobachten zu können. Wichtig ist es, vorab Beobachtungskriterien festzulegen.

Assessment-Center: Hier geht es um die Analyse des Verhaltens mehrerer Bewerber in verschiedenen, praxisrelevanten Situationen. Häufig dauert ein Assessment-Center mehrere Tage und sollte unbedingt von entsprechend qualifizierten Psychologen unterstützt und betreut werden. Da dieses Verfahren zeit- und kostenaufwändig ist, wird es meist nur zur Bewerberauswahl von Führungskräften oder im Rahmen von Personalentwicklungsmaßnahmen genutzt.

Arbeitsproben/Probearbeiten: Entweder lassen Sie sich z.B. im Bewerbergespräch mitgebrachte Arbeitsmuster zeigen oder Sie lassen Arbeitsmuster unter Ihrer Aufsicht erstellen. Oft ist es sinnvoll, den Kandidaten zu einem Probearbeitstag einzuladen, um dann die Fach- und Sozialkompetenz besser beurteilen zu können.

Eignungstests: Eignungstests, Leistungstests oder Charakter- und Persönlichkeitstests sollten Sie immer von entsprechend qualifizierten Fachleuten (z.B. Psychologen) durchführen und auswerten lassen. Der Bewerber muss dem Test zustimmen und hat einen Anspruch auf das erzielte Resultat.

Ärztliche Eignungsuntersuchung
Sie überprüft, ob der Bewerber den Anforderungen der Tätigkeit physisch und psychisch gewachsen ist. Die Untersuchung wird vom Betriebsarzt oder einem betriebsärztlichen Dienst oder vom Hausarzt auf Kosten des Arbeitgebers durchgeführt. Das Ergebnis der Untersuchung wird dem Bewerber und dem Arbeitgeber in Kurzform (wegen der ärztlichen Schweigepflicht) mitgeteilt. Typische Aussagen sind: geeignet – bedingt geeignet – nicht geeignet.

Referenzen
Eine Referenz ist eine freiwillige Angabe eines Bewerbers. Geeignete Referenzgeber sind aktuelle oder ehemalige Vorgesetzte des Bewerbers, die sozusagen für den Bewerber »bürgen«.

Personalbogen
Der betriebliche Bewerbungsbogen enthält alle Fragen eines Unternehmens an den Bewerber in systematischer und vollständiger Form. Durch die Systematik sind die Bewerberantworten besser miteinander vergleichbar. Der Einsatz eines Personalfragebogens bedarf der Zustimmung des Betriebsrates (Betriebsverfassungsgesetz).

Nachdem Sie Ihr Auswahlverfahren beendet haben, sollten Sie drei **Bewerbergruppen** bilden:

- Kandidaten, die Sie zu einem Vorstellungstermin einladen werden. Reservieren Sie einige Tage für die Vorstellungstermine und vereinbaren Sie mit den Kandidaten konkrete Termine.
- Kandidaten, die gegebenenfalls als Ersatz nachrücken: Schicken Sie diesen einen Zwischenbescheid und bitten Sie um Geduld. Erst, wenn Sie einen Kandidaten sicher ausgewählt haben, sollten Sie dieser Gruppe die Unterlagen mit einem freundlichen Absagebrief zurücksenden.
- Alle anderen Bewerber, die für Sie nicht interessant sind. Diese Unterlagen sollten Sie umgehend wieder zurückschicken.

6.1.7 Analyse von Bewerbungsunterlagen

Bewerbungsunterlagen sollten Sie nach Form, Inhalt und Vollständigkeit analysieren. Grundsätzlich sollte die Aufmachung der eingesandten Unterlagen zur Stelle passen. Zu Bewerbungsunterlagen gehören: Anschreiben, Lebenslauf, Arbeitszeugnisse, Schulzeugnisse, Fortbildungen

Anschreiben: Prüfen Sie, ob das Anschreiben ordentlich, sauber, klar strukturiert und fehlerfrei geschrieben ist. Sind alle geforderten Unterlagen und Angaben vorhanden? Warum erfolgt die Bewerbung (Motivation)? Warum glaubt der Bewerber, dass er ein geeigneter Kandidat für die Stelle ist? Wird auf den Anzeigentext eingegangen? Passen die bisherigen Aufgaben zu Ihrem Anforderungsprofil? Gibt es Widersprüche (z.B. zu den Zeugnisaussagen)?

Lebenslauf: Ein tabellarischer Lebenslauf sollte grundsätzlich übersichtlich und zeitlich lückenlos sein. Prüfen Sie, ob alle Zeitabschnitte belegt sind. Gibt es Abweichungen zu den Angaben in den Zeugnissen? Erfolgten Stellenwechsel während der Probezeit? Wie lang ist die »Verweilzeit« je Job? Ist eine berufliche Entwicklung nachvollziehbar? Ist sie kontinuierlich oder gibt es Brüche? Werden gravierende Veränderungen begründet? Lassen sich die vergangenen Firmen- und Branchenkenntnisse für die zu besetzende Stelle nutzen? Gibt es Hinweise auf Freizeitbeschäftigungen?

Bewerbungsfoto: Das AGG verbietet es Ihnen, Bewerber wegen ihrer Herkunft, ihrer Religionszugehörigkeit, ihrer Weltanschauung oder wegen einer Behinderung – dazu zählen z.B. auch Akne, Neurodermitis oder Fettleibigkeit – »auszusortieren«. Das alles ist auf eingesandten Bewerbungsfotos aber zu erkennen. Verzichten Sie deshalb in Stellenausschreibungen generell auf Formulierungen wie »aussagekräftiges Bewerbungsfoto« oder »vollständige Bewerbungsunterlagen«.

Selbstverständlich kann Ihnen ein Bewerber aber unaufgefordert ein Lichtbild mit seiner Bewerbungsmappe zukommen lassen.

Arbeitszeugnisse: Zeugnisse enthalten objektive Tatbestände, wie z.B. persönliche Daten, Dauer der Beschäftigung, Tätigkeitsinhalte, Umfang der Aufgaben, Vollmachten und den Termin der Beendigung. Subjektive Tatbestände sind in qualifizierten Arbeitszeugnissen enthalten und betreffen die Bewertung der Arbeitsleistung, des Arbeitserfolgs, der Arbeitsweise, des Verhaltens oder der Führungsqualitäten. Zeugnisformulierungen sind u.U. schwierig zu interpretieren, da sie sich – oberflächlich gesehen – durchaus positiv lesen. Bedenken Sie aber, dass nicht jeder, der ein Zeugnis schreibt, die Zeugnissprache beherrscht. Hier kann es schnell zu gut gemeinten, aber irreführenden Formulierungen kommen.

Informieren Sie sich über den besonderen Zeugnis-Code bei Personalberatern, in speziellen Bewerbungsbüchern oder im Internet und vergleichen Sie die Interpretationen selbst.

Es empfiehlt sich, die subjektiven Tatbestände in allen Zeugnissen direkt nacheinander zu lesen. Auch als ungeübter Zeugnisleser bekommen Sie so einen recht guten Eindruck über die beurteilte Qualität der Bewerberkandidaten.

Schulzeugnisse: Die Bedeutung von Schulzeugnissen nimmt mit zunehmender Zahl der Berufsjahre ab. Vorsichtige Anhaltspunkte können u. U. besonders durch den Quervergleich mehrerer Bildungsabschlüsse gewonnen werden.

Fortbildungen: Prüfen Sie, inwiefern die Fortbildungen zu der ausgeschriebenen Stelle passen oder ob wahllos alles in die Bewerbungsmappe gesteckt wurde.

6.1.8 Das Einstellungsgespräch

Sie sind fachlich von der eingeladenen Person auf Grund ihrer Bewerbungsunterlagen überzeugt. Im Bewerbungsgespräch geht es Ihnen jetzt darum, den bisherigen Eindruck zu bestätigen und zu ergänzen und vor allem, einen **persönlichen Eindruck** vom Kandidaten (Erscheinungsbild, Sprache, Auftreten, Verhalten) zu erlangen. Hierbei ist es sehr wichtig, dass der Bewerber ausreichend Möglichkeiten erhält, sich selbst zu präsentieren. Der Hauptanteil des Gesprächs sollte daher möglichst vom Kandidaten bestritten werden.

Kosten für Fahrt, Übernachtung, Verpflegung oder Verdienstausfall müssen Sie ersetzen, wenn Sie den Bewerber zur Vorstellung aufgefordert haben und den Ersatz dieser Aufwendungen nicht ausdrücklich ausgeschlossen haben.

Zur Vorbereitung des Gesprächs sollten Sie einige Fragen klären:

- Wer nimmt am Auswahlgespräch teil?
- In welchem Raum findet das Gespräch statt?
- Wie viel Zeit steht dafür zur Verfügung?
- Welche Unterlagen benötigen Sie für das Gespräch?
- Wie soll das Gespräch ablaufen?
- Welche Fragen wollen Sie stellen?
- Wie dokumentieren Sie die Antworten und Ihre Eindrücke während des Gespräches?

Das Gespräch selber ist für den Bewerber oft eine aufregende Situation. Es liegt mit an Ihnen, eine angenehme Gesprächsatmosphäre aufzubauen. Selbstverständlich wird man dabei einem jungen Menschen, der sich z.B. als Azubi bewirbt, im Gespräch mehr entgegenkommen als einer zukünftigen Führungskraft, von der Sie erwarten dürfen, dass Sie über Kommunikationsstärke und Verhandlungsgeschick verfügt.

Die sieben Phasen des Vorstellungsgesprächs

Ein Vorstellungsgespräch lässt sich in sieben Phasen einteilen:

1. Begrüßung, Danken für das Kommen, Vorstellen der beteiligten Personen, etwas Smalltalk, Ziel und Ablauf des gemeinsamen Gespräches
2. Vorstellung des Bewerbers: persönlich, beruflich
3. Vorstellung des Unternehmens: z.B. Branche, Gründungsjahr, Entwicklung, Organisation
4. Konkrete Informationen zur ausgeschriebenen Stelle: z.B. Stellenbeschreibung
5. Fragen, z.B. Fachkenntnisse, Motive, berufliche Ziele, Erwartungen, Bewältigung konkreter Problemsituationen, Gehalt, Sozialleistungen, eigene Bewertung des Gesprächs
6. Vereinbarung über das weitere Vorgehen, z.B. Zweitgespräch, Arbeitsvertrag
7. Verabschiedung

Zulässige und unzulässige Fragen

Es ist hilfreich, einen Fragenkatalog für ein Bewerbergespräch vorzubereiten. Aber nicht alle Fragen muss der Bewerber wahrheitsgemäß beantworten. Grundsätzlich dürfen Sie als Arbeitgeber nur Fragen stellen, die zur Beurteilung der Arbeitsfähigkeit und der persönlichen und fachlichen Eignung des Bewerbers dienen. Bei höheren oder leitenden Angestellten geht das Fragerecht dabei aber weiter als bei einem einfachen Mitarbeiter. Denn je höher die Verantwortung, die Belastungen und Anforderungen sind, umso mehr haben Sie als Arbeitgeber ein berechtigtes Interesse an breiter gestreuten Fragen und Antworten. In der folgenden Übersicht sind einige heikle Themen aufgeführt, die Sie im Gespräch nicht ansprechen sollten.

Fragen nach ...	zulässig oder unzulässig?
Krankheiten	nur zulässig, wenn sie für das konkrete Arbeitsverhältnis wichtig sein könnten.
ansteckenden Krankheiten	zulässig
Wettbewerbsverbot	zulässig
Schwangerschaft	grundsätzlich unzulässig

Fragen nach ...	zulässig oder unzulässig?
Schwerbehinderung	zulässig
Parteizugehörigkeit	unzulässig
Gewerkschaftszugehörigkeit	unzulässig
religiöse Zugehörigkeit	nur zulässig bei konfessionell gebundenen Arbeitgebern.

Anregungen für zulässige Fragen im Bewerbungsgespräch finden Sie in der folgenden Checkliste.

!

Checkliste: Fragen des Arbeitgebers im Vorstellungsgespräch	
Warum haben Sie sich bei uns beworben?	
Warum wollen Sie Ihre Stelle wechseln?	
Was interessiert Sie besonders an der zu besetzenden Stelle?	
Was wissen Sie über unser Unternehmen?	
Erzählen Sie etwas über sich!	
Was sind Ihre besonderen Stärken?	
Was ist Ihre größte Schwäche?	
Nennen Sie Ihre drei größten Erfolge!	
Was hat Sie bisher am meisten frustriert?	
Welche Eigenschaft an anderen Menschen stört Sie am meisten?	
Welche Eigenschaft eines Vorgesetzten würde Ihnen Schwierigkeiten bereiten?	
Warum sollten wir Sie einstellen?	
Arbeiten Sie lieber alleine oder in einer Gruppe? Warum?	
Können Sie unter Druck arbeiten?	
Sind Sie kreativ?	
Was hat Ihnen an Ihrer letzten Stelle besonders gut/gar nicht gefallen?	
Welchen Beruf würden Sie gerne ausüben?	
Welche beruflichen Ziele haben Sie?	
Was verstehen Sie unter »guter Führung«?	
Was zeichnet Sie als Vorgesetzten aus?	

Was schätzen Ihre früheren Mitarbeiter an Ihnen?	
Was wollen sie in 5 Jahren verdienen?	
Was motiviert Sie mehr: Geld oder berufliches Fortkommen?	
Was verstehen Sie unter Erfolg?	
In welchen Bereichen würden Sie sich gerne fortbilden?	
Was machen Sie in Ihrer Freizeit?	
Welche Hobbys haben Sie?	
Welches Buch lesen Sie derzeit?	
Was wollen Sie hier verdienen?	

Rechnen Sie damit, dass auch Bewerber die o.g. Fragen kennen und die »beste Antwort« darauf bereits zu Hause vorbereitet haben. Ergänzen Sie deshalb Ihre üblichen Fragen durch die Beschreibung typischer, in der Praxis anfallender Arbeitssituationen und bitten Sie die Bewerber um konkrete Lösungsansätze.

6.1.9 Der Arbeitsvertrag

Ein Arbeitsvertrag muss nicht unbedingt schriftlich erfolgen, auch mündliche Absprachen sind möglich. Dann müssen aber die wesentlichen Inhalte des Vertrags nach den Regelungen des Nachweisgesetzes dokumentiert werden.

Als **Rechtsgrundlagen** sind die Arbeitnehmerschutzgesetze (z.B. Jugendarbeitsschutzgesetz, Bundesurlaubsgesetz usw.), Tarifverträge, Betriebsvereinbarungen und die Rechtsprechung zu beachten. Neu gegründete bzw. kleine Unternehmen sind in der Regel nicht an Tarifbestimmungen gebunden. Für die Bezahlung der Mitarbeiter gelten dann die arbeitsrechtlichen Mindestbedingungen.

Als Arbeitgeber können Sie befristete und unbefristete Arbeitsverträge abschließen. Die **Befristung** eines Arbeitsvertrages ist bis zu zwei Jahren möglich. Eine Ausnahme gilt, wenn zuvor bereits ein befristetes oder unbefristetes Arbeitsverhältnis mit dem gleichen Arbeitnehmer bestand.

Im Bereich der Arbeitshilfen online (http://mybook.haufe.de) halten wir für Sie zahlreiche Vertragsmuster für befristete und unbefristete Arbeitsverträge sowie für Verträge mit geringfügig Beschäftigten, freien Mitarbeitern und Aushilfen bereit. Für die Formulierung eines individuellen Arbeitsvertrags sollten Sie die Hilfe eines Anwalts in Anspruch nehmen.

Was in einem Arbeitsvertrag geregelt werden sollte, können Sie der folgenden Checkliste entnehmen.

Checkliste: Was gehört in den Arbeitsvertrag?

genaue Bezeichnung der Vertragsparteien	
Vertragsbeginn, Laufzeit	
Tätigkeitsbezeichnung	
Tätigkeitsbeschreibung	
Übertragene Vollmachten	
Vergütung: Art, Höhe, Steigerung, Fälligkeit, Auszahlungsweise	
Sozialleistungen	
Abtretung/Verpfändung des Gehaltes/Lohnes	
Arbeitszeit: Pausen, regelmäßige Arbeitszeit, Mehrarbeit	
Urlaub	
Arbeitsverhinderung (Krankheit), Gehalts-/Lohnfortzahlung	
Wettbewerbsverbot	
Probezeit	
Kündigungsfristen	
Geheimhaltungspflicht, Verschwiegenheitserklärung	
Regelungen für Diensterfindungen	
Vereinbarungen bzgl. Nebentätigkeiten	
Rückzahlungsklauseln	
Vertragsstrafen	
Ausschlussklauseln	
Gerichtsstand	
sonstige Absprachen	

Personalunterlagen

Wenn Sie sich mit Ihrem Mitarbeiter über die Art der Zusammenarbeit einig sind, lassen Sie sich spätestens zum Arbeitsbeginn folgende Unterlagen vorlegen:

- Lohnsteuerkarte
- Versicherungsnachweisheft/Sozialversicherungsausweis
- Nachweis über Krankenversicherung
- ggf. Nachweise über Versicherungsfreiheit (wie Befreiungsbescheide, Renten- oder Immatrikulationsbescheinigung, Erklärung bei Mini Jobs etc.)
- Arbeitserlaubnis (wenn der neue Mitarbeiter nicht aus einem Land der EU kommt)
- ggf. Urlaubsbescheinigung des letzten Arbeitgebers
- ggf. polizeiliches Führungszeugnis
- ggf. Arbeitszeugnis des letzten Arbeitgebers

6.1.10 Überblick über die Arbeitgeberpflichten

Sowohl von Seiten der Finanzverwaltung als auch von Seiten der Sozialversicherungsträger bestehen eine Reihe von Vorschriften über die Dokumentation von Personal- und Lohnunterlagen. Mindestens alle vier Jahre wird von den Trägern der Rentenversicherung eine Betriebsprüfung durchgeführt. Hierbei werden im Wesentlichen die Bereiche Versicherungspflicht, Beitragspflicht, Abgabe von Meldungen, Führung der Lohnunterlagen und Be- und Abrechnung der Beiträge geprüft. Als Arbeitgeber sind Sie **mitwirkungs- und auskunftspflichtig**.

Die Personalbuchhaltung ist eine komplexe Angelegenheit mit einer Vielzahl von formalen Anforderungen, die sich zudem häufig ändern. Es empfiehlt sich, diesen Bereich in professionelle Hände zu legen, beispielsweise bei Ihrem Steuerberater.

Arbeitsschutzgesetze

Sie sind als Arbeitgeber auch verantwortlich für die korrekte Einhaltung der Vorschriften aus den Arbeitsschutzgesetzen, wie z.B.

- Arbeitszeitgesetz
- Arbeitsstättenverordnung
- Bundesurlaubsgesetz
- Betriebsverfassungsgesetz
- Kündigungsschutzgesetz
- Entgeltfortzahlungsgesetz.

Beachten Sie auch die Schutzgesetze für z. B.
- Auszubildende: Berufsbildungsgesetz, Jugendarbeitsschutzgesetz
- werdende Mütter: Gesetz zum Schutz der erwerbstätigen Mutter, Bundeselterngeld- und Elternzeitgesetz (BEEG)
- Heimarbeiter: Heimarbeitsgesetz
- behinderte Mitarbeiter: Sozialgesetzbuch, Neuntes Buch (SGB IX), Rehabilitation und Teilhabe behinderter Menschen; Gesetz zur Gleichstellung behinderter Menschen

6.2 Mitarbeiterführung – eine anspruchsvolle Daueraufgabe

Im Berufsalltag bleibt Geschäftsführern häufig kaum Zeit, sich fundiert mit der Persönlichkeit, den Potenzialen und Entwicklungsmöglichkeiten ihrer Mitarbeiter zu beschäftigen. Deshalb ist es in vielen Unternehmen nicht ungewöhnlich, dass erst in Krisensituationen über Mitarbeiterführung intensiver nachgedacht wird: Wenn ein Mitarbeiter dauerhaft unterdurchschnittliche Leistung erbringt, häufig krank ist oder innerlich bereits gekündigt hat, ist es jedoch oft zu spät, um die Instrumente der Mitarbeiterführung wirkungsvoll einzusetzen.

Versuchen Sie, möglichst ab dem ersten Arbeitstag Ihre Mitarbeiter richtig zu führen und zu motivieren, um dauerhaft engagierte und qualitativ hochwertige Leistungen zu erhalten. Hat sich eine bestimmte unerwünschte Verhaltensweise oder Einstellung erst einmal eingebürgert, ist es bestenfalls mit einem hohen Aufwand möglich, dieses Verhalten wieder positiv zu verändern.

6.2.1 Aufgaben der Mitarbeiterführung

Fragt man Führungskräfte, was ihrer Meinung nach zu den typischen Aufgaben der Mitarbeiterführung gehört, erhält man häufig folgende Antworten:
- Ziele für den Verantwortungsbereich und die Mitarbeiter setzen
- Mitarbeiter informieren
- Aufgaben anweisen, Arbeitsabläufe organisieren, passende Rahmenbedingungen schaffen
- Aufgaben und Verantwortung an Mitarbeiter delegieren, Ergebnisse kontrollieren
- Mitarbeiter, Sachverhalte und Situationen bewerten und Entscheidungen treffen
- mit Mitarbeitern kommunizieren

- gutes Betriebsklima schaffen
- Mitarbeiter motivieren
- Konflikte bereinigen

Was könnten Sie tun, damit Mitarbeiter sich bei Ihnen wohlfühlen und auf Dauer gute Leistungen erbringen? Nachfolgend einige Anregungen für die Praxis: Die Grundvoraussetzung für ein gutes Betriebsklima besteht in einem offenen, ehrlichen und respektvollen Umgang miteinander. Eindeutige Regeln der Zusammenarbeit sind ebenso eine wichtige Voraussetzung für eine reibungslose und zielorientierte Zusammenarbeit. Binden Sie Ihre Mitarbeiter in die Planung mit ein. Hören Sie sich an, wo Mitarbeiter noch ungenutzte Potenziale für eine bessere Marktposition in Ihrem direkten Arbeitsumfeld oder Verantwortungsbereich sehen. Eventuell sind auch gemeinsame Strategie-Workshops mit dem Arbeitstitel: »Wo wollen wir in 5 Jahren stehen?« sinnvoll.

Davon unberührt bleibt natürlich Ihre grundsätzliche Aufgabe, die Ausrichtung Ihres Unternehmens für die Zukunft zu bestimmen. Den Zielrahmen müssen Sie als GmbH-Geschäftsführer vorgeben. Versuchen Sie, gemeinsam mit Ihrem Mitarbeiter aus dem vorgegebenen Rahmen Ziele festzulegen, die der Mitarbeiter von Jahr zu Jahr selbstständig erreichen soll. Als Standardinstrument dient hier das Zielvereinbarungsgespräch (Jahresgespräch).

Immer schnellere Veränderungen innerhalb und außerhalb des Unternehmens führen zu einem permanenten Informationsbedarf der Mitarbeiter. Oft verfügen Führungskräfte über einen Informationsvorsprung. Diesen Vorsprung abzubauen und Mitarbeiter umfassend zu informieren schafft Sicherheit. Die Mitarbeiter wissen dann, woran sie sind. Auf dieser Grundlage können Arbeiten sinnvoll strukturiert und erledigt werden.

Regelmäßig stattfindende Mitarbeitergespräche und/oder Teambesprechungen können den Informationsfluss standardisieren und einen regelmäßigen Informationsaustausch sicherstellen. Regelmäßige Rückmeldungen über Leistung und Verhalten bzw. Zielerreichung sind ein wirksames Mittel zur Verbesserung der Zusammenarbeit. Der Mitarbeiter weiß, wo er steht und wie seine Leistungen vom Vorgesetzten eingeschätzt werden. Ein fundiertes Beurteilungssystem hilft dann beiden Seiten, sich regelmäßig auszutauschen und Erwartungen abzugleichen.

Fehlerhafte Ergebnisse oder nicht adäquate Verhaltensweisen des Mitarbeiters sollte eine Führungskraft zeitnah ansprechen und korrigieren. Als Standardinstrument dient dazu ein Feedback- bzw. ein Kritikgespräch.

6.2.2 Motivation von Mitarbeitern

Motivierte Mitarbeiter arbeiten besser. Die Führungskraft einer GmbH kann dabei die Umgebung schaffen, in der sich Mitarbeiter gerne engagieren und leistungsbereit sind.

Ein Mitarbeiter ist grundsätzlich dann besonders leistungsbereit, »wenn er will, wenn er kann, wenn er darf«. Das **Wollen** betrifft die Eigenmotivation des Mitarbeiters. Das **Können** betrifft seine individuellen Fähigkeiten, Fertigkeiten und seine Eignung zur Erfüllung der spezifischen Aufgaben (es muss möglich sein: Technik, Organisation). Das **Dürfen** betrifft die Bedingungen am Arbeitsplatz (es muss erlaubt sein: Führung, Unternehmenskultur).

Als Führungskraft einer GmbH können Sie Ihre Mitarbeiter motivieren, indem Sie die Rahmenbedingungen am Arbeitsplatz optimieren und eine zielgerichtete Personalentwicklung mit dem Mitarbeiter gemeinsam erarbeiten und umsetzen. Die entscheidenden Schritte auf dem Weg zur Leistungserbringung muss der Mitarbeiter aber dann selber gehen wollen.

Zehn Tipps: So motivieren Sie Ihre Mitarbeiter
Die folgende Liste zeigt Ihnen, wie Sie die Rahmenbedingungen gestalten können, damit Ihre Mitarbeiter aus eigenem Antrieb (mehr) Leistung erbringen.

Tipp 1: Geben Sie Ihrem Mitarbeiter die Möglichkeit, seine Arbeit (Organisation, Arbeitszeit und Arbeitsplatz usw.) selbst zu gestalten.

Tipp 2: Übertragen Sie Ihrem Mitarbeiter die Verantwortung und die entsprechenden Kompetenzen für die Abwicklung eines bestimmten Projektes oder die Erledigung einer ausgewählten Aufgabe.

Tipp 3: Geben Sie Ihrem Mitarbeiter die Chance zum Aufstieg in Ihrem Unternehmen. Fördern Sie sein Interesse an Weiterbildungen.

Tipp 4: Lassen Sie Ihren Mitarbeiter mitbestimmen, z.B. bei der Erstellung von Arbeitsplänen oder bei der Auswahl von Arbeitsmitteln.

Tipp 5: Unterstützen Sie die Herausgabe einer Mitarbeiterzeitung.

Tipp 6: Informieren Sie Ihren Mitarbeiter frühzeitig über neue Abläufe oder bevorstehende Veränderungen. So zeigen Sie Ihrem Mitarbeiter, dass er für das Unternehmen wichtig ist.

Tipp 7: Seien Sie großzügig mit Lob und Anerkennung.

Tipp 8: Bemühen Sie sich um ein gutes Vorgesetzten-Mitarbeiter-Verhältnis. Stellen Sie klare, eindeutige Regeln und Vorschriften auf und fordern Sie deren Einhaltung ein. Halten Sie sich auch selber an diese Regeln (Vorbild!).

Tipp 9: Seien Sie für Ihren Mitarbeiter berechenbar.

Tipp 10: Mehr Geld treibt viele Mitarbeiter zu mehr Leistung an (z. B. Lohn/Gehalt, Zulagen/Gratifikationen oder betriebliche Sozialleistungen).

6.2.3 Wie gestalten Sie Mitarbeitergespräche?

Die regelmäßige Kommunikation mit dem Mitarbeiter gehört zu den Grundlagen einer vertrauensvollen Zusammenarbeit. In der Praxis gestalten sich solche Mitarbeitergespräche manchmal schwierig. Sie selber stehen unter Arbeits- und Termindruck, sind im Gespräch nicht bei der Sache – Unklarheiten und Missverständnisse bis hin zu Gereiztheit und Ärger im Gespräch sind vorprogrammiert. Versuchen Sie, sich besonders gut auf jedes **Mitarbeitergespräch vorzubereiten**, denn Mitarbeiter sind das wichtigste Kapital in Ihrem Unternehmen.

Die folgende Checkliste zeigt Ihnen, was Sie durch eine gute Vorbereitung zum Gelingen des Mitarbeitergesprächs beitragen können.

!

Checkliste: Wie bereiten Sie ein Mitarbeitergespräch vor?
1. Gesprächsziel formulieren
Was will ich konkret erreichen? Was soll nach dem Gespräch passieren?
Woran werde ich später erkennen, dass ich meine Ziele erreicht habe? (z. B.: »Ich möchte, dass der Mitarbeiter meine Arbeitsanweisung ›Tägliches Reinigen der Maschine bei Schichtende‹ ohne weitere Aufforderung umsetzt.«)
2. Alternativziele formulieren
Welche Richtung werde ich im Gespräch einschlagen, wenn ich erkennen muss, dass ich mein Hauptziel nicht erreichen kann?
3. Gesprächsablauf in Gedanken durchgehen
Wie steige ich in das Gespräch ein?
In welcher Reihenfolge präsentiere ich die Informationen und Argumente?
Welche Fragen möchte ich dem Mitarbeiter stellen?
Was muss am Ende des Gesprächs geklärt sein?

!

Checkliste: Wie bereiten Sie ein Mitarbeitergespräch vor?
4. Sich in den Gesprächspartner hineinversetzen
Welche Zielsetzung bringt der Mitarbeiter in das Gespräch? Was ist sein Anliegen?
Welche Argumente wird er vorbringen?
Mit welchem Vorgehen meinerseits rechnet er? Wie schätzt er mich ein?
5. Informationen sammeln und vergegenwärtigen
Welche Informationen und Vereinbarungen aus unserer bisherigen Arbeitsbeziehung könnten im Gespräch eine Rolle spielen?
Was ist unser bisheriger Gesprächsstand zu diesem Thema?
Welche Unterlagen benötige ich für dieses Gespräch?
6. Abstimmen der Rahmenbedingungen
Informieren Sie Ihren Mitarbeiter über den Anlass des Gesprächs. (Unerwartete Gespräche führen möglicherweise zu Stress und Widerständen beim Mitarbeiter.)
Vereinbaren Sie frühzeitig einen Termin.
Wählen sie geeignete Räumlichkeiten (neutraler Ort, nicht am Schreibtisch des Vorgesetzten).
Sorgen Sie dafür, dass es keine Störungen während des Gesprächs gibt (keine Unterbrechungen durch Telefonanrufe etc.).

Drei Tipps für die Gesprächsführung

Sie können viel zum Gelingen eines Mitarbeitergesprächs beitragen, wenn Sie während des Gesprächs unterstützende Gesprächstechniken anwenden.

Aktives Zuhören: Halten Sie Blickkontakt, zeigen Sie durch Kurzreaktionen wie »hm«, »ja«, »verstehe«, dass Sie sich auf das Gespräch konzentrieren. Versuchen Sie, die Informationen Ihres Mitarbeiters mit Ihren eigenen Worten wiederzugeben »Habe ich Sie richtig verstanden ...?« und »Sie meinen also ...?« Bemühen Sie sich, nicht nur die Äußerungen Ihres Mitarbeiters zu wiederholen, sondern auch die »wahrgenommenen« Empfindungen wiederzugeben: »Ich habe verstanden, dass ... und darüber scheinen Sie sich zu freuen.«

Stellen Sie bewusst Fragen: Ziehen Sie aus Gehörtem keine voreiligen Schlüsse, sondern fragen Sie erst: »Habe ich Sie richtig verstanden ...?« oder »Wie kommen Sie zu dieser Aussage ... dieser Einschätzung ...?«

Senden Sie Ich-Botschaften: »Ich habe den Eindruck, dass wir aneinander vorbeireden.« »Bitte helfen Sie mir, Ihren Standpunkt zu verstehen ...!« oder »Das habe ich nicht verstanden. Können Sie es mir noch mal erläutern?«

6.2.4 Das Kritikgespräch

Ein Kritikgespräch ist für viele Führungskräfte ein schwierig zu führendes Gespräch. Meist hat der Mitarbeiter einen Fehler mit negativen Folgen für das Unternehmen begangen oder der Mitarbeiter hat ein bestimmtes Fehlverhalten wiederholt gezeigt. Sie als Führungskraft ärgern sich und fragen: »Wie spreche ich mit meinem Mitarbeiter, damit das in Zukunft besser läuft?«

Die meisten Menschen verbinden mit Kritik unangenehme Erfahrungen. Der entscheidende Punkt beim Kritisieren ist daher die Fähigkeit, die fehlerhafte Verhaltensweise zu kritisieren und nicht die den Fehler verursachende Person abzukanzeln. Zeigen Sie, dass Sie eine **positive Grundbeziehung** zum Mitarbeiter haben. Kritisieren Sie in einem Gespräch nur das konkrete Fehlverhalten, niemals die Person. Lenken Sie die Kritik auf die Arbeitsergebnisse und beschreiben Sie deren Mängel genau. Es wurde nachgewiesen, dass ruhige, sachlich vorgetragene Kritik unter vier Augen in 8 von 10 Gesprächen zu Einsicht und zu einer Leistungsverbesserung führt.

Ziele des Kritikgesprächs

Werden Sie sich bewusst, dass Sie mit einem Kritikgespräch erreichen wollen, dass

- Ihr Mitarbeiter auf sein Fehlverhalten bzw. auf seine nicht ausreichende Leistung aufmerksam wird.
- er die Gründe für die negative Bewertung erfahrt.
- er über die Folgen informiert ist, zu denen sein Verhalten führen kann.
- er die Möglichkeit hat, sich zu seinem Verhalten bzw. zu dem Vorfall zu äußern.
- Sie beide Lösungen entwickeln, die eine Wiederholung verhindern und die Situation bereinigen.
- der Mitarbeiter sich als Person weiterhin wertgeschätzt fühlt.

Berücksichtigen Sie immer: Kritisieren Sie in einem Gespräch nur das konkrete Fehlverhalten, niemals die Person.

Mithilfe des folgenden Gesprächsleitfadens lässt sich ein Kritikgespräch sinnvoll aufbauen.

Gesprächsleitfaden: Kritikgespräch

1. Schritt: Darstellung des Sachverhalts aus Ihrer Sicht: Beschreiben Sie das zu kritisierenden Verhalten bzw. den Vorfall. Beschreiben Sie die Auswirkungen, die das Fehlverhalten auf Sie und ggf. andere Personen hatte. Formulieren Sie das Änderungsanliegen.

2. Schritt: Stellungnahme Ihres Mitarbeiters.

3. Schritt: Vergleich der beiden Wahrnehmungen der kritisierten Situation und Austausch: Klären Sie die Unterschiede. Stellen Sie eine im Wesentlichen übereinstimmende Situationseinschätzung her.

4. Schritt: Zieldefinition und gemeinsame Lösungssuche. Formulieren Sie das gewünschte, zukünftige Ziel. Fragen Sie Ihren Mitarbeiter nach Lösungsmöglichkeiten: »Welche Möglichkeiten sehen Sie, um zu verhindern, dass dieser Fehler nochmals auftritt?«. Erarbeiten Sie gemeinsam die »beste Lösung« und die konkreten Folgen bei Nichteinhaltung der Vereinbarungen. Bieten Sie notwendige Unterstützung an.

5. Schritt: Dokumentation und Terminvereinbarung: Dokumentieren Sie das gemeinsam erarbeitete Ergebnis und das weitere Vorgehen. Vereinbaren Sie Termine, damit Sie beide im Gespräch darüber bleiben, ob sich die erarbeitete Lösung umsetzen lässt.

6.2.5 Mitarbeiterbeurteilung

Die Beurteilung von Mitarbeitern gehört zu den wichtigsten Führungsinstrumenten. Sie bildet die Grundlage für eine gerechte Entlohnung. Darüber hinaus gibt sie auch wertvolle Hinweise auf die Förderung der Mitarbeiter und deren Entwicklungsmöglichkeiten. Auch erhalten Mitarbeiter auf diese Weise eine Rückmeldung über ihre Leistungen und weitere Informationen über die Erwartungen des Vorgesetzten.

Nach dem Betriebsverfassungsgesetz kann ein Arbeitnehmer verlangen, dass seine Leistung in einem Beurteilungsgespräch erörtert wird.

Beurteilungen können nach einer erfolgreich abgeschlossenen Weiterbildungsmaßnahme durchgeführt werden oder wenn eine Versetzung oder eine Gehaltserhöhung geplant ist oder auch ganz regelmäßig im Rahmen von getroffenen Zielvereinbarungen. Bei der Mitarbeiterbeurteilung sollten Sie Folgendes beachten:

- Das Beurteilungssystem sollte dem Mitarbeiter vorher bekannt sein (Kriterien und Maßstab).
- Die Beurteilung bezieht sich nur auf die ausgeübte Tätigkeit und die dabei erbrachten Leistungen innerhalb eines bestimmten Zeitraums.
- Die Beurteilung basiert auf Beobachtungen, die Sie über den Beurteilungszeitraum regelmäßig gesammelt und schriftlich fixiert haben.
- Für das Beurteilungsgespräch sollten Sie sich ausreichend Zeit nehmen.

Beurteilungsfehler

Gerade als Führungskraft sollten Sie sich bewusst sein, dass Sie Beurteilungsverzerrungen unterliegen. Dazu gehören Effekte wie z.B.:

- die Überbewertung der gezeigten Verhaltensweisen in der jüngeren Vergangenheit
- die Anerkennung nur bestimmter Verhaltensweisen
- die Überbewertung von in der Vergangenheit erbrachten Leistungen, obwohl diese in der letzten Zeit nicht mehr bestätigt wurden
- Sympathie-/Antipathie-Effekte

Beurteilungsgespräch

Das Beurteilungsgespräch selbst sollten Sie gut vorbereiten. Informieren Sie Ihren Mitarbeiter rechtzeitig und bitten Sie ihn ebenfalls um eine entsprechende Vorbereitung. Reservieren Sie einen ungestörten Raum und führen Sie dieses **Gespräch unter vier Augen**. Als Beurteilungsmerkmale könnten Sie z.B. heranziehen:

- Arbeitsquantität (Umfang des Arbeitsergebnisses, Wirksamkeit, Zeitnutzung)
- Arbeitsqualität (Gleichmäßigkeit der Arbeitsgüte, Genauigkeit der Ausführung)
- Arbeitseinsatz (Initiative, Belastbarkeit, Ausdauer)
- Arbeitssorgfalt (Zuverlässigkeit, kostenbewusstes Handeln)
- betriebliches Zusammenwirken (Teamarbeit, Einordnen in Arbeitsorganisation)
- Führungsverhalten (Entscheidungs- und Verantwortungsbereitschaft, Anleiten von Mitarbeitern, fachliche und betriebliche Information)

Mögliche **Beurteilungsstufen** könnten z.B. sein:
Note 1: Die Leistung übertrifft die Anforderungen in hohem Maße.
Note 2: Die Leistung übertrifft die Anforderungen.
Note 3: Die Leistung entspricht den Anforderungen.
Note 4: Die Leistung entspricht noch den Anforderungen.
Note 5: Die Leistung ist nicht ausreichend.

Für ein Beurteilungsgespräch sollten Sie genügend Zeit mit dem Mitarbeiter einplanen. Erläutern Sie Ihre Bewertungen und besprechen Sie gemeinsam die Beurteilung. Die Mitarbeiterbeurteilung gehört als Dokument in die Personalakte.

6.2.6 Zielvereinbarung

Eine Zielvereinbarung ist eine gemeinsam erarbeitete und getroffene Vereinbarung zwischen dem Vorgesetztem und seinem Mitarbeiter. Sie unterscheidet sich von der Zielvorgabe, die eine einseitige Anweisung des Vorgesetzten an den Mitarbeiter darstellt. In der Zielvereinbarung werden Ziele definiert, die der Mitarbeiter innerhalb eines bestimmten Zeitraums erreichen soll. Ebenso sollte mit dem Mitarbeiter über die notwendige Unterstützung und mögliche Termine zur Zwischenkontrolle beraten werden.

Wichtig bei der Zielvereinbarung ist, dass die Ziele des Mitarbeiters abgestimmt sind auf die Unternehmensziele und dass genau festgelegt wird, wer, was, wann und in welcher Qualität erledigen soll.

Achten Sie bei der Vereinbarung von Zielen auf
- eine spezifische, eindeutige Formulierung
- die Sicherstellung der Messbarkeit der Zielerreichung
- eine handlungsorientierte Formulierung
- realistische und erreichbare, aber dennoch herausfordernde Ziele
- die Angabe von Zeiten oder Zwischen- und Endterminen.

Zielvereinbarungen werden häufig als so genannte Mitarbeiterjahresgespräche angesetzt. Neben der schriftlichen Dokumentation der Ziele und ihrer Ergebnisse gehören auch fixierte Termine für weitere Mitarbeitergespräche und ein integriertes Mitarbeiterbewertungssystem dazu.

6.2.7 Die Abmahnung

Eine Abmahnung erfolgt, um einen Mitarbeiter nachdrücklich auf ein Fehlverhalten hinzuweisen und ihn aufzufordern, dieses Fehlverhalten abzustellen. Typische **Gründe für eine berechtigte Abmahnung** sind z. B.: Arbeitsverweigerung, Alkoholgenuss während der Arbeitszeit trotz Alkoholverbots, erhebliche Zahl von Arbeitsfehlern, extrem langsame Arbeitserledigung, Störung des Betriebsfriedens, Unfreundlichkeit gegenüber Kunden, wiederholte Unpünktlichkeit.

Eine Abmahnung kann grundsätzlich mündlich oder schriftlich erfolgen und ist zu den Personalakten zu nehmen. Schon aus Beweisgründen empfiehlt sich die **schriftliche Form**.

Formulierung der Abmahnung

Eine Abmahnung muss inhaltlich exakt formuliert sein. Dazu gehört im Einzelnen:

- Das Fehlverhalten muss genau bezeichnet und spezifiziert sein (Datums- und Zeitangabe, Beweismittel zur Dokumentation des Fehlverhaltens wie z. B. Urkunden oder Zeugen).
- Es muss ausdrücklich formuliert sein, dass das gezeigte Verhalten nicht toleriert wird. Der Arbeitnehmer ist aufzufordern, sich in Zukunft vertragsgemäß zu verhalten.
- Es muss ein Hinweis enthalten sein, dass im Wiederholungsfall das Arbeitsverhältnis gefährdet ist (z. B. durch Versetzung oder Kündigung).
- Der Arbeitnehmer hat die gerügten Pflichtverletzungen anzuerkennen und mit Angabe des Datums gegenzuzeichnen.

Kündigung

Eine ordentliche Kündigung, deren Gründe in der Person oder im Verhalten des Arbeitnehmers liegen, kann in der Regel nur nach einer schriftlichen Abmahnung erfolgen. Dem Arbeitnehmer muss ausreichend Zeit und Gelegenheit eingeräumt werden, damit er sein Fehlverhalten korrigieren kann. Erst dann kann eine zweite Abmahnung oder eine Kündigung ausgesprochen werden.

Wenn Sie eine Abmahnung aussprechen müssen, erkundigen Sie sich bei Ihrem Rechtsanwalt nach den arbeitsrechtlich korrekten formalen und inhaltlichen Anforderungen.

6.2.8 Das Arbeitszeugnis

Grundsätzlich unterscheidet man zwischen einem einfachen und einem qualifizierten Zeugnis.

Das **einfache Arbeitszeugnis** (auch Arbeitsbescheinigung) enthält
- Angaben über die Person des Mitarbeiters (Name, Geburtsdatum und -ort, Adresse)
- die Art und Dauer der Beschäftigung (»als … von … bis … beschäftigt«)
- eine kurze Beschreibung der ausgeübten Tätigkeiten.

Es beinhaltet keine Aussagen zur Leistungs- und Verhaltensbeurteilung. Das einfache Arbeitszeugnis wird häufig verwendet bei wenig qualifizierten Tätigkeiten (z.B. Hilfsarbeiter) oder bei kurzfristigen Tätigkeiten (z.B. Ferienarbeiter, Praktikanten).

Das **qualifizierte Arbeitszeugnis** ergänzt die Angaben des einfachen Arbeitszeugnisses um die Leistungs- und Verhaltensbeurteilung des Mitarbeiters. Als **Leistungsbeurteilung** gelten dabei Aussagen
- zur Leistungsbereitschaft
- zur Arbeitsfähigkeit
- zur Arbeitsweise
- zum Arbeitsergebnis
- zu besonderen Arbeitserfolgen
- und zur Mitarbeiter-Führungskompetenz.

Bei der **Verhaltensbeurteilung** geht es um das Sozialverhalten des Arbeitnehmers am Arbeitsplatz und seine Beziehung zu Vorgesetzten, Kollegen und Dritten (z.B. Kunden oder Geschäftspartnern). Jeder Arbeitnehmer kann nach Gesetz (Bürgerliches Gesetzbuch, Handelsgesetzbuch, Gewerbeordnung oder Berufsbildungsgesetz) bei Beendigung des Arbeitsverhältnisses vom Arbeitgeber ein qualifiziertes Arbeitszeugnis verlangen.

Auf http://mybook.haufe.de finden Sie juristisch geprüfte Textbausteine zur Erstellung eines Arbeitszeugnisses.

Der Arbeitgeber ist verpflichtet, ein Arbeitszeugnis so auszustellen,
- dass es einen neuen Arbeitgeber informiert (»es muss wahr sein«)
- dass es dem beruflichen Fortkommen des Arbeitnehmers nicht schadet (»es muss wohlwollend ausgestellt sein«).

Deshalb hat sich in der Praxis eine eigene **Zeugnissprache** ausgebildet. Weitergehende Informationen entnehmen Sie der entsprechenden Fachliteratur oder besprechen Sie ein konkretes Zeugnis mit Ihrem Rechtsanwalt.

Stichwortverzeichnis

Inklusive Arbeitshilfen online

Exklusiv für Buchkäufer!

Ihre Arbeitshilfen zum Download:

- **http://mybook.haufe.de/**
- **Buchcode:** BWS-5994
